ALEXIS
LE TROTTEUR

Éditeurs: LES ÉDITIONS JCL INC.
930, Jacques-Cartier Est,
Local D-314
CHICOUTIMI, (QC), CAN.
G7H 2B1
Tél.: (418) 545-5820

Aquarelle de la page couverture: Mario LaCroix

Maquette de la page couverture: Lyne Fortin

Distributeur officiel: QUÉBEC LIVRES
4435, boul. des Grandes Prairies
MONTRÉAL, (Qc) Can. H1R 3N4
Tél.: 1-800-361-3946

Dépôts légaux: 1er trimestre 1987
Bibliothèque nationale du Québec
Bibliothèque nationale du Canada

ISBN 2-920176-42-0

JEAN-CLAUDE LAROUCHE

ALEXIS LE TROTTEUR

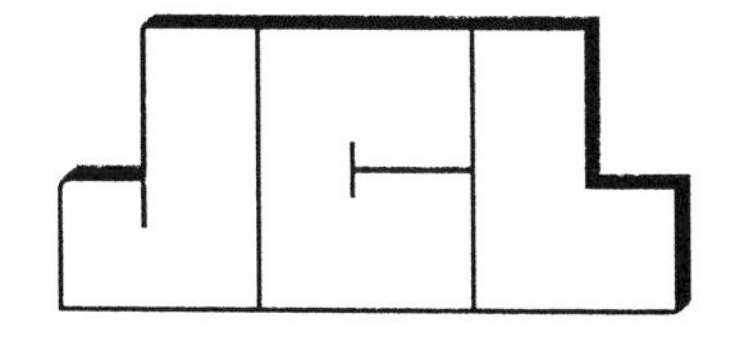

DU MÊME AUTEUR:

Alexis le Trotteur,
Montréal, Éditions du Jour, 1971, 297 pages. (Épuisé)

Alexis le Trotteur, Athlète ou centaure?,
Chicoutimi, Éditions JCL, 1977, 358 pages. (Épuisé)

La grande aventure,
Chicoutimi, Éditions JCL, 1979, 256 pages.

À mes parents,
Thérèse et Gérard,
tous deux natifs de
Charlevoix!

AVANT-PROPOS

Une édition révisée

Vingt ans après avoir sorti de terre le corps d'Alexis, et seize ans après la parution de la première biographie, (1971) le sujet trouve encore preneur et ce fait, à lui seul, justifie amplement cette nouvelle édition révisée. Alexis n'avait-il pas dit lui-même un jour qu'il n'avait pas de «mourure», c'est-à-dire qu'il ne mourrait pas...

Depuis le 12 novembre 1966, date de l'exhumation d'Alexis Lapointe du cimetière de La Malbaie, Alexis a repris sa course de plus belle tout au moins dans l'esprit populaire.

Une renaissance

En effet, ce retour parmi les siens lui aura redonné vie et mouvement. Trois livres auront été publiés; une bande dessinée, qui dure depuis dix ans, a été produite dans le mensuel Vidéo-Presse; trois albums de bande dessinée ont vu le jour aux Éditions Paulines; les Éditions Ovale ont publié un livre pour enfants; un ballet jazz, de plus de trente minutes, a été monté par la Compagnie de danse Eddy Toussaint de Montréal, et a été joué dans plusieurs pays; la musique de ce ballet-jazz, écrite par Dominique Tremblay (violon d'acier), a été endisquée; une comédie musicale a été écrite (non jouée cependant); plusieurs projets de films ont été élaborés; des centaines d'articles de journaux ont été écrits; et enfin plusieurs milliers de lecteurs ont découvert Alexis à travers toutes ces lignes écrites sur le sujet.

Ce que les musées en font...

Du côté muséologique, les dirigeants du *Musée du Saguenay* à Chicoutimi vous avoueront sans peine que la pièce d'exposition qui attire le plus d'intérêt depuis plusieurs années est sans nul doute le squelette d'Alexis le Trotteur et les divers objets lui ayant appartenu.

Le musée *Laure-Conan* de La Malbaie, pour sa part, offre également en montre un vitrail d'Alexis confectionné par Olivier Ferland et quelques toiles de Joanne O'Donnell décrivant tantôt la course contre le bateau, tantôt celle contre le cheval du seigneur Duggan. De plus, à cet endroit, les visiteurs peuvent se procurer un opuscule publié par ce Musée en 1981, concernant Alexis le Trotteur, Louis l'Aveugle et Boily le Ramancheur.

Enfin, le dernier-né, le musée d'Alma, portera même le nom de Musée *Alexis-le-Trotteur* en mémoire de ce coureur légendaire qui perdit la vie accidentellement dans cette municipalité le 12 janvier 1924.

Les rues *Alexis-le-Trotteur*

Il y a encore les villes comme Jonquière et l'Ancienne-Lorrette qui ont donné à une de leurs rues le nom de ce coureur natif de Clermont en Charlevoix.

Alexis ne peut plus mourir

Alexis Lapointe dit *le Trotteur* fut plus qu'un amuseur public pour la population du grand Saguenay au siècle dernier. À sa façon, il apporta divertissement, soulagement, image du merveilleux brisant ainsi la monotonie et l'aspect pénible de la vie quotidienne au siècle dernier dans ce coin surtout rural du Québec. En ce sens, le titre de *héros populaire* pour Alexis n'apparaît pas trop fort. Devenu légende de son vivant, cet être fantastique ne peut donc plus mourir. Le souvenir de ses exploits persiste et le temps ne fait que l'embellir. Puisse ce nouveau livre permettre à Alexis de demeurer à la fois bien réel et merveilleux!

L'auteur

J'espère avoir écrit le présent livre sans préjugé, mais je ne prétends pas l'avoir écrit sans passion.

Alexis de TOCQUEVILLE

Alexis Lapointe dit le Trotteur
(1860 — 1924).

Source : S.H.S.

EN GUISE DE PRÉFACE

**Le mensuel VIDÉO-PRESSE
présentait dans son édition de
septembre 1974 la première
bande dessinée inspirée de l'histoire
d'Alexis Lapointe.
Jean-Pierre Lamoureux
avait profité de ce même numéro
pour présenter à la fois
ce personnage Alexis et le chercheur
qui lui a véritablement redonné vie.**

ALEXIS LE TROTTEUR

Alexis Lapointe, dit le "Trotteur", au tournant du siècle dernier, s'était acquis une grande célébrité en accomplissant, à la course, des prouesses étonnantes.

Après sa mort accidentelle, en 1924, il tomba rapidement dans l'oubli et ce n'est qu'en 1966 qu'il fut *redécouvert* par un chercheur J.-C. Larouche, dans le cadre d'un travail universitaire.

Monsieur Larouche, s'est demandé si Alexis le Trotteur tenait plus de la bête que de l'homme et si les hauts faits qu'on lui attribue sont réels ou déformés plutôt par l'affabulation.

LE CHEVAL DU NORD

Né à La Malbaie en 1860, Alexis montra très tôt un goût et des dispositions remarquables pour la course. Dès son plus jeune âge, il aimait s'isoler de ses frères et de ses camarades pour fabriquer de petits chevaux miniatures et imaginer pour eux de véritables courses. Peut-être faut-il chercher là l'origine de sa passion pour les chevaux, la vitesse, les courses et le besoin qui devait le pousser, plus tard, à surpasser ces animaux.

Comme la plupart des enfants de cette époque, Alexis ne fréquenta pas l'école longtemps. On avait trop besoin de bras à la ferme pour accorder beaucoup d'importance à l'instruction. On ne croit pas qu'il ait jamais dépassé la troisième année du cours primaire; encore n'est-il pas certain que son assiduité à l'étude se soit avérée exemplaire. Au contraire, tous les témoignages concordent: Alexis savait à peine compter et on n'a jamais réussi à retrouver une seule ligne écrite de sa main. Sans doute savait-il écrire, mais il ne goûtait pas beaucoup les joies de l'art épistolaire.

Grand joueur de tours, Alexis exagérait souvent sous ce rapport. Sans s'en rendre compte, il devenait facilement méchant et bête. Le développement de son esprit semble s'être complètement arrêté vers l'âge de seize ans; toute sa vie il manqua donc totalement de mesure. Ses parents se lassèrent très vite de ses esclandres et ne durent pas lui manifester l'affection nécessaire. Très tôt, Alexis quitta le domaine familial pour aller chercher fortune ailleurs. Pauvre, démuni, le talent naturel qu'il possédait pour la course à pied allait s'avérer d'une extrême utilité. Alexis pouvait voyager aussi vite à pied que ses contemporains à cheval, en voiture ou même en chemin de fer. À cet effet, on rapporte qu'il gagna plusieurs courses contre les trains. Il faut dire que ces derniers, à l'époque, n'avaient pas la vitesse d'aujourd'hui.

ENDURANCE INCROYABLE

Toute sa vie durant, Alexis demeura ce qu'il est convenu d'appeler un joyeux drille. Il dansait merveilleusement bien, maniait avec adresse l'harmonica et la bombarde, de sorte qu'on faisait souvent appel à lui pour animer les veillées. Son endurance dans ce domaine est restée célèbre: après avoir parcouru, à la course, une vingtaine de milles pour aller veiller, il jouait et dansait jusqu'aux petites heures du matin, s'en retournant ensuite immédiatement chez lui, toujours en courant. Pourtant, le lendemain, on le voyait à son ouvrage, frais et dispos, comme si de rien n'était.

Cette bonne humeur quasi permanente d'Alexis fit que, malgré son caractère instable, il put conserver facilement ses emplois. Les patrons lui pardonnaient facilement ses nombreuses fugues lorsqu'ils constataient avec quelle facilité il restaurait le moral des bûcherons, le soir, après le souper. À cet égard, Alexis joua le rôle d'un amuseur public. Non seulement au fond des bois, mais jusque sur le parvis des églises et sur les champs de course, Alexis donna de nombreuses démontrations de son savoir-faire. On le vit parcourir des distances incroyables, sauter d'imposants obstacles, battre sur piste les meilleurs coursiers. Partout où il se produisait, la foule s'assemblait. Il prit d'ailleurs parfois plaisir à décevoir les spectateurs, pour se venger de ceux qui cherchaient à profiter de sa naïveté. À plusieurs reprises il refusa carrément de courir; son truc favori consistait à faire semblant de se blesser, pour que personne ne pût lui reprocher quoi que ce soit. Par ailleurs, en d'autres circonstances, il courait pour le simple plaisir de courir, cherchant à étonner les gens, pour l'épate.

En 1921, après voir roulé sa bosse dans le grand Royaume du Saguenay, travaillant l'été sur la ferme, passant l'hiver dans les chantiers, il alla s'engager à la *Quebec Development Co.* qui procédait à l'érection d'un barrage sur le lac Saint-Jean. Sur ce chantier géant, 8 000 ouvriers travaillaient à la construction de ce qui allait devenir l'un des plus grands complexes industriels du pays. Les normes de sécurité appliquées laissaient à désirer, de sorte que beaucoup d'ouvriers payèrent de leur vie certaines imprudences. Parmi eux… Alexis. Le 12 janvier 1924, en traversant le pont de la Grande Décharge, à Alma, il fut heurté par la locomotive de service dont l'équipage faisait diligence pour précéder tout le monde à la salle à manger. Sérieusement blessé, il fut transporté d'urgence à l'infirmerie où il expira, une heure et demie plus tard, parfaitement lucide, ce que seule une résistance physique surhumaine avait pu permettre.

ALEXIS L'ATHLÈTE

Jean-Claude Larouche, après avoir étudié en détail les performances d'Alexis rapportées par plusieurs survivants de son époque, a pu conclure que notre coureur, grâce à un entraînement naturel remarquable, pendant toute sa vie, avait acquis une force physique, une résistance et une vitesse égale, supérieure peut-être, à celle des grands coureurs modernes de marathon. Ses performances, même dégagées de la gangue d'exagération due à plus de soixante-quinze ans de tradition orale, se situent à la limite du possible.

Sans doute la nature avait-elle pourvu Alexis d'un système cardiovasculaire particulièrement efficace, considéré aujourd'hui comme un prérequis essentiel à tout coureur de fond. L'entraînement nature régulier auquel il s'astreignit pendant toute sa vie améliora encore ses conditions physiques.

Les courses régulières d'Alexis sur de longues distances, son habitude de battre des sentiers dans la neige épaisse par les seules forces de ses jambes, ses longues soirées passées à giguer, l'habitude qu'il avait contractée de mélanger la glaise avec ses pieds lorsqu'il construisait un four à pain (et il en construisit au moins deux cents), avaient donné à ses jambes une force musculaire remarquable. Les pratiques acrobatiques auxquelles il se livrait presque quotidiennement (comme celle de donner, en dansant, des coups de pied au plafond pour ensuite retomber sur ses jambes) avaient aguerri ses réflexes et amélioré sa coordination.

Jean-Claude Larouche, après avoir déterré le corps d'Alexis, a effectué l'examen détaillé du squelette de façon à vérifier, à la trace laissée sur les os par les tendons, la force des muscles. L'examen a confirmé les descriptions faites par les contemporains d'Alexis.

On a pu conclure que les circonstances avaient vraiment fait d'Alexis, il y a plus d'un siècle, un coureur olympique capable de rivaliser aujourd'hui avec des champions et peut-être même de les vaincre.

Jean-Pierre Lamoureux

Vidéo-Presse
Vol. IV, sept. 1974, pp. 6-11

Chapitre I

Introduction générale

Introduction générale

Si, en France, le recul du temps n'a pas encore permis d'élucider l'énigme du Masque de fer, il en est un peu ainsi au Québec du mystérieux personnage venu des montagnes de Charlevoix, que ses compatriotes avaient surnommé le Trotteur !

Voltaire, le premier, parla du mystère de l'homme au masque de fer et depuis, les hypothèses les plus invraisemblables ont été formulées en ce qui concerne son identité.

Nous connaissions, pour notre part, l'identité du Trotteur, mais ne savions pas qui il était exactement et pourquoi il était ainsi !

Aujourd'hui, en 1977, quatre mille heures de recherches intensives nous permettent, au moins, d'en tracer une sorte de portrait-robot que nous croyons sincèrement très près de la réalité historique. Il est vrai cependant, comme disait un auteur contemporain, que notre esprit public est curieux de bien d'autres vedettes, que nos artistes sont distraits, et que nos politiques, enfin, ont bien d'autres soucis !

Cet ouvrage n'est sûrement pas un fruit de l'imagination et encore moins une pure invention ! Il met en scène la parole de plus de deux cents individus et la nôtre ! Vous serez libres tout au long de votre lecture, d'en supputer les preuves apportées et les témoignages rendus, mais soyez, au moins, certains d'une chose : si nous avions voulu raconter une belle histoire, ou faire de la vie d'Alexis, un roman, nous n'aurions sûrement pas autant voyagé et investi autant d'argent et de travail pour cela . . . Une discussion avec une dizaine de « bons » témoins eût alors suffit amplement. Mais tel n'était pas notre but.

Mettre en lumière la cohérence des activités d'Alexis fut long et pénible ; faire jouer les ressorts cachés des événements qui tramèrent la vie de cet homme, en gardant le respect constant de l'objectivité et de la vérité historique, a exigé parfois de nous de véritables tours de force ! Pourtant, avec l'aide désintéressée de nos collaborateurs, nous avons réussi ! Faire une brèche dans ce mur des années a été laborieux, mais *à vaincre sans péril, on . . .*

Nous n'aurons pas pour autant la fatuité d'affirmer que nous connaissons « tout » sur la vie d'Alexis, mais dire que nous en connaissons assez, pour nous en faire une idée claire, est largement justifié.

Sources

Chacun sait que l'histoire foisonne en points d'interrogation. Si elle est l'objet d'une certaine somme de connaissances vraiment certaines ou d'hypothèses assez probables, elle contient toujours de vastes zones de demi ou de complète obscurité. Et rien, ni personne, ne peut empêcher l'imagination populaire de coloniser ces zones-là.

C'est ainsi que la science historique est condamnée à devoir souvent s'affronter avec la légende. Et elle doit alors résister à la séduction de cette dernière, sous peine de faillir à sa mission, comme cela a pu arriver dans certaines versions trop chauvines de l'histoire canadienne-française.

N'en concluons pas cependant qu'il est interdit au chercheur d'accorder une attention positive aux sujets touchés par la légende, comme si ces sujets étaient vidés, par le seul effet d'un tel contact, de toute leur substance existentielle. La légende signale, au contraire, des thèmes historiques privilégiés par la place et le rôle qu'ils ont eus dans la vie collective d'un groupe humain. Elle est l'auréole dont le peuple entoure les figures, les faits et les évènements qui l'ont davantage impressionné, ont le plus parlé à son âme et, en conséquence, ont peut-être le plus influencé, au niveau de l'impondérable, ou, si l'on préfère, du subconscient, le mouvement de son évolution. La tâche qui s'impose à la recherche est de faire au mieux le partage entre le réel et la fiction, en soumettant à une saine critique les données ambiguës qui lui viennent en main. Et si une certaine sévérité est de mise dans ce criblage, cette sévérité n'exclut pas une sympathie, même préférentielle, pour les éléments du passé qu'a colorés l'âme populaire. Elle inspire seulement un grand soin pour les rendre à leur vérité, mue, au fond, par le même amour qui les a parés d'imaginaire.

Avouons franchement qu'il y a place pour un type sérieux de chercheur qui, en acceptant toutes les rigueurs de la discipline scientifique, obéit, dans le choix de ses études, à un certain goût juvénile pour les choses peu orthodoxes et partiellement mystérieuses ; qui aime mieux se pencher sur de telles choses que sur l'oculaire d'un microscope ou le tube gradué d'une éprouvette. Je me sens de cette catégorie ; je me sens de cette classe d'esprits qu'intéresse moins une formule chimique qu'un extraordinaire bonhomme vivant... ou mort, mais toujours présent, avec ses prouesses percutantes, dans le souvenir d'une population. Justement, l'Ecole d'éducation physique, tout en imposant comme épreuve à ses candidats de dernière année, une étude logeable, par sa facture, à l'enseigne de la Recherche, leur propose un choix de sujets assez large pour satisfaire à des préférences comme les miennes. On nous autorise à aller chercher l'objet de notre investigation aussi bien dans le domaine de l'histoire que dans celui des sciences anatomique, psysiologique, cinésiologique ou psychologique.

Aussi bien est-ce sous l'influence à la fois d'un goût personnel et des normes tracées par l'Ecole, que j'en suis venu à choisir comme thème de mon étude le célèbre coureur saguenéen Alexis Lapointe, dit le Trotteur, personnage qui relève de l'histoire et, par son truchement, de chacune des quatre autres sciences offertes à notre option ; mais aussi, figure légendaire, à cause de la marque puissante que devaient fatalement produire sur l'esprit des gens de sa région ses dons tout à fait exceptionnels.

Je ferai donc œuvre scientifique, en tant qu'aspirant au baccalauréat, autour d'un héros qui m'intéresse à titre d'enfant de mon pays. Je m'efforcerai de décrire, d'expliquer et d'interpréter un sujet choisi pour une raison « que ne connaît pas la Raison » et qui est l'argument secret des muses. Je prendrai le style du savant en gardant le cœur d'un trouvère. Comme le peintre qui fait son tableau suivant toutes les règles de l'art en obéissant, en profondeur, à la vision d'un objet aimé. « Pourquoi, lui demandez-vous, cette image d'une vieille église gonflée d'une épaisse vigne ? » Et il vous répond : « Allez en Bavière, près de Munich, franchissez l'Isar vers le sud, et vous verrez là, au cœur d'un village, l'émouvante silhouette qui m'a contraint à élaborer cette toile. » Qu'on me pose une question pareille : « Pourquoi ce travail sur un athlète aux caractères si déterminés ? » Ma réponse sera : « Parcourez la région Charlevoix-Saguenay et fouillez la mémoire des gens, les archives de l'histoire locale ; vous verrez surgir devant vous, encore animée et bondissante, la figure unique du « Trotteur », qui m'a obligé par son charme, fait de mystère et de clownerie, à essayer de le commenter dans la langue du siècle de la Science... »

Intérêt et buts poursuivis

Ces déclarations sans ambages avertissent déjà le lecteur des divers niveaux d'intérêt qu'il pourra trouver dans mon travail, comme des étapes à travers lesquelles celui-ci aura à progresser vers les objectifs qu'il se propose. On rencontrera trois valeurs, qu'il m'incombe de concilier en mettant chacune à sa vraie place et traitant chacune comme le réclame le but spécifique de mon étude : le folklore, l'histoire et la science.

Le folklore

Le folklore sera respecté. Le mépris de cet amalgame de réalité et de mythe, que l'âme populaire a créé comme un univers à son image pour y retrouver justement, teinté d'humour et de poésie, le reflet de ses ambitions, de ses fiertés, de ses nostalgies, de ses drames, et pour se nourrir de tout cela comme l'abeille se nourrit de son miel, le mépris, dis-je, d'une valeur aussi authentique, aussi grande et aussi exquise, est chose qu'on laisse aux pédants ou aux progressistes bornés. Je respecterai le folklore avec conviction et cordialité. Néanmoins, je serai dans l'obligation, sous peine de trahir mon dessein, de faire froidement sur ses données le départ du vrai et de l'ajouté, du certain et de l'incertain. Car le folklore applique à notre athlète, de l'ajouté et de l'incertain en appréciable quantité. Les contemporains d'Alexis, sans trop le vouloir ni le remarquer, forcèrent plus ou moins ses exploits en en transmettant le récit : affaire d'en accroître la succulence. De petites additions successives, des pouces ajoutés à un saut afin d'avoir un chiffre rond, plus facile à retenir... et plus frappant, finirent par créer, dans certains cas, des prouesses nettement surhumaines. On faisait du coureur une autruche, alors que, quand même, il n'avait pas d'ailes pour doubler l'essor de ses foulées. Retrouver sous cette gangue d'exagérations les faits réellement vécus, ramener l'homme à sa vraie mesure (qui lui laisse une taille de géant parmi les grands noms de la course) : telle va être ma première tâche. Si je réussis à l'accomplir, Alexis, mon héros, reviendra, pour moi-même et pour le lecteur, du domaine de la légende à celui de l'histoire, où il m'est nécessaire de le rencontrer pour le commenter valablement.

L'histoire

Cette histoire à laquelle il appartient est celle que l'on a appelée la « petite histoire d'un grand royaume ». Il s'agit d'abord de « petite histoire » : les hauts faits du « Trotteur » ne se situent point dans la trame des grands événements mondiaux ou nationaux, ni même provinciaux. Ils auraient pu, certes, s'y insérer, au niveau des Jeux Olympiques, dont au moins quatre célébrations ont coïncidé avec le temps où se révélait notre coureur. Mais cette chance de gloire fut exclue de sa destinée. Ses exploits, capables d'ébahir la population planétaire, n'ont été connus et admirés — sauf en de très rares exceptions — que dans les limites d'une région des plus isolées du Québec. Attention toutefois ! Cette région, au nom de très vieux documents, revendique le droit de se désigner du nom magnifique de royaume : c'est le grand domaine du Saguenay, qui englobe le bassin du lac Saint-Jean et le bassin-nord du Saint-Laurent entre le Cap-Tourmente et Sept-Iles. On peut dire que ce vaste territoire fut le champ de course d'Alexis. Baie-Saint-Paul, La Malbaie, Saint-Siméon, Tadoussac, Bagotville, Chicoutimi, Saint-Jérôme, Roberval, Saint-Félicien : autant de localités qui l'ont vu passer et repasser, et où de nombreuses personnes au-dessus de la cinquantaine ont à rappeler, à son sujet, des souvenirs significatifs. La communauté saguenéenne, plus consciente de son unité à travers l'espace et le temps, et moins ignorante de son passé que maints autres groupes régionaux, possède Alexis dans sa mémoire à un degré très particulier. A cause de son propre caractère, et à cause de celui du héros, dont l'extraordinaire mobilité étendit la présence individuelle à presque toute l'aire du

« grand royaume ». A l'instar des fameux « quêteux » qui, à l'époque des chemins de terre, sillonnèrent tant de nos comtés ou de nos régions québécoises, Alexis eut ce privilège d'une célébrité multilocale. Oui, à l'instar des vieux mendiants, mais d'une façon encore plus marquée, en raison des curiosités qu'éveillait son pas chevalin. Son allure de locomotive, paradoxalement, le faisait mieux voir que ces circulants à besace, au pas lourd et si peu pressés.

C'est donc au sens fort que le personnage appartient à l'histoire de sa région, entendons bien, à l'histoire vécue, parlée, écrite, de cette partie du Québec que veut désigner le mot Saguenay en son acception territoriale la plus large comme la plus juste, ou qu'évoque mieux, à certains égards et pour l'oreille de beaucoup de gens, le chaud et traditionnel couple onosmatique Charlevoix-Saguenay. Aussi bien osé-je espérer que mon humble travail revêtira, en dehors de son caractère scientifico-historique et de l'intérêt qui s'y rattache, une portée humaine appréciable. Il pourra aider une population à rester en contact vital avec le passé qui l'a conduite — à travers tant de vicissitudes, parmi le tragique et le comique — à son actuel développement. Il lui offrira une occasion de goûter la saveur originale de ce passé aux couleurs si vives, où elle peut puiser tant d'inspirations conformes à sa nature, à son âme et à son génie, aussi bien dans la ligne de l'art que dans celle de l'action et de la vie. Assimilée dans sa vérité par la jeunesse saguenéenne, l'image d'Alexis le Trotteur peut être pour elle une incitation à développer davantage ses ressources sportives et athlétiques. Chez tous, la même image n'a-t-elle pas de quoi entretenir une espèce de « fringance » psychologique faite d'humour et de bonne humeur, et non inutile dans l'existence.

La science

Si notre sujet touche au folklore et relève de l'histoire régionale, il tient également à la science en plusieurs de ses disciplines : anthropologie, physiologie, cinésiologie, psychologie. La recherche historique effectuée aura en effet pour résultat de donner du cas Alexis, homme et exploits, une connaissance suffisante en certitude et en précision pour offrir un objet d'étude valable et intéressant à ces différentes spécialités. D'autant plus que les témoignages et les documents exploités conduisent à la découverte et à l'identification des restes osseux du coureur, ce qui donne à l'étude anthropométrique, dont l'importance est primordiale, l'avantage d'un contact immédiat avec son objet principal. Les autres parties de l'analyse scientifique bénéficieront largement de cette prise directe sur le sujet : elle les aidera diversement à interpréter l'information obtenue de l'enquête historique.

Le lecteur a déjà saisi, à travers ce qu'il vient de lire, l'orientation de mon travail. Mais, quitte à paraître me répéter et même à le faire réellement, je veux insister sur ce point, afin que personne ne se méprenne sur le sens du présent ouvrage. Celui-ci veut être une recherche tendant à la connaissance objective et, autant que possible, à l'intelligence du cas athlétique sur lequel il porte. C'est dire qu'il ne vise aucunement à accréditer une tradition, si intéressante qu'elle soit par le caractère piquant de ses récits. L'intérêt épique et folklorique dont j'ai avoué l'influence au niveau du choix de mon sujet et du substratum psychologique de l'étude que je lui consacre, a fait naître et nourrit en moi un souci tout autre que celui de réanimer à ma manière une figure célèbre du folklore. Spécialiste d'une discipline qui relève de sciences rigoureuses, ma réaction devant un athlète et ses performances peut difficilement coïncider avec celle qu'éprouve sur les mêmes cas le chasseur de nouvelles à sensation ou le fabricant de belles histoires. Ma réelle attirance pour « le Trotteur » est donc conditionnée par un sens acquis des valeurs somatiques et sportives. Aussi bien, loin de me donner une quelconque envie de colorer son image ou de pimenter sa légende, m'inspire-t-elle le désir inverse de le retrouver dans sa vérité, dégagé des apports éventuels de la fantaisie populaire. C'est ainsi, en effet, que je pourrai tirer de ses caractéristiques et de ses records personnels des conclusions significatives ou des hypothèses intéressantes dans le point de vue des connaissances qui régissent l'éducation physique et plusieurs des formes majeures du sport et de l'athlétisme. On me verra donc suivre, d'un bout à l'autre de cette étude, la démarche propre du chercheur, qui est de poursuivre le réel sans aucune idée préconçue et d'accueillir ce que l'on découvre en n'obéissant qu'à l'évidence. Je ferai cela aussi bien au niveau des faits à vérifier qu'à celui de leur explication. Au premier stade, la méthode historique sera ma loi ;

au deuxième, me guideront les normes logiques particulières aux diverses sciences qui ont voix dans l'explication rationnelle du fait Alexis-le-trotteur, tel qu'on aura pu l'identifier. J'ai dit plus haut quelles étaient ces sciences.

Voilà donc le sens du présent livre, son projet formel et déterminant. Le lecteur est prié de s'en souvenir, sans quoi il risque d'être déçu, non seulement par les défauts d'une littérature inexperte, mais encore, et plus profondément, par le ton et la marche de mon écrit et ce que je pourrais appeler son austérité sentimentale. On pourra me suivre jusqu'au bout à condition de ne pas chercher l'éblouissement pour l'éblouissement, de ne pas guetter à toutes les pages ce qui chatouille agréablement une certaine sensibilité avide de triomphes épiques ou peut-être d'une sorte de gloire tribale. Nous nous engageons dans une recherche. Historique ou scientifique — et la nôtre revêtira chacun de ces deux caractères —, une recherche est essentiellement une quête de la vérité. Si vous poursuivez la vérité, il faut la laisser se manifester comme elle est hors de votre esprit et vous dépouiller de toute envie de la façonner à votre goût, voire de tout désir de la trouver telle. On peut s'y aider en pensant qu'elle vaut toujours mieux, en définitive, que les plus belles imaginations. Mais saurai-je, lecteur, vous y conduire, à cette vérité que je vous propose de poursuivre ainsi avec moi sur le cas d'Alexis le Trotteur ? A une telle question je ne puis répondre. Elle est celle du succès de mon entreprise, et ce succès ne peut pas dépendre uniquement de ma bonne volonté.

L'essence de la découverte scientifique, c'est moins le fait d'être le premier à voir une chose que celui d'établir des liens solides entre ce qui était connu auparavant et ce qui était demeuré inconnu jusqu'à présent...

Hans SELYE

Chapitre II

La course à pied

L'air et le sol, dieux rivaux, se le disputent, et il oscille entre l'un et l'autre. Ainsi mon art, entre terre et ciel. Mais sa foulée, bondissante et posée, est pleine du désir de l'air. Danse-t-il sur une musique que je n'entends pas?

MONTHERLANT.

L'historique de la course

Vous est-il déjà arrivé de visiter une arène vide, sans spectateurs ni combattants, silencieuse, morte ; un terrain de sport en repos ; une piste déserte ?

Pour un initié, le silence de ces énormes plateaux dramatiques sera éloquent. Pour le profane, il ne sera que consternation et tristesse.

Les aficionados espagnols désignent le sable de l'arène par l'expression *terrano de verdad* ou *terrain de la vérité* ; car là-dessus, disent-ils, on ne peut plus raconter d'histoires. Une piste de course est sûrement un terrain de la sorte ; celui qui y court se doit de n'avoir confiance qu'en lui seul.

Ce chapitre sur l'historique de la course mériterait à lui seul qu'on lui consacre plusieurs tomes, mais notre but se veut plus modeste : sensibiliser les moins initiés au magnifique domaine de la course à pied tout en leur faisant découvrir ses exigences, son histoire passée et présente, et même quelques-uns de ses héros.

La naissance de la course

La course, comme plusieurs disciplines sportives, n'est peut-être pas vieille comme le monde, mais elle demeure sûrement aussi ancienne que l'homme...

...dès qu'il y eut des êtres humains vivant côte à côte, il leur arriva inévitablement de se mesurer à la course, ne serait-ce pour savoir qui mettrait, le premier, la main sur un gibier abattu[1].

Un pas en arrière

Grâce à l'archéologie et à la paléanthologie, on savait depuis longtemps que certaines catastrophes avaient eu lieu au XVe Siècle avant J.-C. D'ailleurs ces cataclysmes avaient donné naissance à la civilisation occidentale.

En 1956, le professeur Angelos Galanopoulos, de l'Institut séismologique d'Athènes, fit par hasard, une découverte en visitant une mine de Thêra, la principale des îles de l'archipel, où l'on extrait de la cendre volcanique pour en faire du ciment. Au fond du puits, il découvrit les ruines, noircies par le feu, d'une maison de pierres! À l'intérieur il trouva deux morceaux de bois carbonisés, ainsi que les dents d'un homme et d'une femme. L'analyse au carbone-14 révéla que ces derniers avaient dû mourir environ 1,400 ans avant notre ère, soit au 15e siècle avant J.-C. [2].

Selon l'écrivain Ronald Schiller, ces vestiges appartenaient à des individus faisant partie d'un peuple disparu, *les Minoens*. Ce sont d'ailleurs ces derniers, qui laissèrent à la Grèce l'admirable culture qui allait plus tard s'y épanouir.

Leur culture, dit-on, était déjà très développée. Ils se servaient d'une écriture compliquée, et les vases superbes qu'ils fabriquaient, leurs ornements et leurs peintures murales sont du grand art. Ils pratiquaient de nombreux sports, parmi lesquels la boxe, la lutte et des corridas au cours desquelles les concurrents faisaient de la voltige sur les cornes des taureaux [3].

Bien longtemps avant le XXe siècle, quelques races de l'Asie, et même les Égyptiens, pratiquaient de façon primitive certaines formes d'athlétisme. Mais ce sont, d'une part, les Irlandais de l'époque préceltique et, d'autre part, les Grecs de l'Achaïe, les Crétois, et sans doute aussi les Étrusques, qui s'adonnèrent les premiers à l'athlétisme de compétition.

Si tous ces faits nous font présumer que l'athlétisme est né à l'âge de bronze, un vieux manuscrit irlandais, *Book of Leinster* [4], daté de 1160, fait la description, pour sa part, de certaines épreuves qui se seraient déroulées d'une façon régulière pendant deux mille cinq cents ans. Il est vrai, toutefois, que dans ce livre, la légende et la réalité se confondent drôlement. Les vainqueurs sont des demi-dieux et leurs prouesses, par conséquent, sont beaucoup plus divines qu'humaines.

Homère dans *l'Iliade,* nous donne les premiers comptes rendus détaillés de ces réunions d'athlètes appelées: *Jeux Olympiques.* Et plusieurs centaines d'années plus tard, l'écrivain Pierre Louys évoquera l'importance capitale de cette période de fête pour la population:

Lorsque après quatre ans de silence et d'abandon, la ville des jeux et des temples se préparait à la fête sacrée, toutes les affaires étaient suspendues dans le monde hellène. On interrompait même la guerre, en l'honneur des célébrations olympiques. Les pèlerins affluaient, à cheval ou à pied, par les routes, les chemins et les sentes, venant de toutes les cités grecques, fussent-elles du delà (sic) *des mers. Il en venait d'Asie Mineure et de Sicile, de Cyrénaïque et des colonies les plus lointaines. Ces petits peuples grecs, toujours en guerre les uns contre les autres, se retrouvaient là, fraternellement unis dans le même enthousiasme. Rien ne fit davantage pour l'unité de la Grèce que cette trève internationale, cette communauté dans la foi et le plaisir*[5].

Sommaire de l'athlétisme moderne

Bien sûr, nous avons dû frustrer l'histoire ancienne en passant si rapidement sur cette époque, et nous aurions aussi pu raconter la vie de Ladas, que sculpta Myron, ou celle de Polymnestor; nous aurions sûrement été intéressés aussi par les aventures de Philippe, qui parcourut, en deux jours, 1,140 stades (203 km); Amystis et Philonide pour leur part, en couvrirent mille deux cents (222 km) dans le même laps de temps. Mais là n'est pas notre but. Revenons plutôt au XVIIIe siècle.

Si une monarchie absolue règne dans la France du XVIIIe siècle, c'est une monarchie constitutionnelle qui existe en Angleterre. Le parlement anglais dirige le pays; la bourgeoisie et l'aristocratie légifèrent ensemble.

Dans ce pays riche, le bourgeois comme le noble cherche à s'amuser. Il se rend à l'hippodrome et met en jeu de fortes sommes. Il fait des parties de chasse au renard suivies de plantureux repas. Tout le sport, pour lui, consiste à regarder et miser, à chasser. Il «joue» aux courses de chevaux. Il parie tout aussi bien sur les pédestrians et les boxeurs.

L'hippisme a son «General Stud Book containing pedigrees Races Horses», régistre des pur-sang, depuis Guillaume III (fin du XVIIe siècle) et le «Jockey Club» est fondé en 1750.

Cet engouement pour les épreuves hippiques a un curieux résultat. En 1788, on s'assemble à l'hippodrome de Newmarket pour voir un dénommé Evans essayer de battre le record pédestre de l'heure. Ce record a comme détenteur Thomas Carlisle qui, en 1740, a couru 17 km 300 dans les 60 minutes. On parie sur Evans comme on parierait sur un cheval. Les enjeux atteignent 10,000 livres et le coureur sait qu'en cas de réussite il empochera le dixième de cette somme. Evans parcourt 17 km 400 dans l'heure: record battu!

On court aussi sur route. Foster Powell, d'Horseforth près de Leeds, est âgé de trente ans lorsque, en 1764, sur la «Bath Road», reliant Londres à Bristol, il couvre les 50 milles en moins de sept heures, à la suite de paris.

Les épreuves pédestres sont le plus souvent des courses de longues distances. Pourtant en 1787, un nommé Welpole réussit à «avaler» un mille — approximativement 1609 mètres — en 4 minutes 30 secondes[6].

L'athlétisme moderne, pour sa part, date à peine d'un siècle. On peut dire que c'est en 1866, en Angleterre, qu'il est né, par la rencontre sportive de deux collèges universitaires, à savoir, Oxford et Cambridge.

Certains coureurs de fond connurent une gloire quasi universelle. Le plus célèbre est sans contredit l'Indien américain Louis Bennet, dont le pseudonyme de *Deerfoot* (Pied-de-Daim) n'était point usurpé.

Il séduisit l'Angleterre et alla même jusqu'à courir devant le Prince de Galles, le futur Édouard VII.

En 1862, alors qu'Alexis avait deux ans, cet Indien de la tribu canadienne des Sénéca, courut la distance de 18,6 km en une heure[7]. Ce n'est que trente-quatre ans plus tard que l'on battera officiellement ce record.

Sortes de courses

Pour les besoins de la cause, et pour une meilleure compréhension des termes employés, nous définirons d'abord les principales courses:

Vitesse: 100 m; 200 m; 400 m.

Demi-fond: 800 m; 1,000 m; 1,500 m; mille; 3,000 m; 5,000 m; 10,000 m.

Fond: cross-country; 20 km; la course de l'heure; le marathon (42,195 km); la marche.

Nous négligerons volontairement les courses à obstacles car elles cadrent plus ou moins avec le but de notre ouvrage.

La course de vitesse

> *Être vite,* dit Larousse, *c'est avoir la faculté de transmettre du cerveau aux muscles par l'intermédiaire du système nerveux (réflexe) les commandes rapides des gestes de la foulée*[8].

D'autre part, la capacité humaine de maintenir le plus longtemps possible une pleine vitesse se situe normalement, pour l'athlète entraîné à ce genre d'exercice, autour de huit cent cinquante pieds et dure ordinairement trente secondes.

Au point de vue morphologique, le type idéal de *sprinter*[9] n'existe à peu près pas. Il y a le petit à segments courts, tel Yoshioka, qui possède une action très instantanée, mais qui souvent se trouve dans l'impossibilité de garder cette action initiale plus de cent soixante-dix pieds; pour sa part, le grand comme Abrahams, a un départ moins rapide mais, par contre, regagne le terrain perdu par des foulées interminables. Ce dernier, il va sans dire, est beaucoup plus à l'aise dans un 200 mètres ou un 400 mètres que dans un 100 mètres!

L'objectif essentiel, pour celui qui opte pour ce genre de course de vitesse, réside dans une perpétuelle recherche

Quelques coureurs du 100 m. lors de cette épreuve aux Jeux Olympiques de Montréal (1976). CRAWFORD, (#846) s'est mérité la médaille d'or en 10,06 secondes.

Photo: Pierre Dury.
Source: COJO.

de la relaxation, cela pour éviter toute «crispation» qui freinerait la vitesse et qui nuirait à l'efficacité du geste.

L'historique complet avec tous les noms de ceux qui foulèrent la piste du sprint, court et prolongé, serait assez fastidieux à lire mais rappelons quand même quelques faits de première importance.

Né en 1812, en Angleterre, le sprint court, commencé avec le 100 yards, se métamorphosa en 100 mètres avec les Jeux Olympiques de 1896[10]. Bernier Wefers demeurera le premier grand sprinter de l'histoire moderne. Un peu plus tard, signalons, au passage, l'exploit fantastique de Jesse Owens[11]; le 25 mai 1935 à Ann Arbor (Michigan) ce dernier égala le record du 100 yards en 9s 4, battit celui du 220 yards (et en même temps celui du 200 mètres) en 20s 3 atteignit 8m 13 au saut en longueur au premier essai et termina par un 220 yards haies en 22s 6, battant par la même occasion le record du monde du 200 mètres haies; cinq records mondiaux battus, un d'égalé, et cela en cent minutes de compétition; l'année qui suivit, 1936, un écrivain appela les Jeux Olympiques de Berlin: «Le festival Jesse Owens». Là encore il fut sans égal... *et si Hitler s'arrangea pour ne pas avoir à le féliciter, le public allemand, lui, fit preuve d'une parfaite sportivité et acclama longuement les exploits de ce «superman»*[12].

Chez Owens, la façon de courir était quelque chose d'extraordinaire.

L'homme partait très vite, puis semblait ralentir avant de repartir de plus belle. Il paraissait disposé d'un véritable changement de vitesse et ne donner jamais l'impression de pousser à fond[12].

La vitesse maximale

Beaucoup sont curieux de connaître la vitesse maximale que l'homme peut atteindre à la course.

La moyenne horaire du record mondial actuel, pour la course du 100 mètres (9s 9) se situe à 36,36 km/h mais il ne faut pas oublier que les derniers 8m 56 sont couverts à une vitesse de 11m 50 à la seconde.

Quelques coureurs de 800 mètres lors de la rencontre Allemagne-Canada en 1975 au Forum de Montréal.

Photo: C. Desrosiers.
Source: Féd. d'Athlétisme du Québec.

Sera-t-il possible un jour de courir le 100 mètres en moins de 9s 5? On peut répondre: « vraisemblablement ». Mais il faut déplorer le caractère un peu désuet de la réglementation des records. Le chronométrage au millième de seconde avantagerait pareillement les coureurs.

Le 400 mètres

La course du quart de mille, qui met le cœur à rude épreuve et qui exige une résistance spéciale, a une mauvaise réputation. Le coureur se doit de garder une vitesse très grande, ce qui l'empêche de récupérer par un quelconque changement de train. On dit du 400 mètres qu'il est dangereux pour l'organisme du coureur peu ou mal entraîné s'il répartit mal son effort.

En 1880, on retrouve une première grande figure de cette épreuve, Lon Myers, un Américain qui s'assura d'ailleurs tous les records américains du 50 yards en 5s 5 jusqu'au mille en 4mn 25s 3/5.

Signalons aussi que la femme n'a pas droit à cette course, l'épreuve étant trop athlétique. On a déjà enregistré 200, 220 et même 240 pulsations par minute après une telle course.

Avec ce domaine du 400 mètres, nous laissons la zone dite de VITESSE ou mieux encore « sprint court et sprint prolongé ». Le 800 mètres ouvrira notre exploration du DEMI-FOND.

La course de demi-fond

Il est fort embarrassant d'abréger l'histoire des courses dont les péripéties sont toutes aussi pétillantes les unes que les autres. Mais, nous le répétons, ce chapitre se veut une simple vue à vol d'oiseau du magnifique domaine qu'est la course à pied, domaine, il va sans dire, des verdicts sans appel.

Le 800 mètres

Si, en général, les vainqueurs du mille et du marathon, ainsi que leurs performances, sont assez bien connus, il n'en est pas ainsi des athlètes (aussi valeureux) du demi-mille ou 800 mètres. Pourtant, beaucoup sont unanimes à accorder un grand crédit à cette course.

Au 800, les coureurs partent en ligne et la tactique joue ainsi un grand rôle. À moins d'une infériorité athlétique évidente, il ne suffit pas d'être fort pour gagner cette course, il faut être intelligent. Il faut savoir se placer après le départ, éviter de se laisser enfermer par ses adversaires ou endormir par un train trop lent. Il faut suivre la course en pleine décontraction, et conserver assez de réserve pour la dernière ligne droite où se joue l'arrivée[13].

À brûle-pourpoint, sauriez-vous dire en combien de temps, l'homme court le demi-mille aujourd'hui? En 1968, à Mexico, le demi-mille fut couru en 1mn 44s 3, en 1972, à Munich, Wottle fut plus lent et fit 1mn 45s 9 et enfin à Montréal (1976) Juantoreno abaissa ce record à 1m 43s 50.

Et dire que les premiers Jeux Olympiques d'Athènes (1896) avaient vu Flack, d'Australie, le courir en 2mn 11s!

« Les bras abaissés » (Une arrivée de 800 mètres).

Elles cahotent derrière comme des pantins, se désunissent, raccourcissent leur foulée.

La sienne, au contraire, depuis le départ, elle l'a sans cesse et peu à peu augmentée.

Elle paraît ainsi pleine d'aisance, et elle est ravagée à l'intérieur par l'effort.

Les autres, derrière elle, sont hideuses: leurs bouches telles que sciées par un mors,

leurs bouches comme les bouches grandes ouvertes des poissons morts et des soldats morts.

Mais Dieu est assis sur sa face. Elle arrive les bras abaissés[14].

Le mille

Le mille a, pour plusieurs d'entre nous, quelque chose

de spécial ; il fascine l'athlète, car on le considère comme une montée en grade pour celui qui y accède.

Il exige cependant des qualités particulières qui le font se classer dans les épreuves les plus admirées.

Le mille en moins de quatre minutes

Si en 1830, le mille se courait en 4mn 30s, et en 1864 en 4mn 20 s ½, c'est en 1954 que l'on rompit la barrière des « 4 minutes » jugée longtemps inaccessible.

Roger Bannister, jeune étudiant anglais, fut en effet celui qui tailla cette brèche dans les « 4 minutes » ; il fut suivi rapidement de plusieurs autres qui enfilèrent cette brèche.

Le mille, dit-on, est la course par excellence ; elle est assez longue pour permettre au spectateur de faire une bonne étude du coureur, et assez brève pour le tenir en haleine. Au coureur, elle donnera un temps suffisant pour l'analyse de ses concurrents, et, pareillement, la possibilité de bien doser son effort pour le sprint final, où il devra sortir du peloton pour vaincre. Car, malgré le grand nombre d'athlètes, il n'y a place que pour un champion !

Roger BANNISTER écrivait en 1967 :

Cette course s'entoure d'une certaine mystique. Dans un monde où nos vies deviennent de plus en plus artificielles, l'exemple d'un jeune athlète montrant des qualités que nous aimerions posséder n'est pas sans nous émouvoir. Nous nous identifions à lui, nous aimons croire qu'il établira un nouveau record à chaque course et qu'il ne décevra aucun de nos espoirs. Pourtant, dans notre for intérieur, nous savons qu'il finira par être détrôné[15].

Depuis 1975, le record mondial du mille appartient à un coureur de Nouvelle-Zélande, John Walker qui le fit en 3m 49s 4 et ce dernier record fut établi à Gothenburg le 12 août 1975.

La course de fond

C'est vers la seconde moitié du siècle dernier que les Anglais développèrent la course de fond. Alfred Shrubb fut

Cierpinski (51), médaille d'or et Shorter (39), médaille d'argent, dans le dernier tiers du marathon des J. O. de 1976 (Montréal).

Photo: B. Massenet.
Source: COJO.

le meilleur de son époque. Quelques auteurs placent le 5,000 mètres et le 10,000 mètres dans le fond court, nous les avons placés antérieurement dans le demi-fond. Il reste donc les courses dites de «grand fond», c'est-à-dire au-delà de 10,000 mètres.

Ses distances les plus classiques sont la course de l'heure[16] et le marathon. Ce genre d'épreuves n'est accessible qu'à des coureurs spécialement préparés, car il demande des efforts intenses et prolongés à l'organisme, obligé de puiser dans ses réserves. Un concurrent de marathon peut maigrir de 3 kilogrammes pendant une telle course.

Le marathon

Nous gardons tous en mémoire la légende grecque du soldat Philippides, mort après 42 km de course, pour avoir désiré annoncer le plus tôt possible aux Athéniens la victoire de leur armée contre les Perses. Tout ceci se passa le 12 septembre de l'an 490 avant J.-C.!

Est-ce une légende? est-ce une réalité? peu importe. Ce serait un magnifique sujet de recherche. Chose certaine cette tragédie a fait naître une compétition commémorative: LE MARATHON, ce *monstre olympique* disait Fichefet.

Longue épreuve de résistance qui offre certains dangers pour celui qui s'y aventure sans trop de préparation.

Citons ici quelques noms célèbres qui eurent leur temps de gloire, hélas! trop fugitive pour un tel effort: Zatopek (Tch.) 1952; Mimoun (Fr.) 1956; Abebe (Ethiop.) 1960-64. Une seule fois, un canadien se classa dans cette épreuve, il s'agit de Sherring à Athènes, en 1906[17], qui courut la distance en 2h 51mn 23s 6! Aujourd'hui, on court cette même épreuve en 2h 09mn 55s (Cierpinski, Allemagne de l'Est, 1976).

Le marathon est la plus longue des épreuves en athlétisme. Mais il n'en a pas toujours été ainsi. À l'âge héroïque, des coureurs ont disputé des compétitions beaucoup plus longues, pendant lesquelles ils alternaient, à volonté, la course et la marche. Citons-en quelques-unes:

Paris-Belfort (495 kilomètres)

Ramogé mit 100 heures pour parcourir cette distance; il garda une moyenne horaire de 4,95 km/h. Le second fut Gonnet.

Toulouse-Paris (736 kilomètres)

Decharte mit 142 heures (6 jours moins 2 heures) et tint une moyenne horaire de 5,18 km/h. Le second fut Péguet.

Bordeaux-Paris (610 kilomètres)

Péguet se classa premier après une course de 114h 12 mn; c'est donc dire une moyenne horaire de 5,35 km/h. E. Antoine se classa bon deuxième.

Il y eut encore *Paris-Roubaix,* 283 kilomètres en 30 h 53 mn, et *Rouen-Paris,* 154,7 kilomètres en 14 h 6 mn.

Il est intéressant de voir ici que l'on courait, autour des années 1875, 154,5 kilomètres en 14 heures! C'est donc dire une moyenne horaire de 11,4 km/h. Nous reviendrons à ces données dans le chapître IV, lors des commentaires sur les exploits d'Alexis Lapointe.

On connut même, à cette époque où les parcours à pied étaient aussi longs que ceux à bicyclette, des Six Jours pédestres. Le record en appartient à l'Anglais Littlewood qui couvrit 1,003 km 809[18]. *Par équipe de deux coureurs se relayant à volonté, ce sont les Américains Hegelmann et Cavanngh qui couvrirent la plus longue distance: 1,239 km 216* [19-20].

La résistance

La vitesse permise à l'homme est limitée[20].

Sauf une évolution extra-rapide de l'espèce — favorisée par les progrès diététiques et hygiéniques, mais freinée par le confort et l'automation, — l'homme ne dépassera pas beaucoup sa vitesse maximale qui peut être autour de 43,47 km/h.

Par contre, si l'on jette un regard sur les principaux tableaux de ce chapître, les dix dernières années nous renseignent sur un point capital: *Nous ne pouvons pas encore fixer de limites à la résistance humaine*. Tout comme nous ne fixerons jamais de limites à l'évolution humaine!

Si le coureur est du type «musculaire» il devra faire appel à ses muscles, s'il est du type «en souffle» il devra exiger plus de son cœur, organe le plus solide de la machine humaine.

Voilà pour cette balade rapide dans le domaine des courses à pied. Souvenons-nous que la course, comme la marche d'ailleurs, est un geste naturel. Mieux encore, n'importe quel homme sain peut s'y adonner sans aucune difficulté. Peu à peu, à travers les âges, des conventions sont nées, des records ont été établis et ensuite battus, des hommes y ont connu leur temps de gloire ou d'infortune, mais toujours, l'homme a su y grandir et améliorer son rendement physique. Les valeurs somatiques de la course sont prouvées depuis longtemps et seul le jeu complexe de la volonté humaine peut permettre à l'individu de les acquérir ou non. Voilà toute la question que les siècles passés semblent nous répercuter.

Annexe

AMÉLIORATIONS DES MARQUES DEPUIS 1896

Le 100 mètres depuis 1896

TEMPS	COUREUR	ANNÉE	GAIN DEPUIS 1896	AMÉLIORATION
12″0	Burke (E.U.)	1896	—	—
11″0	Jarvis (E.U.)	1900	1″0	8.3%*
11″0	Hahn (E.U.)	1904	1″0	8.3%
11″2	Hahn (E.U.)	1906	0″8	6.6%
10″8	Walkers (E.U.)	1908	1″2	10 %
10″8	Craig (E.U.)	1912	1″2	10 %
10″8	Paddock (E.U.)	1920	1″2	10 %
10″6	Abrahams (G.B.)	1924	1″4	11.6%
10″8	Williams (Can.)	1928	1″2	10 %
10″3	Tolan (E.U.)	1932	1″7	14.1%
10″3	Owens (E.U.)	1936	1″7	14.1%
10″3	Dillars (E.U.)	1948	1″7	14.1%
10″4	Remigino (E.U.)	1952	1″6	13.3%
10″5	Morrow (E.U.)	1956	1″5	12.5%
10″2	Hary (All.)	1960	1″8	15 %
10″	Hayes (E.U.)	1964	2″0	16.6%
9″9	Hines (E.U.)	1968	2″1	17.5%
10″14	Borsov (URSS)	1972	1″86	15.5%
10″06	Crowford (Tri.)	1976	1″94	16.1%
10″25	Wells (G. B.)	1980	1″75	14.5%
9″99	Lewis (E.U.)	1984	2″01	16.7%

* Le pourcentage d'amélioration est calculé de la façon suivante:
EXEMPLE: « x » = gain en %

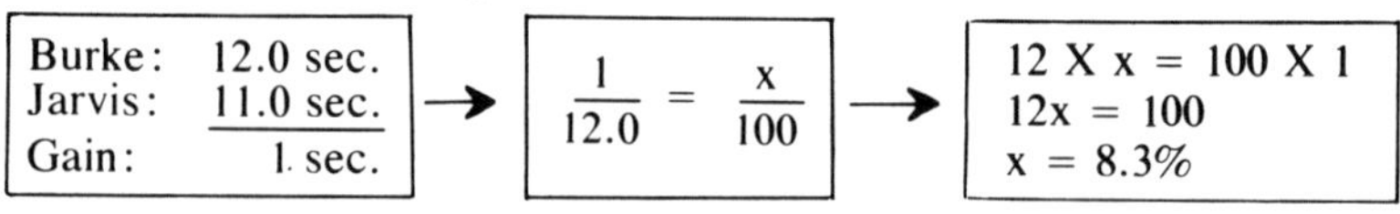

N. B. Le premier temps réussi (ici: 12.0 sec.) est toujours considéré comme étant 100%, pour les besoins du calcul.

Le 200 mètres depuis 1900

TEMPS	COUREUR	ANNÉE	GAIN DEPUIS 1900	AMÉLIORATION
22"2	Tewkesbury (E.U.)	1900	—	—
21"6	Hahn (E.U.)	1904	0"6	2.6%
22"6	Kerr (Can.)	1908	—	—
21"7	Craig (E.U.)	1912	0"5	2.2%
22"0	Woodring (E.U.)	1920	0"2	0.9%
21"6	Scholy (E.U.)	1924	0"6	2.6%
21"8	Williams (Can.)	1928	0"4	1.8%
21"2	Tolan (E.U.)	1932	1"0	4.5%
20"7	Owens (E.U.)	1936	1"5	6.7%
21"1	Patton (E.U.)	1948	1"1	4.9%
20"7	Stanfield (E.U.)	1952	1"5	6.7%
20"6	Morrow (E.U.)	1956	1"6	7.2%
20"5	Berruti (Ital.)	1960	1"7	7.6%
20"3	Carr (E.U.)	1964	1"9	8.5%
19"8	Smith (E.U.)	1968	2"4	10.8%
20"00	Borsov (U.R.S.S.)	1972	2"2	9.9%
20"23	Quarrie (Jam.)	1976	1"97	8.8%
20"19	Mennea (Ita.)	1980	2"01	9.5%
19"80	Lewis (E. U.)	1984	2"40	10.8%

Le corps d'un athlète et l'âme d'un SAGE, voilà ce qu'il faut pour être heureux

VOLTAIRE

Le 400 mètres depuis 1896

TEMPS	COUREUR	ANNÉE	GAIN DEPUIS 1896	AMÉLIORATION
54"2	Burke (E.U.)	1896	—	—
49"4	Long (E.U.)	1900	4"8	8.8%
49"2	Hillman (E.U.)	1904	5"0	9.2%
53"2	Pilgrim (E.U.)	1906	1"0	1.8%
50"0	Halswelle (G.B.)	1908	4"2	7.7%
48"2	Reidpath (E.U.)	1912	6"0	11.0%
49"6	Rudd (Afr.)	1920	4"6	8.4%
47"6	Liddell (G.B.)	1924	6"6	12.1%
47"8	Barbutti (E.U.)	1928	6"4	11.8%
46"2	Carr (E.U.)	1932	8"0	14.7%
46"5	Williams (E.U.)	1936	7"7	14.2%
46"2	Wint (Jam.)	1948	8"0	14.7%
45"2	Rhoden (Jam.)	1952	9"0	16.6%
46"7	Jenkins (E.U.)	1956	7"5	13.8%
44"9	Davis (E.U.)	1960	9"3	17.1%
45"1	Larrabee (E.U.)	1964	9"1	16.7%
43"8	Evans (E.U.)	1968	10"4	19.1%
44"66	Matthews (E.U.)	1972	9"54	17.6%
44"26	Juantorena (Cuba)	1976	9"94	18.3%
44"60	Markin (U.R.S.S.)	1980	9"60	17.7%
44"27	Babers (E.U.)	1984	9"93	18.3%

Accorder au seul Coubertin la paternité de la rénovation des Jeux Olympiques serait pourtant injuste à l'égard de deux autres précurseurs: un journaliste et un animateur.
Le journaliste s'appelait Paschal GROUSSET… L'animateur, le vrai père du sport français, c'est Georges de SAINT-CLAIR.

MEYER, G.

Le 800 mètres depuis 1896

TEMPS	COUREUR	ANNÉE	GAIN DEPUIS 1896	AMÉLIORATION.
2'11"0	Flack (Austral.)	1896	—	—
2'01"2	Tysoe (G.B.)	1900	9"8	7.4%
1'56"0	Lighbody (E.U.)	1904	15"0	11.4%
2'01"5	Pilgrim (E.U.)	1906	9"5	7.2%
1'52"8	Sheppard (E.U.)	1908	18"2	13.8%
1'51"9	Meredith (E.U.)	1912	19"1	14.5%
1'53"4	Hill (G.B.)	1920	17"6	13.4%
1'52"4	Lowe (G.B.)	1924	18"6	14.1%
1'51"8	Lowe (G.B.)	1928	19"2	14.6%
1'49"7	Hampson (G.B.)	1932	21"3	16.2%
1'52"9	Woodruff (E.U.)	1936	18"1	13.8%
1'49"2	Whitfield (E.U.)	1948	21"8	16.6%
1'49"2	Whitfield (E.U.)	1952	21"8	16.6%
1'47"7	Courney (E.U.)	1956	23"3	17.7%
1'46"3	Snell (N.Z.)	1960	24"7	18.8%
1'45"1	Snell (N.Z.)	1964	25"9	19.7%
1'44"3	Doubel (Austral.)	1968	26"7	20.3%
1'45"9	Wottle (U.S.A.)	1972	25"1	19.1%
1'43"50	Juantorena (Cuba)	1976	27"5	20.9%
1'45"40	Ovett (G. B.)	1980	25"6	19.5%
1'43"00	Cruz (Bré.)	1984	28"	21.3%

Ce n'est pas au coureur à varier ses allures, c'est au terrain de changer sous ses pas.

COUBERTIN

Walker (#694), médaillé d'or du 1500 m. aux J. O. 1976, n'a pas réussi à égaler les exploits de Keino en 1968, à Mexico.

Photo: B. Willer.
Source: COJO.

*Le 1,500 mètres depuis 1896**

TEMPS	COUREUR	ANNÉE	GAIN DEPUIS 1896	AMÉLIORATION
4′33″2	Flack (Austral.)	1896	—	—
4′06″2	Bennett (G.B.)	1900	27″0	9.8%
4′05″4	Lightbody (E.U.)	1902	27″8	10.1%
4′12″0	Lightbody (E.U.)	1906	21″2	7.7%
4′03″4	Sheppard (E.U.)	1908	29″8	10.9%
3′56″8	Jackson (G.B.)	1912	36″4	13.3%
4′01″8	Hill (G.B.)	1920	31″4	11.4%
3′53″6	Nurmi (Finl.)	1924	39″6	14.4%
3′53″2	Larva (Finl.)	1928	40″0	14.6%
3′51″2	Beccali (Ital.)	1932	42″0	15.3%
3′47″8	Lovelock (N.Z.)	1936	45″4	16.6%
3′49″8	Ericksson (Suède)	1948	43″4	15.8%
3″45″2	Barthel (Lux.)	1952	48″0	17.5%
3′41″2	Delany (Eire)	1956	52″0	19.0%
3′35″6	Elliott (Austral.)	1960	57″6	21.0%
3′38″1	Snell (N.Z.)	1964	55″1	20.1%
3′34″9	Keino (Kenya)	1968	58″3	21.3%
3′36″3	Vasala (Fin.)	1972	56″9	20.8%
3′39″17	Walker (N.Z.)	1976	54″03	19.7%
3′38″40	Coe (G. B.)	1980	54″9	20 %
3′32″53	Coe (G. B.)	1984	60″7	22.2%

* Le mille (1,609 mètres), qui n'est pas une épreuve olympique, se courait, en 1896, en 4mn 12s 3/4 et se court aujourd'hui en 3mn 49 4/10. Ce qui représente donc un gain de 33s 3 et par conséquent une amélioration de 13.17%.

Quelques coureurs du 5000 m. lors des J. O. 1976 (Montréal); Viren (#301) a remporté la palme.

Photo: C. Desrosiers.
Source: COJO.

Le 5,000 mètres depuis 1912

TEMPS	COUREUR	ANNÉE	GAIN DEPUIS 1896	AMÉLIORATION
14'36"6	Kolehmainen (Finl.)	1912	—	—
14'55"6	Guillemot (Fr.)	1920	—	—
14'31"2	Nurmi (Finl.)	1924	05"4	0.6 %
14'38"0	Ritola (Finl.)	1928	—	—
14'30"0	Lehtinen (Finl.)	1932	06"6	0.7 %
14'22"2	Höckert (Finl.)	1936	14"4	1.6 %
14'17"6	Reiff (Belg.)	1948	19"0	2.1 %
14'06"6	Zatopek (Tch.)	1952	30"0	3.4 %
13'39"6	Kuts (U.R.S.S.)	1956	57"0	6.5 %
13'43"4	Halberg (N.Z.)	1960	53"2	6.0 %
13'48"8	Schul (E.U.)	1964	47"8	5.4 %
14'05"0	Gammoudi (Tun.)	1968	31"6	3.6 %
13'26"4	Viren (Fin.)	1972	1'10"2	8 %
13'24"76	Viren (Fin.)	1976	1'11"84	8.19%
13'21"00	Yifter (Éthiop.)	1980	1'15"60	8.6 %
13'05"59	Aouita (Mar.)	1984	1'31"01	10.3 %

Le 10,000 mètres depuis 1912

TEMPS	COUREUR	ANNÉE	GAIN DEPUIS 1896	AMÉLIORATION
31'20"8	Kolehmainen (Finl.)	1912	—	—
31'45"8	Nurmi (Finl.)	1920	—	—
30'23"2	Ritola (Finl.)	1924	57"6	3.0%
30'18"8	Nurmi (Finl.)	1928	1'02"0	3.2%
30'11"4	Kusocinski (Pol.)	1932	1'09"4	3.6%
30'15"4	Salminen (Finl.)	1936	1'05"4	3.4%
29'59"6	Zatopek (Tch.)	1948	1'21"2	4.3%
29'17"0	Zatopek (Tch.)	1952	2'03"8	6.5%
28'45"6	Kuts (U.R.S.S.)	1956	2'35"2	8.2%
28'32"2	Bolotnikov (U.R.S.S.)	1960	2'48"6	8.9%
28'24"4	Mills (E.U.)	1964	2'56"4	9.3%
29'27"4	Temu (Kenya)	1968	1'53"4	6.0%
27'38"4	Viren (Fin.)	1972	3'42"4	11.8%
27'40"38	Viren (Fin.)	1976	3'40"42	11.7%
27'42"70	Yifter (Éthiop.)	1980	3'38"10	11.6%
27'47"54	Cova (Ita.)	1984	3'33"26	11.3%

Farrelly (#3), du Canada, s'est classé 33e à l'épreuve du 20 km Marche, lors des J.O. de Montréal, en 1976.

Photo : B. Nobert.
Source : COJO.

Le marathon depuis 1896

TEMPS	COUREUR	ANNÉE	GAIN DEPUIS 1896	AMÉLIORATION
2:58'50"0	Spiridon (Grèce)	1896	—	—
2:59'45"0	Théoto (Fr.)	1900	—	—
3:28'53"0	Hieks (E.U.)	1904	—	—
2:51'23"6	Sherring (Can.)	1906	07'26"4	4.1%
2:55'18"4	Hayes (E.U.)	1908	03'31"6	1.9%
2:36'54"8	Mc Arthur (Afr.)	1912	21'55"2	12.2%
2:32'35"8	Kolehmaien (Finl.)	1920	26'14"2	16.5%
2:41'22"6	Stenroos (Finl.)	1924	17'27"4	9.7%
2:32'57"0	El Ouafi (Fr.)	1928	25'53"0	14.2%
2:31'36"0	Zabala (Arg.)	1932	27'14"0	15.2%
2:29'19"2	Son (Jap.)	1936	32'50"8	18.3%
2:34'51"6	Cabrera (Arg.)	1948	23'58"4	13.4%
2:23'03"2	Zatopek (Tch.)	1952	35'46"8	20.1%
2:25'00"0	Mimoun (Fr.)	1956	33'50"0	19.1%
2:15'16"2	Abebe (Ethiop.)	1960	43'33"8	24.3%
2:12'11"2	Abebe (Ethiop.)	1964	46'38"8	26.0%
2:20'26"4	Wolde (Ethiop.)	1968	38'20"6	21.4%
2:12'19"8	Shorter (E.U.)	1972	46'30"2	26.0%
2:09'55"0	Cierpinski (GDR)	1976	48'55"0	27.3%
2:11'03"0	Cierpinski (GDR)	1980	47'47"0	26.7%
2:09'21"0	Lopes (Por.)	1984	49'29"0	27.6%

Références du chapitre III

1) C. FICHEFET & J. CORHUMEL. *Les Jeux Olympiques*, p. (7).

2) Ronald SCHILLER, *L'Atlantide dans la mer Égée*, «Sélection du Reader's Digest», fév. 1968, p. 171.

3) *Ibidem* p. 173.

4) Ce volume est conservé au *Trinity College* à Dublin.

5) C. FICHEFET & J. CORHUMEL, *op. cit.*, p. 10.

6) J. LE FLOC'HMOAN, *La Genèse des Sports*, p. 63.

7) *Ibidem*, p. 66.

8) Jean DAUVEN, *Encyclopédie des Sports*, p. 65.

9) Sprinter, c'est courir le plus vite possible soit sur une courte distance, soit à la fin d'une course plus longue.

10) Jean DAUVEN, *op. cit.*, p. 66.

11) James Cleveland Owens.

12) C. FICHEFET & CORHUMEL, *op. cit.*, p. 70.

13) Louis FAUROBERT, *Sportifs de tous les temps*, p. 99.

14) Henry de MONTHERLANT, *Les Olympiques*, p. 144.

15) Journal *Perspectives*, n° 38, 23 septembre 1967, p. 28.

16) Il s'agit dans cette course de courir la plus longue distance possible en 60 minutes.

17) Pour offrir une fiche de consolation, le comité international permit à Athènes d'organiser, en 1906, des Jeux «hors série» à l'occasion du 10e anniversaire de la Renaissance Olympique. Mais dans la suite, ce même comité international refusa de reconnaître aux Jeux de 1906 un caractère officiel.

18) Ce qui fait 622.3 milles.

19) Ce qui fait 768.3 milles.

20) Louis FAUROBERT, *op. cit.*, p. 106.

21) Jean DAUVEN, *op. cit.*, p. 74.

ALEXIS LE TROTTEUR

AVENTURE A PATTERSON

WELCOME TO
PATTERSON-U.S.A.

DÉPÊCHE-TOI, JOSEPH. ON VA TOUT MANQUER.
DU CALME, GEORGES. C'EST DU WHISKY QUE JE BOIS, PAS DU CHOCOLAT.

PAR LES CORNES DU DIABLE !... $500. QU'EN DIS-TU, MON CHER FRÈRE?
QUE TOUS DEUX, NOUS COURONS COMME DES TORTUES.
Grande course à pied de 15 milles sur le tracé de la piste de PATTERSON
UNE BOURSE de $500 AU VAINQUEUR
Inscrivez-vous pour $25. Tout le monde peut le faire!

COUNTY FAIR
WELCOME

HE ! DIS DONC. ÇA N'EST PAS ALEXIS LE TROTTEUR, LÀ-BAS?..
SI ÇA N'EST PAS LUI, JE MANGE MA TUQUE !

ALEXIS LAPOINTE! HOU HOU!
CHEVAL DU NORD, OHE!
HEIN!.. HEIN!

texte: BLASETTI - dessins: BOSELLI

GEORGES! JOSEPH! QUE FAITES-VOUS ICI?
ON TRAVAILLE DANS LE COIN!
ILS NOUS FONT COUPER LEUR BOIS POUR DES MISÈRES.
C'EST LE CIEL QUI T'ENVOIE.
NON! C'EST MONSIEUR TACHEMEUBLE QUI M'A FAIT CONVOYER DES CHEVAUX POUR LA FÊTE.

AH! AH!
FARCEUR, VA!
!

ALLONS, AVOUE! TU ES VENU POUR LA COURSE.
QUELLE COURSE?
VRAIMENT? TU N'AS PAS LU L'AFFICHE?
NON!

VENEZ PAR ICI, COMPÈRES!
$ 1
FAITES VOS PARIS ICI

TU AS LU?
J'AI LU!
ET ALORS?

ÇA NE M'INTÉRESSE PAS! LE CHEVAL DU NORD CONTRE DE VULGAIRES AMÉRICAINS! ÇA NE VA PAS, NON? JE SUIS TROP FORT!
MÊME POUR $ 500?
ALLONS, ALEXIS! UNE PETITE TROTTE DE $ 500.

RIEN À FAIRE! JE NE M'ABAISSERAI PAS À...
ÉCOUTE! JOS ET MOI ALLONS PAYER LES $ 25. DE L'INSCRIPTION!
ET ON DIVISERA LE PRIX EN DEUX PARTS ÉGALES.

NON! NON! J'AI DIT NON.!
AH.! SI TU N'ÉTAIS PAS DE MON VILLAGE, JE TE...
LAISSE TOMBER, GEORGES.! TU SAIS BIEN QU'IL N'A PAS TOUTE SA TÊTE.!

TOUS LES CONCURRENTS DOIVENT MAINTENANT SE PRÉSENTER À LA LIGNE DE DÉPART.

READY? GO!

AVANCEZ.! BOUGRES DE LIMACES. COURAGE!
JE VOUDRAIS T'Y VOIR, MOI, GRANDE CRUCHE.!
IL DOIT AVOIR LES PIEDS PLATS AUJOURD'HUI.!

QU'EST-CE QUI SE PASSE.?
IL DEVIENT FOU.?
UN PEU PIQUÉ, PEUT-ÊTRE... DANS SON ORGUEIL.
OH!
HI HI HI HI HI!...

H.! VOUS ALLEZ VOIR I J'AI LES PIEDS LATS.! REGARDEZ BIEN.
!?

VAS-Y, ALEXIS.
MONTRE-LEUR QUE LE CHEVAL DU NORD, C'EST QUELQU'UN.!

IL LES PASSE TOUS!
ALLEZ, TROTTEUR!...

PLUS TARD...
TROTTEUR, TROTTEUR! WHAT A MAN!
SI JE NE LE VOYAIS PAS, JE NE LE CROIRAIS PAS!
FRAIS COMME UNE ROSE, APRÈS CINQ TOURS DE PISTE!

IL GAGNE... IL A GAGNÉÉÉÉ!
ALEXIS!... VIENS QUE JE T'EMBRASSE.

THIS GUY IS JUST FANTASTIC.
IL MÉRITE BIEN LE PREMIER PRIX!
JE CROIS BIEN! LES AUTRES EN SONT ENCORE À LA MOITIÉ DU PARCOURS.

VOILÀ LE VAINQUEUR!
DONNEZ-LUI SON PRIX.
IMPOSSIBLE! JE LE REGRETTE, MAIS CE GENTLE-MAN NE S'EST PAS INSCRIT. LE RÈGLEMENT L'EXIGE!

TRIPLE BUSE! IL NOUS FAIT PERDRE $500.
TRANQUILLES!

VIENS ICI.
OÙ COURS-TU?
À CHICOUTIMI! LA FÊTE EST FINIE! ADIEU!
FIN

Chapitre III

L'homme

Terre natale d'Alexis (centre de la photo) entre les deux clôtures de cèdre ; Alexis y vécut jusqu'à 21 ans. Elle est située à l'entrée sud de Clermont, comté de Charlevoix, Québec.

photo : J.-C. Larouche, '68

Une esquisse biographique ; voilà ce que nous tenterons dans les lignes qui vont suivre. *La vie* d'Alexis a été trépidante du commencement à la fin. Son *attitude* a semblé à la fois drôle et bizarre, et *sa mort* demeure encore un peu mystérieuse. Sa vie, son attitude, sa mort : voilà les trois principales parties de ce chapitre.

Sa vie

Les ancêtres paternels

Le quinze de septembre M6CLXX, Nicolas Odet, fils d'Innocent Odet et de deffunte Vincente Reine de St-Pierre de Moli, evesché de Poitiers a esté marié avec Madeleine després fille de françois després et de madeleine le grand de St-Sauveur de la ville et évesché de paris en présence de pierre rondeau et de mathurin Dubé témoins [1].

Thomas Morel, ptre
Missionnaire.

Ce texte, dans sa version intégrale, est une preuve indubitable du mariage de Nicolas Audet, ancêtre le plus éloigné en terre canadienne, de notre protagoniste Alexis Lapointe.

Le 15 septembre 1670 donc, en l'église de Sainte-Famille de l'Ile-d'Orléans, Nicolas Audet contracta mariage avec une parisienne du nom de Madeleine Desprès. Il est un peu surprenant qu'un nommé Odet (sic) soit l'ancêtre d'un Lapointe.

Si le nom Audet vient fort probablement d'une origine germanique [2] et remonte au-delà du IXe siècle, le surnom Lapointe pour sa part, à notre avis, n'a pas été importé de France.

La croyance populaire voudrait plutôt que ces arrivants français aient été affublés de noms « plus canadiens », quelques années après leur arrivée à l'Ile-d'Orléans. De là les noms Lapointe, Larivière, Larouche, etc. Car, si vraiment ils étaient arrivés avec de tels surnoms, on en retrouverait certaines traces dans les régistres de la colonie. Comme aujourd'hui, il nous arrive très souvent de voir dans les régistres Gauthier dit Larouche ou Audet dit Lapointe.

Certains prétendent, pour expliquer ce surnom de Lapointe, qu'un membre de la famille a dû habiter sur une pointe de terre, et on lui aurait donné ce surnom pour le distinguer d'un autre portant les mêmes nom et prénom. Comment expliquer alors que l'on retrouve des Tousignant-dit-Lapointe, des Robin-dit-Lapointe, des Désautels-dit-Lapointe, des Godards-dit-Lapointe . . . S'il faut en croire cette hypothèse, tout le monde demeurait sur des pointes de terre !

Filiation d'Alexis (côté paternel)

1re génération
Nicolas Odet dit Lapointe marié à Madeleine Desprès à Sainte-Famille, Ile-d'Orléans, en 1670, (15 sept.).

2e génération
Pierre Lapointe marié à Marie Dumas à Saint-Jean, Ile-d'Orléans, en 1698, (3 fév.).

3e génération
Joseph Lapointe marié à Charlotte Jahan à Saint-Jean, Ile-d'Orléans, en 1725.

4e génération
Pierre Lapointe marié à Madeleine Bouchard à l'Ile-aux-Coudres en 1764, (8 oct.).

5e génération
Pierre Lapointe marié à Esther Boudreault à l'Ile-aux-Coudres, en 1789, (5 août).

6e génération
Joseph Lapointe marié à Marie-Théotiste Simard à La Malbaie, en 1818, (2 fév.).

7e génération
François Lapointe marié à Adelphine Tremblay à La Malbaie, en 1849, (13 fév.).

8e génération
Alexis Lapointe, né à La Malbaie, le 4 juin 1860.[3]

Les ancêtres maternels

Si les aïeux paternels d'Alexis ont eu cette histoire de « pointe de terre » ses aïeux maternels connurent pour leur part d'autres aventures !

Alexis Tremblay dit « Picoté », le grand-père maternel d'Alexis fut, pour sa part, le chef de la célèbre Société des « Vingt-et-Un ». Avant de faire sommairement l'historique de cette première entreprise privée du Saguenay que fut cette société, nous aimerions ici remonter le cours des ans pour trouver une explication valable au surnom de « Picoté » dont fut, en quelque sorte, « victime » cette famille.

Tremblay dit « Picoté »

Ce surnom a connu plusieurs explications, mais certaines d'entre elles sont incomplètes ou simplement fausses. Damase Potvin, par exemple, dans son livre *La Baie des Hahas* [4], attribue d'abord, à tort, ce surnom à Alexis Simard, qui fut un des actionnaires de la Société des « Vingt-et-Un » et qui participa au premier débarquement des pionniers à Grande-Baie, en 1838. On lit même à la page dix-sept à propos de Simard :

. . . on l'avait surnommé « Picoté », à cause de taches de rousseur que, dans sa jeunesse, la petite vérole avait imprimées sur son visage [5].

Mais Potvin a confondu ici, Alexis Tremblay avec Alexis Simard.

Eugène Achard, pour sa part, s'approche un peu plus de la vraisemblance en écrivant :

Alexis Tremblay ne portait lui-même aucune marque de petite vérole comme son surnom pourrait le faire supposer, c'était un surnom de famille ; il a pris son origine à la suite de l'épidémie de 1755. A cette époque, une famille de Tremblay fut détruite entièrement par la petite vérole à l'exception d'un seul membre, enfant de 13 ans, qui fut recueilli par un parent du nom de Tremblay ; on appliqua ce surnom au jeune garçon pour le distinguer de ses frères d'adoption [6].

Toujours à propos de cette même affaire, l'abbé Alexandre Maltais, une autorité en la matière, écrit dans ses notes concernant la Société des « Vingt-et-Un » :

François-Xavier Tremblay et Marie-Madeleine Bouchard, mariés à la Baie Saint-Paul en 1718 (24 novembre), sont morts tous les deux de la picote le 17 septembre 1755 ; de là le surnom de « Picoté » donné à leurs descendants.

Or, regardons leurs descendants :

3e génération
François-Xavier TREMBLAY

4e génération
Louis TREMBLAY

5e génération
François TREMBLAY

6e génération
Alexis TREMBLAY

7e génération
Delphine TREMBLAY

8e génération
Alexis LAPOINTE

Le Dictionnaire généalogique de Tanguay atteste ce fait en mentionnant les deux inhumations le même jour, 20 septembre 1755, (3 jours après leur mort) avec la mention respective : « picote ».

Une note inscrite dans le registre de l'Ile-aux-Coudres par le père Coquart, jésuite, alors chargé de cette mission, indique bien le sort des deux époux victimes de l'épidémie de 1755 avec dix autres.

Il reste à savoir si tous les enfants de ce couple et leurs descendants s'appelèrent « Picoté » ou seulement Louis, l'ancêtre direct d'Alexis Tremblay !

Achard est sûrement inexact quand il avance qu'un seul membre de la famille fut sauvé. Le Dictionnaire de Tanguay en produit d'ailleurs la preuve irréfutable en donnant la liste des enfants de cette famille qui ont survécu à cette « Peste » de 1755.

... Marie, née en 1724 s'est mariée en 1756 à La Petite-Rivière-Saint-François. Elle était donc domiciliée là.

... Marie-Jeanne, née en 1726, s'est mariée à la Baie-Saint-Paul en 1766, elle habitait donc là.

... François, né en 1727, se maria deux fois à l'Ile-aux-Coudres, en 1750 et en 1760 ; il avait donc échappé à l'épidémie, peut-être parce qu'il demeurait ailleurs.

... Louis, né en avril 1730 s'était marié en 1751.

... Etienne, né en 1733 s'est marié en 1766.

... Thérèse s'est mariée à l'Ile-aux-Coudres en 1781.

Pour conclure, en quelque sorte, sur ce point qui a quand même son importance, nous laisserons la plume à Mgr Victor Tremblay qui avance deux hypothèses très plausibles :

Il est donc faux de dire qu'un seul enfant de cette famille a échappé à la mort lors de l'épidémie de picote en 1755. Louis, l'ancêtre de notre Alexis, était même marié.

Ajoutons aussi qu'il était âgé, non pas de treize ans, mais de vingt-cinq ans.

Première hypothèse

S'il est seul à avoir reçu le surnom de « Picoté », c'est peut-être parce qu'il était celui qui demeurait à la maison ou qu'il aurait eu lui-même la picote et s'en serait tiré en gardant les cicatrices caractéristiques de la maladie [7].

Seconde hypothèse

Mais si ses frères et sœurs ont eu le même surnom, il faudrait supposer que c'est la mort de trois membres de la famille en trois jours qui en est effectivement l'origine [7].

La Société des Vingt-et-Un

L'appelation de cette société nous fait croire qu'elle était l'histoire de vingt et un colons ou défricheurs qui arrivèrent les premiers au Saguenay pour ouvrir ce nouveau pays à la colonisation ! Toutefois, ce n'est pas le cas. Ce sont vingt-et-un actionnaires [8] d'une association qui avait entrepris, sous contrat, de tirer de la forêt saguenéenne 60,000 billots de pin. Ils se lancèrent donc dans cette aventure avec un montant global de 8,400 dollars en caisse ; chacun d'entre eux possédant une action de 400 dollars ! Leur but principal était sans contredit le début effectif d'une colonisation. Ces actionnaires étaient pour la plupart des gens âgés et seulement quelques-uns (six ou sept) se rendirent un jour dans le Royaume du Saguenay.

Il est donc faux de parler de « l'arrivée des Vingt-et-Un » ou de leur établissement chez nous. Le 11 juin 1838 est la date de l'arrivée des pionniers au nombre de quatorze à la Grande-Baie, et non pas des « Vingt-et-Un » dont un seul était de l'équipe. Il s'agissait d'Alexis Simard, un des actionnaires. Le grand-père d'Alexis Lapointe, Alexis Tremblay ne faisait pas partie de ce voyage, mais demeurait le chef de la Société précitée.

S'il faut croire Eugène Achard [9], ce serait la goélette de Thomas Simard (un des actionnaires) qui amena le groupe des quatorze débarquants, à Grande-Baie. Nous ne connaissons cependant aucun document officiel qui indiquerait ce fait ; et même si c'était le cas, Thomas Simard, devait repartir après avoir déchargé les hommes et leur bagage.

Il y avait donc possiblement deux des « Vingt-et-Un » présents au débarquement, mais sûrement un, Alexis Simard, qui faisait partie de l'équipe des pionniers.

Filiation d'Alexis (côté maternel)

Entre le mariage de Pierre Tremblay [10] en l'année 1657, à Québec, et la naissance d'Alexis Lapointe en 1860, il s'écoula 203 ans et huit générations.

1re génération
Pierre Tremblay marié à Ozanne Achon, à Québec, en 1657.

2e génération
Louis Tremblay marié à Marie Perron, à l'Ange-Gardien, en 1691.

3e génération
François-Xavier Tremblay marié à Madeleine Bouchard à la Baie-Saint-Paul, en 1718.

4e génération

Louis Tremblay, marié à Monique Desmeules à Saint-Jean, Ile-d'Orléans, en 1751.

5e génération

François Tremblay marié à Madeleine Beauché, à l'Ile-aux-Coudres, en 1777.

6e génération

Alexis Tremblay marié à M.-Modeste Boulianne, à La Malbaie, en 1810.

7e génération

Adelphine Tremblay mariée à François Lapointe, à La Malbaie, en 1849.

8e génération

Alexis Lapointe né à La Malbaie, le 4 juin 1860.

Parenté de l'auteur avec Alexis

Comme le fait voir le tableau suivant, l'auteur de cette recherche (sans le savoir au préalable) devint le 10 septembre 1967, parent, par alliance avec Alexis Lapointe.

En effet, l'arrière grand-père bisaïeul de son épouse née Anne-Marie Tremblay était véritablement le petit cousin d'Alexis au 3e degré.

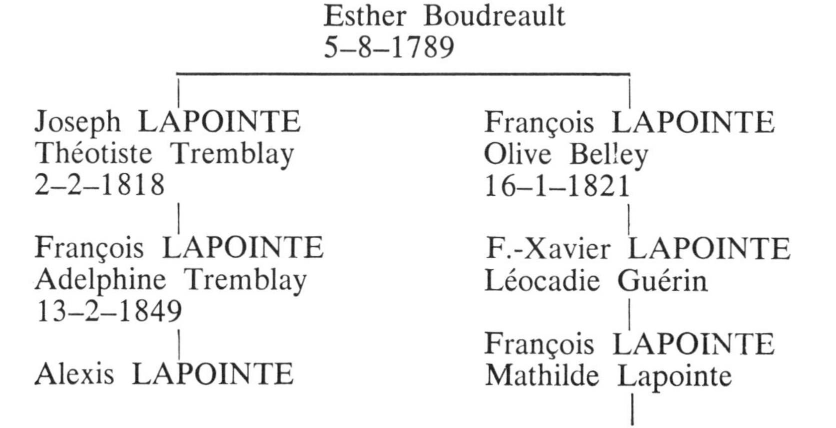

Eugénie LAPOINTE
Raoul Tremblay
9–8–1917
|
Charles-Eug. TREMBLAY
Thérèse Potvin
23–6–1941
|
Anne-Marie TREMBLAY[11]
Jean-Claude Larouche
10–9–1967

PARENTS D'ALEXIS

Adelphine Tremblay « Picoté » (1829 — 1890).

François Audet dit Lapointe (1826 — 1911).

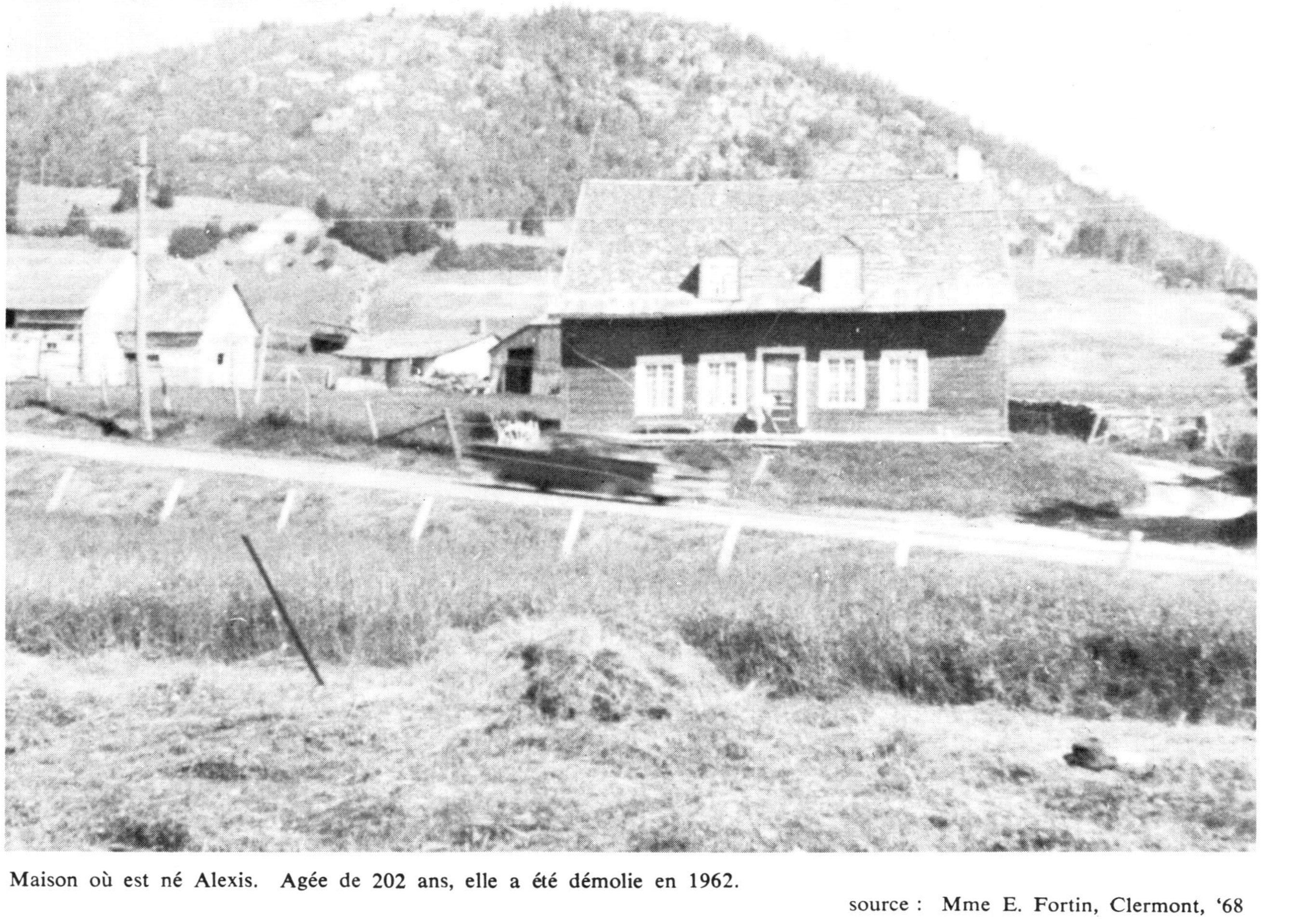

Maison où est né Alexis. Agée de 202 ans, elle a été démolie en 1962.

source : Mme E. Fortin, Clermont, '68

Maison où demeura Alexis à partir de sa 21e année. Elle est située sur la rue Lapointe à Clermont, et le propriétaire en est Henri Lapointe.

photo : J.-C. Larouche, '66

Les enfants qui précédèrent Alexis

Il serait sûrement intéressant de commenter la vie des époux Lapointe avec toutes les difficultés que devaient surmonter les mariés de ce siècle. Mais ce serait nous écarter quelque peu du but que nous poursuivons.

Disons brièvement, pour mieux comprendre tout ce contexte familial, que ces derniers n'étaient pas très riches mais ce n'était pas pour autant les plus endettés de la paroisse !

Résumons quand même les naissances qui eurent lieu avant 1860, c'est-à-dire avant celle d'Alexis !

1re	Marie-Clémentine	10 nov. 1849
2e	Joséphine-Athanaïs	3 mars 1851
3e	Claudia	22 juil. 1852
4e	Joseph	29 avril 1854
5e	Jean	11 avril 1856
6e	Anonyme (mort-né)	11 avril 1856
7e	Arthémise	7 août 1858

Naissance d'Alexis

Et voici que le 4 juin 1860, après onze années de mariage, par un beau lundi naît notre Alexis. Il était le troisième garçon et le huitième enfant d'une famille qui en comptera quatorze.

Il a dû être assez frêle à sa naissance pour donner de l'inquiétude, car il a été baptisé le même jour « sous condition » ce qui indique qu'il avait été ondoyé à la maison[12].

En outre, l'extrait du registre des naissances de la paroisse Saint-Etienne-de-la-Malbaie, signale que ses parrain et marraine ont été Isaïe Gagnon et Adéline Boulianne.

La grande sécheresse

Les recenseurs ont indiqué à plusieurs endroits qu'il y avait eu en mai, juin et juillet et une partie d'août de cette année (1860), une grande sécheresse. La récolte en général avait donné les deux tiers de ce qu'elle avait déjà donné les années antérieures.

Je dois faire remarquer que la récolte en 1860 a considérablement souffert de la sécheresse et particulièrement les foins ce qui a été cause que les cultivateurs ont tué et vendu une grande quantité d'animaux et particulièrement des vaches et des moutons[13].

Si on voulait raisonner comme certains « écrivains de la petite histoire » qui manquent de transitions, on dirait peut-être que cette sécheresse était un signe de la providence ! Une sorte d'avertissement aux citoyens de ce coin de pays, qu'ils entendraient parler longtemps de cet homme né pendant la sécheresse : Alexis Lapointe...

Recensement agricole de 1861

Comme ce document est signé du 1er mai 1861, par l'énumérateur Georges Duberger, ce recensement fait donc part des récoltes de l'été 1860 !

Il nous donne une idée assez précise de l'état de la terre et des possessions appartenant à François Lapointe.

Une étude comparative avec d'autres cultivateurs de même acabit, nous donnerait son rang approximatif au point de vue richesse ou valeurs terriennes.

Sans citer le document complet, consultons quelques statistiques intéressantes sur les biens des Lapointe.

Sur 240 arpents de terre, 190 étaient en culture, 93 en pâturage, 1 en jardin, 50 en forêt ; la valeur de cette terre en 1861 était de 2,800 dollars et François possédait pour 200 dollars d'instruments aratoires.

Son troupeau d'animaux était composé de 15 bœufs ou vaches au dessus de trois ans, 6 bouvillons ou génisses au dessous de trois ans, 6 vaches laitières, 3 chevaux, 36 moutons, 5 porcs, enfin la valeur marchande de tout le bétail était de 750 dollars ! Le recensement indique aussi que la famille possédait quatre voitures d'agrément.

L'enfance d'Alexis

Le petit Alexis était d'une nature assez solitaire et ses compagnons de jeux ne furent pas très nombreux. On sait que mentalement il était un peu différent de ses petits compagnons ; il n'avait pas la même intelligence, les mêmes goûts, les mêmes penchants, les mêmes idées, etc. Un exercice auquel il s'adonnait et qui est rapporté dans les « traditions de la famille »[14] consistait en ceci: fabriquer «des chevaux de bois qu'il numérotait et qu'il déposait à l'abri, au pied d'une montagne qui se trouve sur la terre de son père. Tous les jours il les faisait courir et leur donnait pour récompense, après leur course une portion de foin. Pour les faire courir, voici comment il procédait : il plaçait les chevaux en ligne, en prenait un qu'il tenait au bout de son bras et courait ainsi, le déposant là, où d'après lui, le cheval se serait arrêté s'il avait été vivant. Puis il revenait, en prenait un autre, et lui faisait faire sa course ; ainsi de suite jusqu'au dernier. Le numéro qui avait été le plus loin était vainqueur. Il faisait ces exercices tous les jours[15].

Voilà à peu près le geste le plus lointain que l'on peut retrouver concernant l'agir d'Alexis quand il était jeune. Aujourd'hui (1968) nous sommes séparés de cette période par un siècle exactement. Ce qui ne nous aide en rien pour les recherches concernant cette période de l'enfance.

Marius Barbeau avance que « dès son enfance Alexis était opiniâtre et maniaque ». Mots un peu forts, à mon avis, pour parler de l'esprit jeune, taquin et ratoureur qui caractérisait fort bien Alexis. Il aimait jouer des tours pour ensuite en rire à gorge déployée... voilà toute sa manie[16].

Scolarité

Le dossier scolaire de notre Alexis n'est pas très riche. Si son éducation et son savoir-vivre d'une part semblaient avoir été bien orientés, son instruction d'autre part fut très superficielle ! A-t-il « marché à l'école » très longtemps ? Nul ne saurait le dire avec exactitude, mais nous savons d'une façon certaine, qu'au mois d'avril 1871, Alexis allait encore à l'école[17]. Il était alors âgé de dix ans et dix mois ! Normalement, les enfants de cet âge sont en troisième ou quatrième année. Mais nous doutons fort toutefois qu'Alexis ait atteint un tel degré. Encore faudrait-il savoir à quel âge exactement il a fait ses débuts en classe ! Dans cette même année (1871), deux de ses sœurs l'accompagnaient à l'école ; Arthémise, 13 ans, et Sophie 8 ans. Sans vouloir insinuer que l'énumérateur Zéphir Warren ait volontairement falsifié son rapport, il se peut toutefois que le renseignement qu'on lui ait donné fût plus ou moins véridique. Théoriquement, Alexis était probablement inscrit à l'école du rang, comme tous les enfants de son âge, mais ne suivait peut-être pas, dans la pratique, les cours d'une façon régulière.

L'institutrice qui demeurait (en 1871) tout près de chez François Lapointe était Célina Gagnon, 27 ans, mère de deux enfants, mariée à Joseph Gagnon. Peut-être aurait-elle pu répondre à toutes ces questions si on avait fait ces recherches il y a une quarantaine d'années ! Une autre aussi qui a très bien pu faire la classe à notre Alexis était Agnès Boulianne, 24 ans, d'origine suisse et qui était la sœur de la marraine d'Alexis, Adéline Boulianne (29 ans, domestique chez Catherine Nairm).

Si nous posons tant de questions au sujet de la scolarité d'Alexis, ce n'est pas que nous voulions absolument lui enlever des crédits, ou abaisser ses notes de classe, au contraire, nous aurions (sans aucun doute) préféré qu'Alexis eut décroché quelques diplômes tout en fréquentant les lieux de haut savoir . . . Mais ce n'est vraiment pas le cas.

Toute sa vie nous prouve qu'il manquait totalement d'instruction. Il démêlait assez bien les pièces d'argent par les dessins gravés et la grosseur de ces dernières, mais on nous dit aussi qu'il n'était pas difficile à tromper :

. . . en passant, il ne savait pas trop compter et nous disait de mettre nous-mêmes l'argent qu'on lui devait dans une sorte de tasse dont il se servait comme « caisse » dans son petit restaurant . . .

(Elzéar Drolet, Kénogami, 1968)

Lire et écrire n'ont sûrement pas été ses violons d'Ingres quoique certains de ces faits et gestes nous portent à croire qu'il a toujours voulu passer pour un homme qui en savait long, et qui, en plus, avait beaucoup voyagé et enfin dont les connaissances étaient très étendues !

Nous aurions bien aimé étudier son style littéraire ou épistolaire, mais encore fallait-il trouver ce qu'il avait écrit ou composé. Or, nos recherches dans ce domaine intellectuel se sont avérées nulles ! Pas le moindre mot qui nous ait au moins permis d'avancer quelques petites hypothèses graphologiques sur son caractère ou tempérament. Rien, même pas sa signature et Dieu sait si nous l'avons cherchée. Nous avons trouvé plusieurs cartes postales écrites par ses frères et sœurs ; les registres civils et religieux montraient les signatures de plusieurs des membres de sa famille, mais on ne put découvrir celle d'Alexis en aucun des endroits où elle était susceptible de se trouver. Pourtant, il a dû, lui aussi, être témoin des sépultures suivantes : celles de sa mère (1890), de Marie-Clémentine (1910), de son père (1911), d'Athénaïs (1911), de Claudia (1916), de Jean (1919), et enfin de Pierre (1919).

Rappelons-nous que son père ne savait pas écrire mais (toujours selon le recensement) était capable de lire. Alors que sa mère, pour sa part, écrivait et lisait assez bien.

Adolescence

Ses études primaires terminées, Alexis aida aux travaux de la terre avec ses frères Joseph et Jean un peu plus âgés. Mais plus il grandissait, plus il avait le tour de faire « étriver » ses parents, par son manque de jugement et ses coups souvent pendables ! On nous raconte, par exemple, qu'il se faisait un malin plaisir de conduire par la main sa grand-mère qui raffolait des promenades dans le jardin ; étant presque aveugle, il ne manquait jamais de l'amener vers le petit pont . . . mais au lieu de la faire passer sur le pont, comme aurait fait tout garçon de son âge qui a le moindre respect pour ses grands parents, il la dirigeait soigneusement à côté du pont . . . Là, il se tordait de rire quand la vieille avait bel et bien les deux pieds mouillés. [18]

Sans être la honte de sa famille, il n'était guère prisé. Et si ses parents ne l'ont jamais rejeté du foyer, ils n'acceptaient pas plus de rire de ses prouesses, ce qui l'eût définitivement encouragé à continuer. Cependant, ils le savaient fort ratoureur et riche de mille idées aussi espiègles les unes que les autres, et pour cette raison, les parents Lapointe craignaient trop souvent hélas ! qu'Alexis ne leur fasse une bévue sans crier gare ! C'était là leur hantise envers ce fils un peu spécial.

Alexis saute la clôture

Se sentant plus ou moins accepté par les siens, il commença à scruter l'autre côté de la clôture et très tôt, il

Alexis Lapointe âgé d'environ 45 ans. On peut remarquer sur cette photo sa chaîne de montre qu'il avait fait monter aux Etats-Unis avec des pièces de cinq sous et une de dix sous.

Source : S.H.S.

n'écouta que son instinct d'évasion. Un bon matin, il laissa là sa faux et l'andain et partit à la poursuite d'une prétendue liberté qui ne pouvait se trouver, selon lui, que sur ces voies de terre qui mènent aux autres villages !

Peut-être, en fait, était-il seulement à la recherche de gens qui l'accepteraient un peu mieux, de visages qui riraient de ses prouesses et de ses vilains tours.

Comme il avait développé petit à petit, depuis son enfance, un assez bon moyen de locomotion, la course et la marche à pied, cet éloignement graduel de la terre paternelle et du logis lui fut chose assez facile !

Au tout début, il ne partait pas très longtemps mais s'éloignait de plus en plus à chaque sortie.

Déménagement

Quand le premier garçon de la famille se maria, en 1882, les époux Lapointe lui laissèrent la maison du lot no 652. Ce fut Jean qui hérita de cette maison le 8 août 1882. Il avait épousé ce matin-là Lumina Bilodeau en l'église de La Malbaie. Au moment de ce déménagement, il serait bon de se rappeler les enfants qui forment encore la famille.

Mariés et établis :

Marie-Clémentine (33 ans)
Joséphine-Athénaïs (31 ans)
Jean-Emond (26 ans)

Demeurant encore avec les parents :

Claudia (30 ans)
Joseph (28 ans)
Arthémise (24 ans)
Alexis (22 ans)
Sophie-Olive (19 ans)
Louis (16 ans)
Pierre (14 ans)
Adjutor (12 ans)
François (10 ans)

Des quatorze enfants que le couple avait eus, entre 1849 et 1872, trois d'entre eux s'étaient mariés, deux étaient morts, et il en restait neuf à la maison.

Et c'est ainsi que papa François et maman Adelphine, respectivement âgés de 56 et de 53 ans, achetaient leur seconde maison. Une maison que madame Lapointe connaissait très bien pour y avoir été élevée. Cette maison, située à quatre milles de La Malbaie, était en effet l'ex-maison d'Alexis Tremblay « Picoté », le père d'Adelphine. Elle appartenait maintenant à la veuve d'Augustin Tremblay (frère d'Adelphine) et fut payée en argent sonnant car l'argent de papier n'existait pratiquement pas !

Aujourd'hui, en 1971, cette maison, plus que centenaire, existe encore et appartient à Henri et Louis-Philippe Lapointe, neveux propres d'Alexis, fils de Louis. Sise au coin des rues Lapointe et « Des 21 » à Clermont, elle s'élève là, forte, racée et témoin discret de la vie de celui qui nous préoccupe !

Don inné

D'une intelligence médiocre, il avait développé, sans trop s'en rendre compte, cette capacité de courir ou de marcher de longues distances. Indubitablement présente dans tout son être, cette puissance un peu spéciale était là depuis sa naissance. Les philosophes diraient « en puissance à devenir quelque chose ». Don inné, dira-t-on alors... Avec raison, car cette « chose » que l'hérédité lui avait octroyée était sans plus ni moins une prédisposition organique et anatomique pour ce genre d'exercice. Tout comme un grand pianiste qui naît avec une oreille musicale très juste et un goût pour la musique !

Alexis, probablement « sur-conscient » de cette supériorité sur les autres s'y laissa un peu prendre ! Très fier de son état qu'il qualifiait souvent d'inégalable, il devint très arrogant et ne vit ou ne visa jamais plus loin.

Nomadisme chronique

Vers l'âge de trente ans, Alexis s'exila de l'autre côté du fleuve, dans la Vallée de la Matapédia. Cet exil coïncide trop avec la mort de sa mère (13 avril 1890) pour n'en faire aucun rapprochement. Sa mère fut sans doute la personne qu'il aima le plus ! Car l'esprit d'Alexis, son côté mental, était, nous le savons, demeuré très jeune. Jusqu'alors, il avait souvent pris la clef des champs, mais il revenait toujours à la maison comme si une force invisible l'eut obligé à le faire. Cette force peu apparente, c'était sa mère.

Il avait voyagé antérieurement dans Charlevoix, dans le Saguenay jusqu'au lac Saint-Jean, mais jamais encore il n'avait foulé la rive sud du Saint-Laurent. Cette année-là, il le fit donc, et s'installa dans les environs d'Amqui. Il y demeura une dizaine d'années au service d'un moulin à scie où travaillaient des centaines d'ouvriers.

Obligé de travailler à ce moulin, pendant une grande partie de l'année, il demeurait sur une terre le reste du temps[19].

En 1946, Marcel Rioux, éminent professeur de sociologie à l'université de Montréal, écrivait, à la suite d'une entrevue avec un certain Wellie Barrette du rang La France, d'Amqui :

Si dans la Matapédia, vous mentionnez le nom d'Alexis le Trotteur, tout de suite les gens vous parleront d'un homme qui courait en avant des trains vous raconteront des exploits fantastiques[20].

Plus loin encore

Nous savons aussi qu'Alexis profita de ces dix années passées de ce côté du fleuve pour explorer certaines régions plus lointaines qui l'avaient toujours fasciné. On le retrouve donc un peu plus tard en hivernement dans les chantiers du Maine et du Vermont, où les camps de bûcherons français côtoyaient ceux des pionniers de langue anglaise.

Les lignes de démarcation de frontières entre les Etats-Unis et le Canada, à cet endroit étaient en pratique à peine perceptibles. Les Canadiens français, logés ensemble, formaient des petits villages, de même qu'à côté les familles de langue anglaise faisaient automatiquement bande à part.

Quelques gais lurons du « Petit Canada » se mirent à taper du pied, à faire jouer les accordéons, à chanter des airs endiablés qui devaient égayer les loisirs des soirées et chasser l'ennui... Les Américains prêtèrent l'oreille à cette joie et ne parlèrent plus bientôt que de: « Happy town ». Ville heureuse! De déformation en déformation, les bouches molles, manquant d'accent ou s'en donnant un, se mirent à dire à la française: « Apé-tonne ». Et comme à longueur de journée ces gais lurons coupaient exclusivement le bois en mesure de quatre pieds, pour l'exigence des moulins à papier, il est maintenant courant d'appeler le bois de quatre pieds: de la «pitoune»[21].

Revenons de cette digression un peu loufoque, quoique véridique, pour se demander si Alexis parcourait ces distances à pied? Certes, nous ne saurions en jurer. Nous possédons plusieurs preuves qu'il emprunta tour à tour, pour voyager, le train, le bateau et la voiture. Mais il demeure fort plausible que celui *qui passait en courant devant trois clochers quand il allait veiller* ait marché ou couru de grandes distances et passé même certaines frontières.

Pour ce faire, notre nomade possédait un atout important. Rien ne l'a jamais pressé et pour un homme que personne n'attend et qui n'attend personne, il demeure très possible qu'il ait aimé passer son temps à courir ou à marcher, brindille à la bouche et fouine à la main, entre les villes et les villages, les régions, les provinces et mêmes les pays.

Retour à La Malbaie

Autour de 1900, il s'en revint à La Malbaie où il fut embauché par le moulin Donahue! Un de ses compagnons de travail nous déclare qu'à cet endroit *on était très souvent obligé de faire son ouvrage*[22].

Nerveux, instable et de caractère jeune, on comprend bien qu'il prît la vie un peu à la légère! Et sûrement que tous ses patrons (ils sont nombreux) ne lui ont jamais confié de grosses responsabilités! Et pour cause d'ailleurs...

Découverte d'un métier

Ne fît-on que des épingles,
il faut être enthousiaste de
son métier pour y exceller.
Diderot

A cette époque, Alexis se découvrit un nouveau métier et commença la fabrication de fours à cuire le pain ! Il en fit partout et sa réputation dans ce domaine n'a jamais été contestée. Il s'amusait lui-même à dire qu'il avait « fourré » tout le Lac Saint-Jean . . . Certains malins se plaisent à avancer que c'était là la seule chose, exception faite de ses courses, qu'il sût bien faire.

On note entre autres, qu'il en fit à Saint-Fulgence, à Chicoutimi, à Clermont, à La Descente-des-Femmes, à Saint-Cœur-de-Marie, à Laterrière, au Lac-Brochet, à Saint-Jean-Vianney, à Tadoussac, à Saint-Prime, à La Chute-à-Caron, à Grande-Baie, et à plusieurs autres endroits qu'il serait un peu long d'énumérer.

Quand il travaillait quelque part, comme quand il a fait un four chez Monsieur Gaudreault, il fallait le nourrir plusieurs jours car il aimait bien manger et personne ne lui refusait l'hospitalité.

(P.-E. GAUDREAULT, Clermont, 1966)

Méthode spéciale de construire

Tous sont unanimes à reconnaître qu'il faisait preuve d'une très grande adresse dans la construction de ses fours à pain. Peut-on parler ici de dextérité alors qu'Alexis, dans la construction de ses fourneaux, se servait surtout de ses pieds ! En effet, il était un des rares constructeurs de fours à pain à mélanger la glaise et la terre mouillée avec ses pieds en piétinant dans l'auge. Ce faisant, il racontait aux enfants, qui jouissaient par la même occasion d'un spectacle fort intéressant, que *les nègres qui faisaient le sirop, s'y prenaient de la même manière . . .*

J'ai vu Alexis chez nous, à Saint-Cœur-de-Marie (Lac Saint-Jean), en 1910 ou 1911. Il a passé trois jours à la maison. Il a fait un four, dont nous nous sommes servis pour cuire le pain de la famille aussi longtemps que nous sommes demeurés là. Ses fours étaient excellents. Il y en a encore un qui sert, au Lac-Brochet : nos écoliers y ont fait cuire leurs fèves au lard au pique-nique de l'an dernier. Chez nous, je l'aidais à pétrir la glaise ; nous allions couper les harts dont il se servait pour faire la voûte de soutien de la glaise ; voûte qui brûlait quand il faisait le feu à l'intérieur pour cuire la glaise[23].

(Mgr A.-E. TREMBLAY, Chicoutimi, 1963)

Il passait son temps à faire des fours ; il en a fait un chez nous pour cinquante cents. Pensez donc, c'était pas cher.

(Théophitus Mc NICOLL, Clermont, 1966)

Si plusieurs nous ont décrit sa manière personnelle de construire les fours, nul n'a su le faire avec autant de chaleur que Mgr Félix-Antoine Savard, dans son livre *L'Abatis.*

Il aimait construire en septembre, à la fin des récoltes. Le matin de l'œuvre, dès l'aube, il entrait, dansant et chantant, au milieu de ses matériaux. Il faisait d'abord le bâti de l'âtre, se mettait ensuite à cintrer son moule.

Avec quelle dextérité il maniait les aulnes de la Sinigolle, et, selon les règles traditionnelles, les courbait, les entrelaçait pour une forme de calibre exact, capable de soutenir la lourde chape des glaises.

Pieds nus, ensuite, il sautait dans le mortier. L'ardent bousilleur, ruisselant et rouge et la botte de spartine au poing, c'est en dansant qu'il pilonnait l'argile[24].

S'il vous plaît un jour de découvrir à fond toute la richesse de ce texte, vous pourrez, à loisir, consulter une étude ou analyse littéraire de premier choix qui a paru dans *L'Enseignement secondaire au Canada,* (Québec, vol. XXVI, no 8, mai 1947). Cette dernière étude était signée Roch Valin, professeur à l'université de Montréal.

Une autre description nous offre une image assez burlesque de notre personnage.

Un bon jour que j'étais allé dans un mariage à Saint-Jean-Vianney, nous l'avons aperçu après la messe, en « bobette » en train de patauger dans une auge ; car il était après faire un four. Je me souviens que dès qu'il nous a vu venir, il se cacha et à un moment donné il se sortit la tête pour nous voir passer . . .

(Jos. GAGNON, Kénogami, 1968)

Rapprochement

On sait qu'Alexis a beaucoup marché, a souvent couru, et enfin a piétiné occasionnellement dans l'auge ! Plus encore, nous verrons plus loin qu'il a pareillement dansé merveilleusement bien. En fait, de ces activités, il ressort inévitablement une constante ! Ce sont toutes là des actions où il a fallu qu'il se serve d'abord et avant tout de deux choses : ses jambes, et sa capacité de résister à un effort soutenu ; en d'autres termes, il a usé involontairement de sa résistance cardiaque et pulmonaire. Arrêtons là ce rapprochement qui nous aidera à mieux comprendre certaines hypothèses avancées dans un chapitre ultérieur !

En 1901

Quand il se décida définitivement à tenter sa chance du côté du Saguenay, il trouva son premier emploi au moulin de Grande-Baie.

Un vieux pionnier, David Gagnon, qui a été graisseur vingt-sept ans au moulin des Price de Grande-Baie, nous raconte qu'Alexis avait travaillé à cet endroit une couple d'années. *Il faisait un peu de tout*, nous dit-il. Il avait déjà acquis une certaine expérience au moulin Donahue de Clermont, ce qui lui aida probablement à dénicher cet emploi ! Mais habitué qu'il était de rouler sa bosse un peu partout, il fut vite enclin à changer d'endroit. Ce qu'il fit.

En 1902

Nous retrouvons notre voyageur au début de ce dernier siècle, aux alentours de Shipshaw, où il passa l'été. Plus précisément, il avait élu domicile chez Pascal Boulianne[25]. C'était un peu sa manière d'agir que de demeurer ici ou là pour une saison ; il payait sa pension en travail manuel et comme il savait, à l'occasion, manier la bombarde ou la musique à bouche, il était souvent le clou des soirées que les colons avaient le tour d'organiser ! Très souvent aussi, il partait et ne revenait que quelques jours plus tard. Dans chaque ville ou village, il avait ses amis, tout au moins des gens qui aimaient l'accueillir pour quelques jours pour ensuite lui signifier qu'il était de trop mais qu'il serait toujours le bienvenu. Souvent, on n'avait qu'à lui parler du travail qu'on aurait pour lui, le lendemain, et au lever du soleil, sa paillasse était déjà refroidie...

Sa vie était un perpétuel recommencement et ce ne sont en fait que les visages, les lieux et les dates qui changeaient son univers quotidien.

En 1903

S'il passait l'été chez des fermiers, c'est que le pain quotidien, dans une ferme, pendant cette période, est beaucoup moins onéreux que pendant la saison froide. L'hiver, le jardinage n'est plus, la farine se fait plus dispendieuse, et très souvent même, on suffisait à peine à nourrir les nombreuses bouches autour de la table. Les visites en ces moments d'austérité, et pour toutes ces raisons, étaient moins bienvenues.

Alexis, sûrement conscient du problème que posait l'hivernement chez nos colons, pénétrait dans la forêt pendant l'hiver et n'en sortait qu'au printemps, comme un jeune mouton qui sort pour la première fois de la saison.

Pendant l'hiver, on ne le voyait pas, il arrivait pendant le mois de Marie ; dans ce temps-là, on fêtait le mois de Marie en famille.

(Marcellin LAPOINTE, Jonquière, 1967)

Pendant la dure saison il cherchait donc à se faire embaucher par un « jobber » soit comme aide-bûcheron, ébrancheur ou simple marmiton. En 1903, dans la période où les épinettes sont couvertes de neige on le retrouve à la rivière Sainte-Marguerite :

Il a travaillé pour mon beau-frère dans un chantier à la rivière Sainte-Marguerite, au Lac Saint-Jean, mais pour ce qui était de son rendement comme bûcheron, il ne valait pas cher. Surtout quand il travaillait dans la neige molle. Il perdait tout son temps à taper son endroit et pendant ce temps, il ne bûchait pas. Dès qu'il pouvait le faire, il montait sur une grosse bûche dans la neige ou sur un gros arbre fraîchement abattu, et il se mettait à danser. D'ailleurs, il ne travaillait pas pour l'argent, il n'aimait qu'une chose : amuser les autres soit en dansant ou en jouant de la musique à bouche le soir dans le « campe » !

(Philippe GILBERT, Montréal, 1967)

Un autre nous raconte ses travaux d'hiver dans le bois :

Il travaillait souvent avec mon père (Adélard Jean, de Clermont), *dans le bois. Pour faire du bois de corde ; son plaisir était d'aller seul plus loin faire son ouvrage et il battait son chemin avec ses pieds dans la neige. C'était tellement bien battu que mon père passait avec la voiture et le cheval sans même que la neige défonce tellement c'était dur !*

(Mme P.-E. EMOND, Pointe au Pic, 1966)

De 1904 à 1907

Entre 1904 et 1907, on le retrouve le plus souvent autour de Chicoutimi et de Rivière-du-Moulin. Alexis, nous raconte Joseph Tremblay, « Petit »[26], de Rivière-du-Moulin, était toujours ici, demeurant la grande partie de son temps chez Ernest Bouchard à Jaco.

Il partait souvent pour aller faire des fours ou pour des promenades-tournées au Lac Saint-Jean[27].

En 1907

Pendant cet été de 1907, il travailla dans deux ou trois fermes à Saint-Cœur-de-Marie, il en profita pour faire de nombreux fours dans cette partie du pays. Son travail, sur les terres des colons, était souvent identique, car toutes les terres sont semblables.

Il a travaillé très souvent pour mon père comme cultivateur ; alors il arrachait des souches, il bûchait, il faisait les foins, etc. De temps en temps, il partait pour aller faire des fours. Sans dire un mot quelquefois, il partait après le souper et revenait quand il voulait !

(Marcellin LAPOINTE, Jonquière, 1967)

Prise en 1917, à Rivière-du-Moulin, cette photo a été envoyée par une Américaine à M. Laurent Beaulieu de Chicoutimi qui l'a ensuite transmise à la S.H.S.

Source : S.H.S.

De 1908 à 1910

Jos. Fillion, premier député du Lac Saint-Jean, nous apprend qu'Alexis a vécu dans les rangs 7 et 9 d'Alma entre 1908 et 1910. De là, il en profitait, comme d'habitude, pour gambader tout autour du lac Saint-Jean. Il avait des points de repaire (et souvent de repos) dans chaque ville, bourg ou village du Saguenay et du Lac Saint-Jean. Il employait le même stratagème pour les régions de Charlevoix et de Montmorency.

En 1911

Même si Alexis passa la plus grande partie de l'année à Saint-Cœur-de-Marie, on le retrouve aussi une bonne journée à Tadoussac, à l'Hôtel Central où il s'était rendu pour faire un four [28].

Il n'y a pas de routes ou de chemins du Royaume du Saguenay qui n'aient connu les empreintes d'Alexis. Ses nombreuses pérégrinations l'ont amené partout où il y avait des gens à voir, des jeunes à amuser, des belles à « zyeuter » et des courses à faire.

De 1912 à 1916

Alexis vécut certainement le plus longtemps dans le rang Saint-Joseph de Bagotville chez Jacques Tremblay « Tannis ». Un autre témoignage nous rapporte ceci :

Il est resté sept ou huit ans chez Pierre Tremblay ici dans le rang Saint-Joseph de Bagotville ; il faisait de la terre et semblait bon travailleur.

(Albert GIRARD, Bagotville, 1967)

Jacques Tremblay était-il fils ou frère de Pierre ? C'est fort probable.

En 1917

On le retrouve à nouveau à Saint-Cœur-de-Marie et bientôt à Desbiens !

Il a demeuré un an ou deux dans le rang du Poste à Desbiens, chez un Monsieur Philippe Gobeil. Il s'était loué un appartement qu'il payait mensuellement avec les profits d'un petit restaurant qu'il tenait lui-même dans ce même rang.

(Charles-Eug. VAILLANCOURT, Kénogami, 1967)

Il avait en effet un goût du commerce assez prononcé. Exactement comme nous tous aimions faire quand nous étions jeunes : quelques « suçons », du sucre à la crème, trois ou quatre liqueurs ou limonade, des paquets de gomme, et toute sorte de pacotilles trouvées dans le fond de nos placards ; voilà le genre de commerce qu'il aimait tenir.

Il avait assez souvent des idées de commerce et se montait des petits « restaurants » dans les coins de village. Il vendait des cigarettes, bonbons et marshmallows à 1 cent pièce. Il refusait de les vendre en grosses quantités pour ne pas dégarnir son magasin . . . Il vendait aussi des liqueurs douces, trois seules sortes à cette époque : liqueur rose; aux fraises, cream soda, et ginger ale, (embouteillées chez Adélard Lafleur, de La Malbaie). Il savait compter juste un peu, par la différente forme des pièces de monnaie ; il ne perdait pas, parce que les clients étaient honnêtes, car il était facile à mêler.

(P.-E. GAUDREAULT, Clermont, 1966)

Un autre témoignage concernant son négoce disait :

Il aimait bien s'ouvrir un petit restaurant qui ne durait pas trop longtemps vu qu'il en donnait autant (qu'il en vendait) *; c'était ma mère (Adèle Lapointe) qui faisait son sucre à la crème pour vendre en morceaux et me payait ma commission avec des 5 cents de couleurs dans le temps ; je n'avais que cinq ans mais je me rappelle de cela comme si c'était hier. Vu que ce n'était pas loin de chez moi, alors, j'y allais souvent.*

(Mme P.-E. EMOND, Pointe-au-Pic, 1966)

Il lui arrivait même de fabriquer sa « bière d'épinette » qu'il vendait dans son restaurant. Et enfin, tout mélomane qu'il était, il se permit un bon jour l'achat d'un gramophone pour égayer l'atmosphère de son petit commerce. Il avait payé cet « avant-gardisme » la somme de 15 dollars [29].

A 57 ans, il court encore...

A 57 ans, il paraissait aussi fringant qu'à 30 ans :

En 1917, on a eu la visite d'Alexis le Trotteur. Je m'en souviens très bien. J'avais cinq ans, mon père était à construire une petite porcherie au bord de la coulée tout près de la maison, c'est-à-dire à une centaine de pieds.

Ma mère était là, moi et un frère aussi ; les autres étaient à l'école. C'était l'automne et il faisait beau. Tout à coup arrive un homme à pied, on n'aurait pas dit qu'il marchait car il faisait de l'air comme un vent. Il s'est arrêté, a parlé à mon père pour voir s'il avait besoin d'aide, si nous avions un four à pain, qu'il savait en construire. Mon père avait fait le nôtre dans cet été-là. Il lui avait donc répondu : « Nous en avons un et pour le moment, je ne peux employer d'hommes. »

L'homme avait dans la main une aulne et en partant, il se donna des petits coups de fouet sur les jarrets, sauta par petits coups, la tête en arrière et enfin renifla fort...

Je ne me rappelle pas lui avoir vu un chapeau sur la tête, et ses cheveux avaient presque la couleur des feuilles d'automne. En nous tournant le dos, il a parti comme une flèche, et déjà il était rendu au cap. Il avait des bottes lacées serrées sur la jambe, en cuir brun pâle. Après son départ, ma mère dit : « Ça, c'est Alexis le Trotteur. » Il montait vers St-Ambroise.

(Mlle Marie-Hélène TREMBLAY, Chicoutimi, 1968)

Admirable scène d'automne qui campe notre personnage, dans ses dernières années, d'une façon magnifique. Son déplacement comme le vent, ses cheveux couleur des feuilles d'automne, ses bottes lacées serrées sur la jambe nous laisse sans contredit une image de vitalité, de santé et de fringance enviable !

En 1918

Il passa cette dernière année de la guerre dans un chantier de Van Brussel où il s'occupait de l'entretien des camps de bûcherons. Nous devons ce détail à Monsieur Wilfrid Bourassa, de Victoriaville.

En 1919-1920

Alexis est demeuré deux ans chez nous au rang de la Petite-Société aujourd'hui (1967) Rang Saint-François-de-Jonquière. Ce devait être aux environs de 1920.

(Mme Edgar TREMBLAY, Jonquière, 1967)

Là aussi il tint commerce :

Alexis tenait un petit restaurant dans notre rang, (Saint-François) ; c'est mon père qui lui prêtait ce restaurant car il en avait pitié, aussi il le nourrissait, le logeait gratuitement ; il s'organisait lui-même et faisait ses courses à Jonquière pour alimenter son restaurant.

Il faisait ses courses (6 milles aller-retour) en vingt minutes. Il avait à ce moment-là une soixantaine d'années et il les faisait encore.

(Mme Edgar TREMBLAY, Jonquière, 1967)

Il lui arriva aussi de s'ouvrir une succursale dans le rang Saint-Mathias au coin de la route 16-A.

Pour résumer

Bref, notre protagoniste a roulé sa bosse un peu partout ne travaillant jamais guère plus qu'une saison au même endroit. Il a sûrement fait plus de deux cents fours à pain ; il a souvent prêté main forte à des travaux de la ferme ; il a passé la plupart de ses hivers dans les chantiers, soit pour bûcher ou pour aider le cuisinier ; il a œuvré dans les moulins de La Malbaie, de Grande-Baie, d'Amqui ; il a construit des clôtures ; il a été tenancier de petits restaurants et à la fin (1921–1924) on le retrouve à Alma travaillant pour la « Quebec Development Cie » où il avait à exécuter différents travaux journaliers.

Bref historique

Dès 1914, de concert avec la Quebec Development Cie, le colonel B.A. Scott avait procédé aux travaux de sondage et d'arpentage, en un mot, à tous les préparatifs de mise en œuvre. En barrant le lac Saint-Jean, on capterait, par le fait même, l'énergie formidable des deux Décharges, sans compter celle des chutes situées un peu plus bas et qui pourraient être harnachées à leur tour, au fur et à mesure des besoins.

C'était une entreprise colossale et qui allait réclamer, en même temps qu'une technique savante, des millions de dollars. Il était temps d'intéresser, à l'industrie saguenéenne, les capitaux américains. Une nouvelle société fut donc formée dont le principal actionnaire, avec Price Brothers, était le roi américain du tabac, Duke. La Compagnie Duke-Price reprit les travaux de la Quebec Development et commença l'établissement de barrages à travers les chenaux des deux Décharges. Il ne fallut pas moins de huit barrages dont le principal, celui de l'Ile Maligne à la rive nord, dépassait 800 pieds. C'est là que fut placée l'usine, capable, avec ses douze turbines, de développer 540,000 chevaux-vapeurs ce qui en fit une des centrales électriques les plus puissantes du monde.

Un chemin de fer de onze milles avait été construit pour amener les matériaux et 3,000 ouvriers furent embauchés un peu partout. Le petit village de Saint-Joseph-d'Alma passa brusquement de 800 à 8,000 habitants.

Commencés durant l'hiver 1923, les travaux étaient terminés au cours de 1926. Ils avaient coûté $55 millions. A cette somme il faut ajouter encore $8 millions pour indemniser les riverains innondés.

En effet, le niveau du lac, relevé de 18 pieds, avait dépassé ses anciennes limites ; environ quinze milles carrés de terre cultivables étaient innondés. Certes, l'aspect du lac y gagnait en grandeur, en beauté et en stabilité ; mais les paysans riverains y perdaient des terres qu'ils avaient créées au prix de leurs sueurs. Des procès commencèrent et traînèrent en longueur d'où un certain ressentiment contre l'envahisseur accusé de ne pas payer assez cher ce qu'il avait pris de force.

Mais l'indusrie recevait du coup un apport énorme et le Saguenay se rangeait définitivement parmi les pays industriels. Les papeteries de Kénogami-Jonquière doublèrent leur production et expédièrent leur papier non seulement au Canada et aux Etats-Unis, mais encore en Angleterre, en

Amérique du Sud, en Australie et en Afrique. Une nouvelle usine était construite à River Bend, dans l'île d'Alma, petite Décharge, tout près de la grande centrale électrique de l'île Maligne. A l'autre bout du lac, sur les bords de la Mistassini, une autre papeterie ouvrait ses portes et produisait 300 tonnes de papier à journal par jour. Une ligne électrifiée de 125 milles, suivant l'ancien chemin des Jésuites, allait même porter jusqu'à Québec le fluide générateur d'énergie, de mouvement de chaleur et de lumière.

Ainsi l'antique royaume du Saguenay était devenu une sorte de pays enchanté où les projets les plus fantastiques prenaient une apparence de facilité[30].

Nous savons tous que notre Alexis perdit la vie lors de la construction de ce barrage, entre Alma et l'île Maligne. Cet accident eut lieu le 12 janvier 1924.

A cause de l'importance de cette mort imprévue et encore un peu mystérieuse après 47 ans, nous avons cru bon lui consacrer entièrement la dernière partie de ce chapitre.

Sa vie et son attitude

Il était difficile de séparer sa vie, dans la chronologie, d'avec son attitude d'homme, mais nous avons tenté de le faire.

Les traiter ensemble eût été quelque peu ardu et nous aurions négligé l'un au détriment de l'autre.

Son attitude ; voilà l'essence de la seconde partie de ce chapitre.

ANNEXE

Famille propre d'Alexis Lapointe

Il a été très long de retrouver la trace de tous les membres de la famille d'Alexis Lapointe. Leurs vies s'échelonnent en effet de 1849 à 1954. Ce sont, soit les Archives religieuses et civiles de la paroisse Saint-Etienne-de-La-Malbaie, soit les différents recensements du Canada qui nous ont appris les principaux détails concernant cette bonne famille terrienne de Charlevoix. Bien entendu, nous ne parlerons ici que de ses frères et sœurs, et nous vous présentons, par ordre chronologique, et d'une façon plus que sommaire, les grandes étapes de leur vie.

Marie-Clémentine (1849-1910)

Née la première, elle vit le jour le 10 novembre 1849, à La Malbaie. Elle se maria à 27 ans, le 21 août 1877, à Joseph Bergeron, de La Malbaie. Notons la date du mariage des parents Lapointe, 13 février 1849. Ils étaient donc demeurés pas tout à fait neuf mois sans enfant Elle décéda le 20 septembre 1910, et fut inhumée à Sainte-Agnès à l'âge de 60 ans et 10 mois. Première à naître, elle fut la troisième à mourir.

Joséphine-Athénaïs (1851-1911)

Le 3 mars 1851, voyait naître la seconde fille de la famille Lapointe Seize mois après la première. A 26 ans, le 19 février 1878, elle décida d'unir sa vie à celle de Thomas Bhérer. Son contrat de mariage fut établi devant le notaire Kane le 18 février 1878. Enfin, elle mourut le 5 mai 1911 à l'âge de 59 ans et 2 mois et fut inhumée à La Malbaie.

Claudia (1852-1916)

Même si Monsieur et Madame Lapointe espéraient un garçon qui prendrait plus tard la relève de la ferme et qui aiderait sûrement aux travaux de la terre, une troisième fille, Claudia, vit le jour le 22 juillet 1852, 15 mois après la naissance d'Athénaïs... Elle prit mari le 19 février 1884 à l'âge assez mûr de 31 ans. Il s'agissait de Joseph Bouchard. Comme sa sœur Athénaïs, elle passa son contrat de mariage devant le notaire Kane le 15 février 1884. Et elle s'éteignit le 31 mai 1916 à Causapscal où elle demeurait depuis plusieurs années avec sa famille. Elle avait 63 ans et dix mois.

Joseph (1854-1931)

A une époque où les fils étaient certes plus désirables que les filles à cause des travaux de la terre, les prières du couple Lapointe furent entendues et le 29 avril 1854, Joseph naquit. Nous n'avons guère de renseignement sur cet homme un peu mystérieux... et à qui François, son père, avait toujours refusé le mariage ! Il mourut donc célibataire, à 77 ans et 3 mois, le 23 juillet 1931. Lui aussi, fut inhumé au cimetière de La Malbaie.

Anonyme et Jean (1856-1919)

Après sept ans de mariage, et au cours desquels naquirent quatre enfants, voilà qu'il se présente le 11 avril 1856 des jumeaux. Malheureusement, l'un d'eux mourut en naissant car le certificat de décès, de la paroisse Saint-Etienne-de-la-Malbaie, stipule :

Le soussigné certifie que : 12 avril 1856 a été inhumé dans le cimetière de cette paroisse le corps d'un enfant anonyme de François Lapointe et de Delphine Tremblay, Picoté. Décédé le 11 avril 1856 à l'âge de (né le 11 avril 1856).

A. BEAUDRY, ptre (présidant aux obsèques).

Pour sa part, Jean (communément appelé John ou Johnny) survécut. Il se maria même à La Malbaie le 8 août 1882 à Mlle Lumina Bilodeau. Il fut le premier garçon à se marier et hérita d'ailleurs de la première terre paternelle. Ce second garçon de François et d'Adelphine mourut le 31 octobre 1919 alors qu'il était âgé de 63 ans et 6 mois. On l'enterra dans le cimetière de La Malbaie.

Arthémise (1858-1945)

A la fin de l'été 1858, le 7 août plus précisément, une autre fille naquit et on l'appela Arthémise. Elle demeura célibataire toute sa vie jusqu'à 1945 où elle mourut âgée de 87 ans et 4 mois.

Elle alla vivre à Montréal dans le grand monde, et elle eut même certaines relations mondaines avec des gens très bien placés. Une autre de ses sœurs qui naîtra plus tard (1863) l'accompagnera ; il s'agit de Sophie-Olive.

Toutes deux étaient couturières de très bon renom ! Arthémise mourut à la suite d'une courte maladie à l'hôpital de La Malbaie.

Alexis (1860-1924)

Et voici que le 4 juin 1860, après onze années de mariage, par un beau lundi, naît notre Alexis. Il était le troisième garçon à naître et le huitième enfant d'une famille qui en comptera quatorze. Alexis ne s'est jamais marié et est mort accidentellement à Alma le 12 janvier 1924 à l'âge de 63 ans et 7 mois.

Sophie-Délia (1862-1862)

La cinquième fille qui naquit dans cette famille, le 27 octobre 1862, ne vécut guère. En effet, elle mourut trois semaines après sa naissance, le 22 novembre 1862 et fut inhumée le 24 novembre dans le cimetière municipal.

Sophie-Olive (1863-1938)

Quoique Sophie ait été la dixième à naître, le 27 septembre 1863, elle fut la huitième enfant à survivre. Elle eut plus de chances que la précédente, et vécut très bien avec sa sœur Arthémise au contact du grand monde qu'était celui de Montréal à cette époque. Sa mort remonte à 1938, le 7 septembre, alors qu'elle exerçait le métier de couturière dans la paroisse Saint-Jean-Baptiste de Montréal. Elle laissa 1,300 dollars à sa mort et le montant alla à certains membres de sa parenté qui l'avaient déjà aidée. Bien que son service ait eu lieu à l'église Saint-Jean-Baptiste de Montréal, elle fut inhumée au cimetière de Sainte-Sophie-de-Lacorne, non loin de Saint-Jérome-de-Terrebonne.

Louis (1866-1941)

Quant Alexis eut presque 6 ans, il vit arriver un autre petit frère qu'on appela Louis ! C'était le 31 mars 1866. Il se maria le 8 novembre 1892 à Emilie Lajoie et hérita le 15 mars 1911 de la seconde terre paternelle, c'est-à-dire celle du lot # 632 de Clermont. Il mourut le 14 mars 1941, et fut inhumé à Clermont. Il était âgé de 75 ans.

Pierre-Ligori (1868-1919)

Le 12ème enfant, mais non le moindre, fit son apparition le 15 juin 1868. Il y a donc un peu plus de cent ans. Voilà la douzaine complète ! Les époux Lapointe avaient-ils pressenti la loi d'Honoré Mercier qui stipula en 1890 la donation d'une terre aux familles de douze enfants et plus ? Nous n'en savons rien. Nous sommes sûrs toutefois d'une chose : ils ne s'arrêtèrent pas là.

Si François (père) n'avait pas permis à Joseph de se marier, il n'en fut pas ainsi pour Pierre . . . Sûrement a-t-il été le plus viril de cette famille. Il se maria quatre fois, et cela dans l'espace de douze ans !

Son premier mariage remonte au 6 novembre 1891 avec Mlle Elise Marchand, de Batiscan. Son second, le 3 juillet 1900, avec Eva Marchand, (la sœur de la première probablement), de Batiscan également. Sa troisième union, deux ans après, le 14 mai 1902 avec Blanche Boulianne, cette fois-ci de Tadoussac. Son dernier mariage fut contracté le 21 mai 1907, à Sainte-Sophie-de-Lacorne, avec Alma Carey, de Saint-Jérôme, comté de Terrebonne. Pierre, quand il mourut, le 31 août 1919, possédait un gros hôtel à Saint-Jérôme, fumait de gros cigares, et voyageait par les « gros chars ». Il était devenu un « homme en moyen » disait-on à l'époque.

Adjutor (1870-1952)

Le sixième des garçons fit son arrivée dans la famille le 9 juin 1870. Son mariage fut célébré à La Malbaie le 13 novembre 1894, avec Laetitia Martel. Il s'en alla vivre par la suite au Saguenay, à Chicoutimi plus précisément.

Il y mourut le 7 mars 1952 à l'âge de 81 ans et 9 mois.

François-Adhémar (1872-1954)

Le dernier de la famille Lapointe, François (fils), naquit le 24 août 1872. Sa mère, à ce moment-là, était âgé de 44 ans. Il se maria le dernier, le 6 octobre 1896 avec Louise-D.-Clara Tremblay, et fut aussi le dernier à mourir, le 29 juin 1954, à La Malbaie à l'âge de 81 ans et 10 mois.

Statistiques de cette famille Lapointe

Moyenne d'âge des membres de la famille :	65 ans
Moyenne d'âge des femmes :	58 ans
Moyenne d'âge des hommes :	65 ans
Moyenne d'âge des celibataires :	51 ans
Moyenne d'âge des gens mariés :	67 ans

FAMILLE LAPOINTE FRANCOIS LAPOINTE ADELPHINE TREMBLAY ENFANTS :	NAISSANCE	LIEU	MORT	LIEU
FRANCOIS LAPOINTE	28 mai 1826	LA MALBAIE	12 juil. 1911	La Malbaie
ADELPHINE TREMBLAY	19 août 1829	LA MALBAIE	13 avril 1890	La Malbaie
1) MARIE-CLEMENTINE	10 nov. 1849	LA MALBAIE	20 sept. 1910	St-Agnès
2) JOSEPHINE-ATHENAIS	3 mars 1851	LA MALBAIE	5 mai 1911	La Malbaie
3) CLAUDIA	22 juil. 1852	LA MALBAIE	31 mai 1916	Causapscal
4) JOSEPH	29 avril 1854	LA MALBAIE	23 juil. 1931	La Malbaie
5) JEAN-EDMOND	11 avril 1856	LA MALBAIE	31 oct. 1919	La Malbaie
6) ANONYME (Jumeau)	11 avril 1856	LA MALBAIE	11 avril 1856	La Malbaie
7) ARTHEMISE	7 août 1858	LA MALBAIE	2 déc. 1945	La Malbaie
8) ALEXIS (« le Trotteur »)	4 juin 1860	LA MALBAIE	12 janv. 1924	Alma
9) SOPHIE-DELIA	26 oct. 1862	LA MALBAIE	22 nov. 1862	La Malbaie
10) SOPHIE-OLIVE	27 sept. 1863	LA MALBAIE	7 sept. 1938	Montréal
11) LOUIS	31 mars 1866	LA MALBAIE	14 mars 1941	Clermont
12) PIERRE-LIGORI	15 juin 1868	LA MALBAIE	31 août 1919	Ste-Sophie
13) ADJUTOR	9 juin 1870	LA MALBAIE	7 mars 1952	Chicoutimi
14) FRANCOIS	23 août 1872	LA MALBAIE	29 juin 1954	La Malbaie

FAMILLE LAPOINTE FRANCOIS LAPOINTE ADELPHINE TREMBLAY ENFANTS :	MARIAGE	EPOUX (SE)	LIEU
FRANCOIS LAPOINTE	13 fév. 1849	Adelphine Tremblay	La Malbaie
ADELPHINE TREMBLAY	13 fév. 1849	François Lapointe	La Malbaie
1) MARIE-CLEMENTINE	21 août 1877	Joseph Bergeron	La Malbaie
2) JOSEPHINE-ATHENAIS	19 fév. 1878	Thomas Bhérer	La Malbaie
3) CLAUDIA	19 fév. 1884	Joseph Bouchard	La Malbaie
5) JEAN-EDMOND	8 août 1882	Lumina Bilodeau	La Malbaie
11) LOUIS	8 nov. 1892	Emilie Lajoie	La Malbaie
12) PIERRE-LIGORI	6 nov. 1891	Elise Marchand	Batiscan
	3 juil. 1900	Eva Marchand	Batiscan
	14 mai 1902	Blanche Boulianne	Tadoussac
	21 mai 1907	Alma Carey	Sainte-Sophie
13) ADJUTOR	13 nov. 1894	Laetitia Martel	La Malbaie
14) FRANCOIS	6 oct. 1896	L.D. Cl. Tremblay	La Malbaie

ALEXIS
LE
TROTTEUR

UN BAL ENDIABLE

UN APRÈS-MIDI D'HIVER...
HIHI...

BONJOUR, TROTTEUR! TU VAS OÙ COMME ÇA?
À KÉNOGAMI... IL Y A UNE SOIRÉE!

TU VAS OÙ?

... ET QU'EST-CE QU'IL T'A RÉPONDU?
J'AVAIS BIEN COMPRIS!... À KÉNOGAMI.

VINGT-DEUX MILLES DANS LA NEIGE ÉPAISSE! IL VA SE TUER, C'EST SÛR!

...UX HEURES PLUS TARD, ALEXIS, EN GRANDE FORME, ...RIVAIT À DESTINATION.

!

texte: BLASETTI - dessins: BOSELLI

ZZZZ

ET MAINTENANT... UN BON QUADRILLE!
PARFAIT!... OUI!... OUI!... OUI!...
PLAC
PLAC

LA PROMENADE TOUT ALENTOUR DE LA GRAND SALLE!...

A LA MAIN GAUCHE... À LA MAIN DROITE...

SWINGEZ VOT'COMPAGNIE! TOUT L'MONDE...
TUM

TRÈS BIEN... ET MAINTENANT ALLONS TOUS BOIRE UN COUP!

VOILÀ ALEXIS.' À L'HEURE COMME TOUJOURS.'
VIENS BOIRE UN COUP.'
Hihihihi..

T'AS APPORTÉ TON HARMONICA? TANT MIEUX! ON VA POUVOIR SE RE-POSER UN PEU.
ET DANSER NOUS AUSSI.'

ENVOIE-NOUS DONC UN "GALOP" TROTTEUR.'
UNE PETITE "TROTTE" PLUTÔT, EUGÈNE.'
AH! AH! AH

IL ME SEMBLE UN PEU TROP... GALOPANT... SON GALOP.
FORCÉMENT... IL DONNE DEUX TEMPS POUR UN.'

CE GARS-LÀ A DES POUMONS D'ACIER.'

UNE DEMI-HEURE PLUS TARD...
DÉJÀ FATIGUÉS.? ALLONS.' UN PEU DE NERFS.'

APRÈS UNE HEURE DE CE TRAIN D'ENFER, LES DANSEURS N'EN POUVAIENT PLUS... ALEXIS, LUI, ÉTAIT FRAIS COMME UNE ROSE...

ÇA SUFFIT, TROTTEUR ! TU VAS TUER TOUT LE MONDE.

IL DOIT BIEN Y AVOIR UN MOYEN DE LE FAIRE TAIRE !
UN SEUL... EUGÈNE ! BALANÇONS-LE PAR LA FENÊTRE.

ET VOILÀ LE TRAVAIL !

ET MAINTENANT, JE ME DEMANDE CE QU'IL VA FAIRE ?
CE QU'IL VA FAIRE ? MAIS VOYONS... ALLER RÉVEILLER UN AUTRE VILLAGE !
FIN

Personne n'est responsable de la tête qu'il a ; mais à partir d'un certain âge, chacun est responsable de la tête qu'il fait.

Cardinal Mercier

Son attitude et son aspect physique

D'une prestance acceptable, Alexis avait, au demeurant, une allure normale. Si tout le monde pense qu'il était plutôt grand, à cause de sa rapidité « légendaire », ce n'était pourtant pas le cas. Il mesurait autour de 5 pieds et 7 pouces et son poids dépassait légèrement celui qu'il aurait dû avoir !

En effet, au lieu de 155 livres il en pesait environ 170 !

... Rien n'indiquait dans son physique qu'il eût plus que d'autres la capacité de courir[31].

Quoiqu'un peu chauve, Lapointe avait la chevelure d'un brun très foncé ; quand il commença à grisonner, il se mit dans la tête d'effacer ces signes de vieillesse en se teignant les cheveux avec de l'encre ! Et la moustache subissait alors le même traitement. Le plus drôle se présentait lorsqu'il suait ... L'eau faisait déteindre l'encre sur son front et laissait des cernes un peu partout. Bref, le cheveu rare, il avait la carrure et le teint brûlé de l'homme qui a vécu au grand air !

Son visage, sans être tout à fait laid, n'était pas joli. Ses traits n'avaient rien de délicat et ...

... il faisait des grimaces si drôles qu'on le croyait à demi sauvage. Sa seule apparence quelque part provoquait le rire[32]. *Il avait la langue très grande et longue comme celle d'une vache ; il se la passait jusque sous le menton et de chaque côté du nez*[33].

Sur une photo, cependant, il avait l'air assez digne et semblait même être photogénique. On nous dit encore quelque part que :

...sa bouche était tellement vaste qu'il y faisait pénétrer aisément un petit cadran ou mieux encore sa pipe toute entière [34].

Ses yeux, d'un vert incertain offraient une caractéristique un peu spéciale. Caractéristique que l'on peut d'ailleurs retrouver chez quelques-uns de ses neveux ou même simplement dans sa parenté. L'iris de son œil était en quelque sorte encerclé par une ligne assez pâle de sorte que son œil laissait voir trois couleurs différentes au lieu de deux. La couleur de sa pupille, de son iris, et cette ligne qui ajoutait une couleur à l'œil entier. Tout cela dénote chez notre sujet une certaine force d'acuité visuelle et jamais il n'eut à porter de verres correcteurs pour une presbytie ou une myopie.

Muni d'une forte cage thoracique, on disait de lui qu'il était plutôt trapu ! Si ses bras semblaient un peu faibles, la nature avait compensé cette lacune en lui donnant une paire de jambes fortement musclées. Aucun bourrelet de graisse, aucun lipide de trop, des jambes d'athlète, et des pieds de gazelle.

A la course, le jeu ou le travail des muscles jambiers devait être magnifique à regarder.

A chaque foulée, aurait dit Montherlant, *avec une régularité de machine apparaissait et puis disparaissait le biceps fémoral de sa cuisse.*

Il aurait sûrement ajouté aussi :

Le buste pivotait à droite, à gauche, amusant, sur les reins immobiles. Et c'était là la course, le plus antique des jeux. Quelle hérédité à cette minute !

En ce qui concerne ses jambes, elles nous ont particulièrement intéressés et tous les témoins, contemporains d'Alexis, ont aimé nous en parler ! Ces derniers toutefois, se divisent en deux catégories, ceux qui ont voulu expliquer le phénomène à leur manière, il va sans dire, et ceux qui ont simplement constaté *de visu* certains détails concernant ses jambes !

Certes, nous avons eu toutes sortes d'explications ; les unes étaient même très drôles mais venant de profanes en la matière, elles nous ont paru sincères peut-être, mais peu valables !

Bien entendu, tous ont interprété le phénomène de façons différentes quoique similaires ! Chose certaine, ils ont tous reconnu là, que c'était quelque chose qui sortait de l'ordinaire ! Ne serait-ce alors que cette constatation commune, elle a déjà beaucoup de valeur pour nous. Car si ces bonnes gens ne sont pas tous médecins, ou physiologistes, ils ne sont pas tous pour autant des idiots ou des imbéciles. Ils savaient quand même distinguer le normal de l'anormal, l'ordinaire de l'extraordinaire, et c'est déjà là un point de départ important.

«C'ETAIT PAS UN HOMME, C'ETAIT UN CHEVAL . . .»

Combien de fois, au cours des entrevues avec les vieillards, n'a-t-on pas comparé Alexis au cheval lui-même. Il avait, au dire de plusieurs,

. . .des jambes de cheval, un cœur de cheval, des poumons de cheval, une langue de cheval, des oreilles de cheval et même l'allure d'un cheval . . .

Bref, comme on peut le voir, on l'identifiait facilement à la race chevaline.

Chance encore qu'il soit resté célibataire, car sa femme eût sûrement accouché d'un bidet quelconque . . .

Alexis a demandé en mariage ma sœur Mélia et il lui disait : « on va faire des petits trotteurs ». Il avait environ 45 ans et ceci se passait à Saint-Charles Boromée.

(Ernest BOUCHARD, Jonquière, 1968)

A propos de ses jambes

*Il avait des genoux de cheval et les nerfs (*lire : *muscles) aussi gros que le poignet d'un homme ordinaire.*

(Pierre DUBE, Rimouski, 1966)

Il nous a montré ses genoux. De vrais genoux de cheval. Vous savez comment c'est fait ? C'est cela : un genou petit, mais long d'empattement ; du genou au pied, à peine long comme la jambe d'un enfant, tout en cuisse et en muscles [35]*.*

(Abbé Léonce BOIVIN, Les Eboulements, 1941)

On lui voyait toujours les genoux, faits comme des genoux de cheval, les mêmes jointures ; de grandes jambes plus longues que le corps.

(Mme R.-A. MURRAY, Saint-Urbain, 1966)

J'ai couché avec lui et j'ai eu bien du plaisir, croyez-moi de pouvoir l'examiner tout à mon aise et je peux vous dire que je lui ai vu les genoux et que cela n'était pas comme les autres. Moi, je me disais, qu'il était fait comme un cheval, certain.

(Arthur COTE, Saint-Félicien, 1967)

Il avait des jambes extraordinairement fortes, comme un cheval, il pouvait danser très longtemps sans fatigue.

(Antoine MALTAIS, Héberville, 1967)

Alexis a dit un jour alors qu'il jasait avec les membres de ma famille que le vieux Docteur Lamy lui avait dit qu'il était comme un cheval.

(Mme François GAUDREAULT, Roberval, 1967)

Nous avons remarqué que vue de côté, sa cuisse était grosse, remplissant presque le pantalon. En face et en arrière la jambe paraissait normale.

(Armand GRAVEL, Chicoutimi, 1966)

Et pour terminer, nous laisserons Monsieur Xavier Brassard résumer ce qu'était pour lui Alexis Lapointe :

Il hennissait comme un cheval ; il trottait aussi comme un cheval. Il avait des poumons de cheval et trottait facilement avec un cheval [36].

(Xavier BRASSARD, Bagotville, 1937)

D'autres individus toutefois, n'ont rien remarqué de spécial quant à ses jambes. Etaient-ils moins observateurs ? Plus francs ? Qui nous le dira ?

Ses jambes n'avaient rien d'anormal ou de spécial apparemment [37].

(Abbé Alexandre MALTAIS, 1946)

Mais enfin Alexis était-il moitié-homme, moitié-cheval ? Avait-il des sabots ? Ses jambes étaient-elles démesurément longues ? Monsieur Barrette sur ce point est catégorique. Alexis était un homme bien ordinaire rien ne le distinguait d'un autre. Il était bien un peu « jambu » mais c'est tout. Jambu i.e. qu'il était muni de jambes bien développées, bombées et arquées[38].

J'ai souvent couché avec lui, (mon oncle Alexis) quand il venait en visite ici, mais il avait des combinaisons, je n'ai pas pu voir ses genoux, mais à mon avis, il avait les jambes comme les autres.

(Aimé LAPOINTE, Clermont, 1966)

Il ne semblait pas avoir les jambes anormales, c'est vrai qu'il était toujours habillé.

(Jos. FILION, Alma, 1966)

Je n'ai jamais remarqué qu'il avait les jambes anormales.

(Philippe GILBERT, Montréal, 1967)

Il nous a montré ses jambes, elles m'ont paru normales, sauf que ses genoux n'étaient pas faits comme les nôtres. Quand il courait, il étendait la patte à l'avant comme un cheval.

(François GAUDREAULT, Roberval, 1967)

Il avait de gros genoux, mais quand même à la bonne place.

(Gustave BOILY, Jonquière, 1967)

Le témoignage le plus révélateur dans tous ceux-ci est sans doute celui de M. Armand GRAVEL, de Chicoutimi :

Nous avons remarqué que vue de côté, sa cuisse était grosse, remplissant presque le pantalon. En face et vue d'en arrière, la jambe paraissait normale.

Certains muscles postérieurs (demi-tendineux, biceps cruciaux, fascia lata) et antérieurs (vaste interne, droit antérieur) lui avaient donc paru plus développés.

L'observation est très bonne, car les muscles situés du côté interne ou externe du fémur (os de la cuisse) servent beaucoup plus dans des travaux de rotation, d'adduction, ou d'abduction de la jambe et ne se développent pratiquement pas à la course. Alors que les muscles comme le quadriceps et certains muscles postérieurs qui sont en fait, les « plus gros travailleurs » de la jambe, se développeront d'une façon directement proportionnelle à l'exercice qu'on aura bien voulu leur faire subir.

Ses membres supérieurs

Il avait les épaules très larges pour sa grandeur. Ses membres supérieurs dépassaient quelque peu la grandeur normale.

J'ai remarqué qu'Alexis avait les bras plus longs que la normale des gens ; le bout des doigts lui touchait presque les genoux.

(Arthur NOEL, Métabetchouan, 1967)

Et en ce qui concerne ses genoux que l'on disait « de cheval », il étaient osseux et pointus. Bref, pour reprendre l'expression de ses contemporains : *. . . y était nerfé . . .* plusieurs « nerfs » qui étaient en réalité des tendons de muscles, des veines ou des artères étaient sûrement à fleur de peau, et par conséquent très apparents.

Sa démarche

Je suis catégorique, sa démarche n'était pas comme la nôtre.

(François GAUDREAULT, Roberval, 1967)

Quelle sorte de démarche avait-il donc ? Certains, en essayant de l'imiter, nous rapportent qu'il marchait comme s'il eut possédé un système complexe de ressorts dans les os du pied . . .

. . . y était comme sur des ressorts.

(Théophitus Mc NICOLL, La Malbaie, 1966)

Nous verrons, dans le chapitre suivant, comment il réussissait à sauter de baril en baril sans effort. Pareillement, pour le saut du madrier de douze pieds, qui exige une poussée phénoménale. Sans nul doute, Alexis était riche d'une souplesse en quelque sorte «généralisée » ; son pied spécialement, jouissait d'une agilité déconcertante. Si Alexis, était né dans une tribu indienne, on l'eût sûrement appelé : « Pied-de-gazelle » ou « Flèche-rapide » . . .

Quand il travaillait avec moi, il piétinait sans cesse, tellement qu'il en devenait agaçant . . .
(Th.-Louis MENARD, Chambord, 1967)

Son habillement

Il avait, fort probablement, toute sa richesse sur le dos, mais au moins était-il toujours vêtu élégamment !

. . . il portait toujours un habit d'étoffe gris et des bottes de cuir faites au pays ; on appelait ça des bottes de sauvage.
(Mme Firmin OUELLET, Baie-Sainte-Catherine, 1966)

Avec sa petite moustache bien équarrie, il n'oubliait jamais sa cravate fleurie soigneusement nouée au cou et piquée d'une pierre ovale, à la mode du temps.

Autour des années 1910, pendant un voyage aux « Etats », il avait eu l'idée (pas si bête) de se faire fabriquer une chaîne de montre assez originale.

La chaîne en question est formée par une série de pièces de monnaie de 5 cents toutes portant la date de 1902, au nombre de dix, avec en plus une de dix cents datée de 1907, comme soutient de la pierre enchassée qui sert de pendant[39].

Il était très fier de cette acquisition, qui arborait la devanture de sa veste et les gens ne manquaient pas de lui demander l'heure très souvent, pour qu'il pût faire admirer sa montre et sa chaîne surtout.

Quant à sa montre, Mme Jean-Philippe Savard, de Bagotville, nous apprend qu'Alfred Pouliot, marchand de l'endroit et associé de son frère Nérée, la lui avait un jour vendue et qu'elle était d'ailleurs de belle qualité. Mais hélas pour le marchand, le bijou, est toujours demeuré dans la liste des comptes dûs . . .

A la mort d'Alexis, on retrouva cette chaîne et cette montre sur lui ainsi que d'autres petits objets. Le coroner du district d'alors, le Docteur Jules Constantin, les déposa au greffe de Roberval en 1924.

L'Héritage d'Alexis
Une montre, une chaîne un peu spéciale et ce vieux dollar de 1917 sont les biens laissés par Alexis. Ces objets ont été déposés au Musée du Saguenay en 1951.

En 1951, l'abbé Victor Tremblay, écrivit pour demander le dépôt de ces pièces au Musée Saguenéen. Le 9 mai de la même année, le département du Procureur Général de la province de Québec autorisait R. Boissonneault, greffier de la paix, à placer à titre de dépôt, dans le Musée Saguenéen, les articles demandés. Il s'agissait d'une montre et d'une chaîne ainsi que de la somme de 2.50 dollars. On voulait les faire figurer *comme des pièces intéressantes qui contribueraient à rappeler le souvenir de ce disparu qui fut un personnage de type régional et vraiment unique*[40].

Pour finir ce thème vestimentaire sur une note plus gaie, Alexis, plus imbu d'originalité que de fierté, le printemps arrivé, portait comme tout le monde une paire de claques hautes. On ne sait si la chose était faite par esprit d'économie, mais toujours est-il qu'il les attachait solidement avec une corde fine mais résistante, car disait-il :

... quand je décolle raide, je perds mes claques ...

Propreté

Mes parents n'ont jamais refusé de l'héberger pour manger et pour dormir car il était très fier de sa personne et très propre. Il mangeait très bien et paraissait avoir eu une très bonne éducation.

(Mme Adèle BOUCHARD, Grande-Baie, 1967)

Tous ceux qui l'ont vu vivre, ont remarqué sa grande propreté, soit sur lui, soit dans sa valise ou soit encore en mangeant. Tellement fier de sa personne qu'il en devint un peu faraud à la longue. Il alla même jusqu'à exiger que ses caleçons d'hiver soient bien pressés avant de les porter[41]. Peut-être était-ce pour son confort personnel ou simplement qu'il avait peur des choses pouvant ressembler à des politiques de façade ou à des simples travaux de surface! Qui sait si l'homme que nous analysons n'était pas en fait un minutieux. Bref, sans le qualifier de vil godelureau, il fut toujours galant et très fier de sa personne.

Santé

Il possédait une santé de fer ! Jamais malade, il avait belle mine, et sa constitution respirait elle-même le bien-être physique. Avec les centaines d'exploits qu'on lui connaît maintenant, il demeura sûrement ingambe toute sa vie.

Eucrasique au possible, on ne sache pas qu'il souffrît de grosses dépressions suivies de montées vertigineuses de santé. Sans trop s'en rendre compte, il possédait comme violon d'Ingres, le plus bel exercice pour maintenir tout son système en pleine verdeur : la course à pied.

Il ne cessait de répéter :

Moi, j'ai pas de « mourure », c'était son mot à lui . . .
(Mme P.-E. EMOND, Pointe-au-Pic, 1966)

Il était sûrement membre de cette *race qui ne sait pas mourir,* comme aurait dit Louis Hémon !

Si le destin n'avait pas permis qu'il mourût par accident, peut-être aurait-il vécu centenaire et plus. Son système était sûrement un des mieux entretenus ; l'exercice quotidien, même prolongé, est encore le meilleur oxygénateur du sang que l'on connaisse.

Appétit d'ogre

Comme une bonne santé va d'habitude avec un bon appétit, Alexis était en effet assez bien endenté. Sans être pour cela un vil gourmand, il lui arrivait souvent de manger comme un ours et de passer par la suite deux ou trois jours sans manger. Il lui arriva souvent aussi, en raison de son nomadisme chronique, de sauter des repas, car il ne pouvait pas toujours combiner son heure d'arrivée chez quelqu'un avec l'heure exacte du repas.

Cependant, en toute simplicité et comme si de rien n'était, Alexis dînait quelque part à 11h 30 et redînait à midi et quart chez d'autres amis. Avait-il pour autant, une certaine capacité cumulative de l'estomac ? On ne sait pas, mais la course a sûrement dû être pour lui, très souvent, une manière curative ou préventive, selon le cas, de s'en sortir sans indigestion ni maux d'estomac . . .

Bref, il avait un peu l'air d'un commis voyageur ; propre, bien vêtu, il arrivait chez les gens avec chaque fois quelque chose de nouveau. Ce pouvait être une nouvelle histoire, aussi bien qu'une musique à bouche toute neuve ou encore une paire de bottes qu'il s'empressait de mettre en valeur. On aimait sa présence à la condition qu'elle ne se prolongeât pas trop longtemps. Sans qu'il ait eu la réputation d'un « dandy » de salon, il ne passait pas moins pour un « Monsieur ».

Son intelligence

Simple d'esprit, il avait tout juste assez de flair pour profiter de sa bizarrerie et en battre monnaie[42]*...*

Il est fort vrai qu'il ne fut jamais un brillant intellectuel. Un peu niais et d'une intelligence médiocre, il vécut toute sa vie avec la naïveté (et probablement l'innocence) d'un enfant de 16 ans . . . Roublard à ses instants, il passait quand même pour un simple d'esprit dont on avait pitié.

Alexis a été reconnu comme un bon vivant, un peu anormal qui ne savait pas réfléchir sur ce qu'il disait ou faisait. Ce qui lui passait par la tête, le poussait à accomplir des gestes et actions, insensés la plupart du temps. Les gens le connaissaient comme « bon bonace », sans aucun sérieux ; ils se montraient gentils avec lui et n'abusaient pas de son incapacité mentale. Ils prenaient même plaisir à s'amuser avec lui, et riaient de ses tours et cabrioles.

(Paul-Emile GAUDREAULT, Clermont, 1966)

Sans toutefois être idiot, il fut même à certaines occasions plus malin qu'on ne le croyait :

Mon père avait été témoin devant la cathédrale de Chicoutimi de l'aventure suivante. On voulait le faire courir mais Alexis refusait, prétextant qu'il n'avait pas de bonnes bottines ; « Si j'avais des bonnes bottes comme celles-là (désignant une paire de bottes toutes neuves), je pourrais sûrement mieux courir . . . » dit-il. On demanda alors à l'homme de se départir de ses bottes pour quelques instants afin de permettre à Alexis de leur faire une course. Le bonhomme en question, content de montrer ses bottes le fit sans trop se faire prier.

Alexis mit donc les bottes, fit trois ou quatre sauts, courut quelques arpents et revint leur passer dans la figure pour enfin... s'enfuir avec les bottes! Au grand désappointement de tous mais surtout de celui qui lui avait passé les bottes...

(Albert DALLAIRE, Port-Alfred, 1967)

Un peu blagueur et pour attirer l'attention ou se donner quelque importance,

Il nous était arrivé un jour avec une sorte de lettre de référence qu'il s'était probablement fabriqué lui-même et qui démontrait (sans aucun doute selon lui) qu'il était bel et bien possesseur d'une grosse ferme à Mistouk, (Lac Saint-Jean) avec de la machinerie agricole et plusieurs arpents de terre ainsi que des animaux en quantité...

(Henri MARTEL, Saint-Prime, 1967)

Qui vient de loin a beau mentir, dit le proverbe. Avec cette lettre, Alexis réussissait à épater plusieurs belles, un peu naïves, qui se rendaient compte un peu plus tard du subterfuge.

Il était en effet hanté (comme tout adolescent de 15-16 ans) par le désir de toujours attirer l'attention sur sa personne. Il n'acceptait pas d'être le second, dans le domaine de la popularité. Pour cela, il lui arrivait de manquer de jugement. Par exemple, il jouait des tours pendables à quiconque lui volait la vedette :

Un bon jour, alors qu'un quêteux était venu souper chez nous, Alexis nous avait faussé compagnie pour aller à l'écurie couper en morceaux le harnais du cheval appartenant au quêteux ; et tout ceci sans autre raison que celle de faire son drôle...

(Henri MARTEL, Saint-Prime, 1967)

Si Alexis a vécu soixante-trois ans et sept mois, son âge mental lui, par contre, s'arrêta autour de 16 ans. A cet âge de notre vie, toute motivation un peu forte dépasse souvent notre complexe rationnel. C'est un fait qu'à cet âge, on ne « raisonne » pas tous les actes que l'on fait avec le résultat que l'on se brûle les doigts plus souvent qu'à son tour.

La « raison » d'Alexis a souvent été dépassée par la motivation qu'il avait de faire telle ou telle chose. Et son jugement, assez faible en l'occurence, ne prit jamais complètement le dessus.

Bien entendu, tous les enfants du monde, jouent au « cheval » à un certain moment dans leur vie. Sûrement aussi que tous, nous nous sommes déjà coupés une « fouine » pour imiter le charretier, le boulanger ou le laitier qui, il y a quelques années, transportaient encore leur matériel avec une voiture à cheval ! Et tout cela demeurait dans l'ordre des choses. Mais ce qui eût, en quelque sorte gâté notre affaire, c'eût été de continuer à s'amuser ainsi jusqu'à 20 ans et au-delà... Alexis le fit, lui !

Voilà peut-être toute la différence qui nous sépare de cet être. Son esprit cessa à un moment donné, de « vouloir » évoluer.

Il n'en demeura pas moins un brave type, honnête, généreux et d'une sensibilité enfantine.

Riche d'une imagination assez fertile et qui se renouvelait sans cesse au contact des nombreuses personnes qu'il rencontrait, et sous des cieux toujours nouveaux, Alexis passa quand même pour un original et tout le monde le considérait comme tel.

Il va sans dire qu'il n'eut guère d'idéal élevé et se sachant supérieur dans certains domaines, il n'en demanda pas davantage au Créateur. En outre, il ne chercha jamais à copier ou imiter qui que ce soit. Ce qui nous porte néanmoins à avancer que notre bonhomme possédait quand même une personnalité assez forte, mais dont la valeur intrinsèque réelle porterait probablement à discussion...

Son tempérament

Si notre étude était celle d'un psychologue averti, il eût sûrement avancé qu'Alexis était mi-passionné, mi-sanguin. Mais, nous serons moins compliqués et essayerons de passer en revue la liste de ses bons côtés et de ses mauvais penchants. Les avait-il hérités d'ancêtres un peu bilieux... probablement.

Son amabilité

Tous ceux qui ont travaillé avec lui sont unanimes à avancer qu'ils ne lui connaissaient pas d'ennemis. On l'estimait, un peu par pitié, et on appréciait toujours sa compagnie, parce qu'il avait le don d'intéresser.

Il n'avait pas d'ennemis ; quand on savait qu'il était ici, à Clermont, il fallait le retrouver pour qu'il nous fasse une veillée.

(Aimé LAPOINTE, Clermont, 1966)

Pour la gent enfantine, c'était une pure récréation que de voir évoluer Alexis. Lui, de son côté, adorait les jeunes et les amusait plus souvent qu'à son tour. C'était là un auditoire sûr.

Alexis s'attelait souvent sur une charrette que nous avions. Nous embarquions quatre et Alexis nous menait où bon lui semblait. Nous avions alors 7 ou 8 ans.

(Armand LAJOIE, Bagotville, 1967)

Or, celui qui possède le don de capter l'attention, que ce soit par ses cabrioles ou ses nouvelles histoires a toujours aussi le talent de plaire à ceux à qui il parle. Et c'était le cas pour Alexis. D'ailleurs, comme disait Warnaffe :

Que d'hommes se montrent aimables quand ils se sentent aimés.

Tout cela bien entendu, n'empêchait pas les vitupérations des gens biens qui refusaient même à leurs enfants le plaisir de s'en approcher.

Ratoureur

S'il a beaucoup fait rire par ses mauvais tours et si on veut être honnête, on dira aussi qu'il a sûrement déplu à quelques-uns qui composaient une minorité, il va sans dire.

Il aimait en effet, être taquin, plus souvent qu'à son tour. Et ses victimes étaient choisies d'une façon sûrement préméditée. Voici quelques exemples de son caractère espiègle et ratoureur :

Il aimait beaucoup jouer des tours ; ainsi avait-il renversé, un jour, sa mère qui avait pris place dans la voiture familiale. Alexis s'était attelé à la voiture et, sans trop le vouloir probablement, avait capoté la voiture et sa mère.

(Henri MARTEL, Saint-Prime, 1967)

Alors que je restais à Saint-Iréné et que j'avais environ douze ans, Alexis était venu chez nous. Nous étions assis quelques-uns sur la rampe de la galerie. Tout à coup, Alexis me fait une de ses grimaces, tellement que je tombe en bas de la galerie ; elle n'était pas très haute. Nous avions à ce moment-là un jeune coq assez malin ; voilà qu'il saute à son tour sur moi et se met à me picocher... Ah ! qu'il m'avait fait peur.

(Mme Henri BOULIANNE, Saint-Prime, 1967)

Un bon jour, Alexis était en visite chez moi ; mes sœurs étaient en train de se changer, il entre tout à coup dans la chambre des filles en se traînant à quatre pattes et en regardant à terre... imaginez mes sœurs qui grimpaient sur les lits et qui criaient de frayeur. Alexis était fier de lui et riait à gorge déployée.

(Henri MARTEL, Saint-Prime, 1967)

Quelquefois, il prenait des grelots de cheval et courait à la belle épouvante à travers les ramasseurs de bleuets dans le but de leur faire peur ou de leur faire échapper leur chaudière de bleuets.

(Henri LAPOINTE, Clermont, 1966)

Un jour, il avait fait peur à Charles Desbiens, le père à Moïse Desbiens (il est mort maintenant). Un soir qu'il faisait très noir, Charles filait en voiture ; tout d'un coup, il s'aperçoit que quelqu'un courait en arrière de lui et le suivait. Il augmenta l'allure de son cheval, le faisant trotter autant qu'il pouvait. Mais ça suivait toujours... Il a pensé un moment donné que c'était le diable lui-même qui le poursuivait et il avait une peur bleue. Rendu à destination, c'est-à-dire dans sa cour, il se rendit compte que c'était Alexis qui pouffa de rire pour se moquer de la peur que Charles avait eue.

(Théophitus Mc NICOLL, La Malbaie, 1966)

Il couchait de temps en temps chez nous et un bon soir qu'il avait eu l'occasion de coucher dans la chambre à côté de laquelle était située la chambre de notre cousine Louisiana Tremblay, il lui arriva une petite aventure. Il avait réussi à enlever un nœud dans une planche et ainsi, dans ce trou, il pouvait voir dans l'autre chambre. Mais avec les jaquettes que nous avions dans ce temps-là, il n'a pas pu voir grand-chose... Et tout ceci n'a pas empêché notre cousine Lousiana d'entrer au couvent un peu plus tard et d'y mourir même comme religieuse.

(Mlle Simone TREMBLAY, Bagotville, 1967)

Honnête et respectueux

Comme il avait gardé l'innocence d'un jeune adolescent bien élevé, il en a toujours gardé aussi l'honnêteté.

Il était très honnête ; j'aurais laissé un dix (dollars) sur une table et jamais, il ne l'aurait pris. Il a couché ici, plusieurs fois quand il arrivait de Saint-Urbain[43].

(Arthur GIRARD, Bagotville, 1967)

C'était un gars très fiable, honnête et qui pouvait garder les enfants sans rien déranger.

(Marcellin LAPOINTE, Jonquière, 1967)

C'était un vrai bon garçon, un homme très fiable mais qui manquait un peu d'intelligence.

(Alphège TREMBLAY, Saint-Félicien, 1966)

Involontairement ou inconsciemment, il lui est arrivé quelquefois d'oublier certaines dettes dont une montre par exemple qu'il avait achetée à Bagotville et qu'il n'a jamais payée. Sans doute aussi, a-t-il commis ici et là quelques petits larcins soit dans la voiture du boulanger ou dans le verger du voisin. Mais ceux-là sont demeurés sans grande importance et toujours « pour rire », éternel prétexte enfantin pour se disculper d'une faute commise.

Respectueux, indubitablement, il n'a même pas dû penser le contraire !

C'était un homme merveilleux, aimable dans une veillée et qui savait en outre respecter les femmes.

(Mme Adélard PERRON, Jonquière, 1966)

Poli, parce que bien élevé, on eût sûrement dit de lui qu'il était un « gentleman » avec un jugement un peu dérangé malheureusement.

Doux et bon catholique

Comme nous disait Jos. Filion, premier député du Lac Saint-Jean :

C'était un bon vivant, un honnête catholique et pas mauvais du tout pour les enfants. (1966).

Tancrède Tremblay, 80 ans, nous écrivait la même chose et Théophitus McNicoll, de Clermont, confirmait pareillement le tout.

Bon catholique pratiquant, il devait sans doute posséder cette sorte de foi un peu aveugle, mais quand même valable ! Nos ancêtres ont bâti le pays ainsi, en égrenant leur chapelet et en remerciant le « Bon Dieu » de tout et de rien, de la joie comme du malheur. Et, ils ont survécu. Foi peut-être moins rationnelle, mais foi quand même enviable. Un peu innocemment, il avait donc la foi et pratiquait à l'occasion la charité !

Sobre et solitaire

Bien qu'il ne refusât pas à l'occasion d'ingurgiter un bon petit vin de gadelle ou du « Petit Blanc » qui provenait de Saint-Pierre et que le père Zic, de Pointe-au-Pic, passait en contrebande, Alexis a toujours été reconnu comme un homme d'une sobriété parfaite. Jamais, au cours des nombreuses veillées auxquelles il participa, on ne l'a vu ivre et encore moins se déplacer. D'ailleurs, on nous a dit à plusieurs reprises qu'il vidait assez rapidement son verre mais toutefois, qu'il « portait » assez bien ce qu'on lui versait.

Je me souviens qu'un soir, mes parents m'avaient amenée à une soirée qui avait lieu chez Joseph Fraser dans le rang no 3 ; je me souviens de l'avoir vu prendre de la boisson d'une façon très rapide. C'est ce soir-là aussi qu'il avait fait peur à Mlle Rosa Lamontagne.

(Mme Henri MARTEL, Saint-Prime, 1967)

Sociable et solitaire

Il se vantait souvent de connaître plus de monde que Monsieur Le Curé et Monsieur Le Curé disait d'Alexis qu'il était populaire comme Barrabas dans la Passion ; c'est un fait bien accepté qu'Alexis était connu de Mistassini à Métabetchouan et du Saguenay jusqu'à Charlevoix. Ceux qui ne lui avaient jamais adressé la parole l'avaient vu passer quelque part en courant et c'était suffisant pour y croire ! Combien de mamans, depuis ce temps, ont endormi leurs plus jeunes en leur racontant les exploits un peu phantasmagoriques de cet homme qui sautait les ravins et qui courait contre le cheval de Monsieur le Maire.

D'autres mamans faisaient peur à leurs marmots en leur signifiant qu'Alexis le Trotteur allait venir leur prendre les orteils s'ils refusaient de dormir... Bref, on l'utilisait un peu à toutes les sauces. Chose sûre, tout le monde le connaissait ou tout au moins semblait le connaître. Un peu comme le Père-Noël ou le Bonhomme-Sept-Heures.

Alexis serrait la main à tout le monde, saluait toutes les jeunes filles et parlait à qui voulait l'entendre.

Toutefois, bien qu'il fût très sociable, il avait un fort penchant pour la solitude. On ne sache pas qu'il ait voyagé par exemple avec des compagnons ! Et Dieu sait s'il a voyagé ! Se suffisant en quelque sorte, à lui-même, il n'avait besoin des autres que pour parler, manger et dormir.

Sans doute aussi, il a aimé la nature, dans laquelle il adorait toujours se retrouver pour y courir ou pour y vivre.

S'il a aimé cependant la société, il ne s'y est jamais attaché profondément. Egocentrique, (comme un adolescent) il aimait que les gens le regardent évoluer mais leur rendait rarement la pareille ! Quand ses cabrioles étaient terminées et que sa boîte d'histoires était vide, il reprenait la route, poussé par le vent et guidé par les nuages qui l'avaient adopté.

Attitude bizarre

Comme tout jeune au seuil de sa puberté, Alexis se posa sûrement certaines questions au sujet de la vie, de la naissance, du sexe, etc. Sans toutefois s'enfermer et vivre dans un tonneau comme Diogène le cynique, il arriva à Alexis à plusieurs reprises une chose assez bizarre. Il fut surpris plusieurs fois à « couver » des tas de roches, des œufs de canard, un rateau à foin, etc. On lui avait sans doute fait croire qu'il était aussi capable que n'importe quelle femelle de couver des œufs et de faire par conséquent des petits.

Bon vivant

Qu'il s'agisse de faire la mi-carême ou de courir contre le soleil couchant, Alexis aimait faire ce qui lui plaisait. Il aimait bien ses aises, sa pipe, sa couche molle et un bon gueuleton de temps en temps. Il retirait sûrement certaines compensations de ces bons moments mais en jouissait-il comme aurait su le faire un homme en pleine possession de son intelligence ? Nous en doutons quelque peu.

Quoique notre homme ne possédât pas toute la finesse du gourmet et toute la passion du vrai dégustateur, il demeura quand même un très bon vivant. Loin de lui le souci des problèmes vitaux et le tracas des responsabilités administratives ou maritales. Autant qu'il pouvait le faire, il fuyait l'odeur du travail. Sans être pour cette raison un vil paresseux, il travaillait uniquement pour vivre (ou survivre) alors que d'autres vivent pour travailler. Sa fortune à lui, c'était le fait d'être libre comme le papillon avec nulle attache spécifique à aucun endroit.

Quand il a couché ici, il se levait tard, à 9h 30 et quand il se levait, il imitait le cri du veau qui a faim.

(Henri MARTEL, Saint-Prime)

Jaloux, têtu et susceptible

Son orgueil le portait à dissimuler une jalousie un peu puérile. Comme il s'amourachait assez rapidement pour tout ce qui portait jupon et cheveux longs, il prisait très mal que d'autres courtisassent les belles dont il rêvait. Trop altier cependant pour le laisser voir ouvertement, ses gaucheries du moment étaient plus qu'éloquentes.

Mais derrière tout ça, il avait quand même l'immense satisfaction de penser qu'il leur était supérieur, à tous, à la course et dans la fabrication des fours à pain. Pour lui, c'était amplement suffisant.

Pour ce qui est de son entêtement, il était bien connu. S'il avait l'allure d'un cheval à la course, il avait une tête de mulle au repos . . .

Vous pouvez conduire un cheval à la rivière, disait Georges Hébert, *mais il boira quand et ce qu'il lui plaira*[44].

Aimait-il se faire prier ? Nous ne savons pas exactement la raison précise de cette obstination ! Peut-être voulait-il simplement avoir le dernier mot ou peut-être encore avait-il peur que l'on abuse de son innocence.

Il n'était pas commode. Une fois chez Ferdinand Gagnon, où il se trouvait, on avait organisé une veillée. Quand tout le monde eut rempli la maison, Alexis refusa de jouer de la musique à bouche ; il résista à toutes les sollicitations et même aux reproches ; impossible d'obtenir autre chose qu'un refus obstiné. Quand tout le monde fut parti, à 11 heures du soir, il prit sa musique et joua une partie de la nuit[45].

(Jos. LAROUCHE, Chicoutimi, 1946)

Plusieurs promoteurs ou agents de toutes sortes, avec des yeux en signe de piastres, ont essayé de le faire courir.

Alexis trottait pour son propre plaisir ; il n'avait aucun intérêt à gagner de l'argent avec sa force, il n'avait aucun but, aucun idéal. Certaines agences l'ont abordé pour lui faire des offres d'avenir, mais cela ne l'intéressait aucunement.

(Mme Jos. LABERGE, Chicoutimi, 1967)

Très peu de gens donc ont réussi à le posséder. Pourtant si l'on avait pris la peine d'analyser notre bonhomme, on aurait pu y déceler assez facilement sa faiblesse : les femmes . . .

Nous savons qu'il avait un fort penchant pour les jolies dames. Pendant les soirées qu'il faisait, une fille qui acceptait soit de danser avec lui ou de jouer une partie de cartes pouvait faire de lui son valet à toujours... Alors, nous présumons qu'il en eût été de même pour la course. En jouant (un peu malhonnêtement il est vrai) avec ses sentiments, une femme (dans toute la force du mot) aurait pu lui faire courir de bonnes distances assez rapidement...

Bien au contraire, on lui offrait de l'argent, ce dont il n'a jamais eu besoin ; pis encore, on a souvent voulu le « marchander » avec de simples cigarettes ou bonbons. C'était là vouloir le ridiculiser et il n'était pas sot à ce point. A tort, on faisait fi de toute diplomatie dans les négociations avec lui, car en fait, on le connaissait très mal et on le pensait probablement plus idiot qu'il ne l'était en réalité. On voulait sans doute en profiter trop rapidement et trop facilement, mais Alexis, obstiné comme il était, s'avéra fort difficile de commerce.

Un beau jour à Hébertville[46], on l'avait décidé à répéter deux fois pendant la semaine une course avec des chevaux qui aurait lieu le dimanche suivant. Après avoir achevé ses deux répétitions, le mardi soir et le jeudi soir, (devant les estrades vides, il va sans dire), on le gava de bonbons et de cigarettes ! Feignant d'être fou de joie, et promettant mille pirouettes pour le dimanche suivant, il se retira. Le samedi soir, il prit le train pour une autre destination et cela, sans avertir quiconque de sa décision subite. Le dimanche, la course n'eut pas lieu, car Alexis, déjà loin, riait probablement dans sa moustache...

Certains verront probablement dans cette histoire une preuve d'incapacité d'Alexis mais les répétitions antérieures (du mardi et du jeudi) nous prouvent assez bien qu'il était capable de faire cette course. Il avait eu le dernier mot, et il était content.

Bref

Aucun doute qu'en des termes savants un psychologue aurait vite fait d'établir d'Alexis le portrait d'un complexé dont la vie d'adulte a été une revanche sur les frustrations d'une enfance incomprise ! Sans nul doute aussi, aurait-il eu raison de le faire, car Alexis n'a cessé de jeter aux visages des gens, apparemment plus intelligents, des qualités athlétiques presque incroyables avec l'envie de surpasser à sa façon ce monde aveugle qui ne connaissait rien de son histoire véritable !

Sa popularité

Si jamais, on plantait une épitaphe sur la tombe d'Alexis, le Trotteur, on devrait y mettre cette inscription :

Ci-gît Alexis, le dernier jongleur de l'ancienne France, qui survécut à la royauté et pratiqua son art longtemps après la disparition du fabuleux Royaume du Saguenay[47].

Marius Barbeau de la Société Royale du Canada écrivit dans le Canada français de mai 1940, à propos de Boily « le Ramancheur » et d'Alexis « le Trotteur » :

Si ces deux originaux avaient vécu au temps de la chevalerie et de la Royauté, ils auraient pu aspirer à devenir bouffons aux cours de la noblesse et porter les pompons et les grelots d'Arlequin, de Trivelin et de Scaramouche[48].

Sans se prononcer sur ce rapprochement des deux hommes (Boily et Lapointe) qui est très imaginaire d'ailleurs, le portrait qu'esquisse Barbeau de ces deux individus est beau et porte notre imagination à voguer vers le Moyen Age ou le XVIIe siècle.

Il est vrai qu'Alexis fut un éternel amuseur ! On connaît la diversité des endroits où il a travaillé soit comme bûcheron, comme fermier, comme constructeur de fours à cuire le pain, comme ouvrier de la construction, ou comme tenancier de restaurant ; il fut tout cela un jour, une année, dix ans, sûr de retrouver, le soir après l'ouvrage, un public à distraire, des belles à courtiser, une vanité à satisfaire, et, tout au fond de son étrange nature un défi à relever contre Pégase et Poppé.

Source de son sobriquet

On le trouvait drôle tout en gardant une certaine méfiance envers cet être qui n'était pas comme les autres. Original, on le trouvait sans doute très amusant ! Non pas sans raison, car Alexis, de plus en plus semblait s'identifier au cheval lui-même ; il hennissait, ruait, piétinait, se fouettait, s'attelait, courait, mâchouillait des brins de foin, enfin un folkloriste l'a surnommé : *Le Surcheval . . .*

Sûrement que ce travestissement lui valut beaucoup d'admirateurs. Et plus encore, on aurait dit qu'il s'était donné, pour parfaire son personnage probablement, la mission (assez périlleuse) d'humilier tous les conducteurs du coin, en prenant des « bauches » contre leur coursier respectif. De là son fameux sobriquet de « Trotteur », assez justifié par ailleurs.

Musicien et amuseur

On commença vraiment à le remarquer, à le montrer du doigt, à rire et à s'amuser de ses prouesses. Il se rendit compte que certaines gens ne détestaient pas sa compagnie ! Ce fut là d'ailleurs une des causes qui l'éloigna de sa famille qui ne prisait pas toujours son goût prononcé pour les facéties.

Il était alors devenu, sans trop s'en rendre compte, le sujet de discussion de tous et de chacun. En un mot, il était devenu « populaire », et cette popularité, tant qu'elle durerait, était pour lui, nomade, la moins dispendieuse des assurances sur la vie.

Pourquoi en effet ne pas coucher ou dormir chez ceux qui aiment notre compagnie, nos cabrioles ou nos histoires ?

Ce qui plus encore lui conférait un parfait visage d'Arlequin, c'était le fait de posséder aussi une oreille musicale assez juste. Ce second talent, lui faisait manier d'une façon presque merveilleuse l'harmonica, la bombarde qu'il appelait son «ruine babines », ou simplement le peigne (recouvert de chaque côté d'une écorce de bouleau ou d'un papier très mince) selon l'événement ou la situation.

Il jouait de la musique à bouche comme pas un de nous ; il avait un harmonica très gros, dans lequel nous n'étions même pas capables de jouer. Et pourtant nous, mon cousin et moi, jouions de cet instrument depuis longtemps. Quand il jouait avec nous, il se décidait tout à coup à nous doubler. C'est-à-dire qu'il doublait le temps de l'accord ; pendant que nous jouions un temps, il en jouait deux, ce qui demandait une haleine extraordinaire.

(Ch.-Eug. VAILLANCOURT, Kénogami, 1967)

Très souvent aussi, son goût du rythme lui commandait de tambouriner de longues heures sur un plat à vaisselle ou sur un seau à lait au grand déplaisir de tout le monde.

De surcroit, tous ses contemporains sont unanimes à lui conférer le titre de maître-danseur. Du témoignage même de ses employeurs, surtout dans les chantiers, on s'arrachait les services d'Alexis, histoire de conserver le moral des hommes retenus, des mois durant, loin du foyer et des douceurs de la vie. Le soir, de retour au camp, Alexis se mettait à chanter et à danser inépuisablement au grand plaisir des bûcherons qui n'avaient d'autres distractions que les cartes et les histoires. Mime extraordinaire, Alexis excellait dans l'imitation du barbier qui rase son client. Sur une musique appropriée, il dansait autour, giguait, faisait mille gestes mystificateurs et tout à la fin du morceau montrait son postérieur au client pour que celui-ci puisse se mirer !

Le numéro, avec sa fin un peu grivoise, était toujours réussi et on riait encore le lendemain en retournant bûcher dans la forêt.

Dans des soirées, il lui arriva souvent d'imiter certaines personnes telles, le Curé, le crieur, le forgeron, le cordonnier, etc.

Quand il venait chez nous, il prenait la soutane à mon frère, montait sur une chaise (après avoir revêtu la soutane) *et se mettait à imiter et à se moquer du curé dans son sermon.*

(P.-Alph. TREMBLAY, Bagotville, 1967)

A la ville comme à la campagne, c'était la même chose, on invitait Alexis partout où il y avait apparence de soirée.

L'organisateur de la veillée avait l'habitude de prévenir les belles de sourire à l'invité, moyennant quoi, celui-ci giguerait et chanterait tout son soûl. Si par contre et par malheur, l'élue de son cœur montrait peu d'empressement à causer, à rire, et à danser avec lui, Alexis s'enfermait dans un mutisme qui gâchait la réunion ! Il était ainsi fait et rien ni personne n'y pouvait changer quoi que ce soit.

Bref, courir, amuser les gens, raconter des histoires, faire des veillées, construire des fours, faire des blagues et jouer des tours, voilà en quelques mots, le joyeux univers d'Alexis Lapointe fils de François.

Ses amours

Parfois les jeunesses s'amusaient à coiffer d'un chapeau de femme un pieu de clôture et y attachaient alentour un tablier. Alors Alexis, un peu excité, embrassait le poteau.
(Mme Dol. BERGERON, Alma, 1967)

Malgré un célibat tenace, Alexis eut toujours un fort penchant pour les belles du village ! Mais comment juger aujourd'hui du degré d'amour qu'Alexis a pu éprouver.

Il est vrai que l'amour revêt autant de formes qu'il y a d'individus, mais pour notre protagoniste, il n'y avait rien de compliqué dans ce phénomène. Ses façons de démontrer sa flamme à celle qu'il avait choisie, afin de lui prouver son attachement, sont toujours restées celles d'un jeune adolescent un peu gauche mais dont le cœur était rempli d'honnêteté !

On m'avait souvent dit d'y faire un clin d'œil ; un bon jour, les autres ne voulant pas en faire, je me décidai donc de lui faire ce clin d'œil pour voir ce qui se passerait. Je pense qu'il n'était pas intelligent, car il prit ça beaucoup trop au sérieux. Il me « tanna » plusieurs fois me promettant mers et monde de me promener en voiture, etc. J'avoue avoir eu peur de lui plusieurs fois et m'organisai toujours pour être assise par la suite (dans les veillées) entre deux personnes pour qu'il ne me dérange pas. Un bon jour, il s'apporta une chaise et se plaça devant moi ; j'étais radicalement gênée. Quand il vit que j'étais mal à l'aise, il partit en me disant d'une façon très affirmative : « Même si tu te maries, tu ne trouveras pas mieux »
(Mme Méridé AUDET, Kénogami, 1967)

Hypersensible

Donc d'une sensibilité un peu défectueuse, un rien pouvait lui faire plaisir et tout pouvait lui faire de la peine.

Un bon jour, pour prouver son amour à ma sœur, il lui avait acheté une « matinée » (blouse blanche de belle qualité), *mais mon père un peu scrupuleux, n'avait jamais voulu accepter qu'Alexis lui donne cette blouse car selon lui, c'était là un présent qui l'obligerait trop par la suite.*

Il avait même obligé Alexis à aller revendre cette blouse. Ce dernier, vraiment peiné du refus, s'était tout simplement mis à pleurer ; il avait à ce moment-là autour de quarante ans.

Peu de temps après cette aventure, mon père l'avait embauché pour la construction d'un four à pain chez nous. Tout en pétrissant sa glaise, comme il avait coutume de le faire, il se mit à pleurer. Nous lui avions donc demandé pourquoi il pleurait ainsi. Nous avons compris alors qu'il avait une peine d'amour envers ma sœur qui, disait-il, ne voulait pas l'aimer. Je me souviens que sa peine était immense et que plus il pétrissait la glaise, plus il pleurait ; les larmes lui descendaient même jusqu'aux orteils . . .

(Mlle Simone TREMBLAY, Bagotville, 1967)

Si la sensibilité est une rose, écrivit un auteur, *la susceptibilité en est l'épine.* On sait fort bien qu'il ne fallait rien refuser à Alexis car il se retirait dans son coin et il fallait alors attendre qu'il ait oublié . . .

Sentimental

C'était un sentimental. Toute sa vie, il essaya de charmer celles qui, pour une raison ou pour une autre, dédaignèrent notre centaure. Et comme son talent était de courir, comme d'autres écrivent, chantent ou composent, lui courait pour gagner le cœur de celles qui lui plaisaient. Quand il aimait une fille, il était grand seigneur et pouvait tout donner [49].

Quoiqu'il demandât une bonne douzaine de filles en mariage il faillit un jour y succomber !

Avec une demoiselle Guay, de Pointe-au-Pic, une fille du père Zic à qui la petite histoire prête des habitudes de contrebandier d'alcool. Alexis, dit-on, s'était même rendu jusqu'à l'église pour la cérémonie ; auparavant, il fallait passer par la sacristie, pour aller à la confesse. Toujours est-il qu'une fois agenouillé au pied de l'autel, quand le prêtre entra pour célébrer la messe, Alexis se tourna vers son père et déclara : *J'sus découragé, je me marie pas* [50]...

Un voisin de la maison des Lapointe, à Clermont, nous dit se souvenir que son père ne lui avait jamais refusé la permission de se marier alors qu'il l'avait cependant toujours refusée à son frère Joseph.

Il ne faut pas croire cependant qu'Alexis se soit rendu jusqu'à faire certaines avances aux belles qu'il convoitait. Certainement pas, car son caractère était demeuré trop jeune et pas assez déluré . . . pour se rendre jusque-là ! Naïf et un peu innocent, il se plaisait plutôt, soit à leur offrir certains présents, à leur promettre toute sorte de châteaux en Espagne, à danser, à jouer aux cartes avec elles, etc. En fait, dès qu'il était entouré ou accompagné d'une ou de plusieurs filles, son bonheur se trouvait sans égal.

Pour qu'il nous fasse ses gestes et ses danses, il fallait lui dire : « *Si tu veux nous marier, il faut faire ceci, il faut faire cela . . .* » *Et sans penser plus long que son nez, il accomplissait tout ce qu'on lui demandait.*

(Mme Egide FORTIN, Clermont, 1968)

L'abbé Alexandre Maltais, un érudit professeur de sciences du Séminaire de Sherbrooke, raconte :

Il était fou des filles, et à cause de cela surtout il donnait occasion de rire de lui ; car pour une fille qui lui plaisait il pouvait faire tous les exploits possibles et impossibles[51].

(Abbé Alexandre MALTAIS, 1946)

En résumé, sans se servir d'aucun marivaudage, il arrivait quand même à intéresser, mais jamais, à notre connaissance, à charmer et à séduire l'élément féminin.

L'ANNIVERSAIRE DU PERE THEOPHIL

TOUTE LA JOURNÉE, DANS UNE MAISON DE TADOUSSAC, ON A TRINQUÉ EN L'HONNEUR DU PÈRE THÉOPHILE DONT C'EST L'ANNIVERSAIRE. VERS LE SOIR...

HI, HI !... COMMENT VOULEZ-VOUS QUE JE SOUFFLE TOUTES CES CHANDELLES !

ON DÉPLACE LA TABLE POUR DANSER.
DONNE-MOI UN COUP DE MAIN, TROTTEUR. ALLONS ! RÉVEILLE !
ALLEZ ! MUSIQUE !

A CETTE ÉPOQUE, ON FINISSAIT TOUJOURS LA SOIRÉE EN DANSANT. D'AILLEURS, IL N'Y AVAIT RIEN D'AUTRE À FAIRE !
BONNE NUIT, THÉOPHILE ! VIVE LE JUBILAIRE !
BEN ! JE N'AI PLUS L'ÂGE DE FAIRE LA NOCE ! JE VAIS ME COUCHER !

ON VOUS EN SOUHAITE ENCORE BEAUCOUP, THÉOPHILE !
BONNE PENSÉE ! MERCI. MAIS IL Y A UNE LIMITE À TOUT !
VOYONS, GRAND-PÈRE, VOUS ÊTES ENCORE TOUT VERT !
VRAIMENT ? UN PEU MOISI DÉJÀ, PEUT-ÊTRE ? NON MAIS...

HEU ! ALORS !... HEU ! M'ACCORDEREZ-VOUS L'HONNEUR INSIGNE DE CETTE DANSE ?
OUI, MONSIEUR JE N'AI PAS ENCORE MAL AUX PIEDS !

texte: BLASETTI - dessins: BOS

OUS DANSEZ
MME UNE
ELLE, CHÈRE
AME, COMME
DÉLICATE
BICHE !
ET VOUS, COMME UN CHASSEUR ! FLATTEUR, VA !

FAMEUX !
BELLE FORME !

OH, ALEXIS !
CRAAC !

ALORS QUOI, ALEXIS ? TU MONTES AU CIEL DE MON LIT ?
TOUTES MES EXCUSES, THÉOPHILE !

VOUS ÊTES-VOUS BLESSÉ, ALEXIS ?
MADAME ! LE CHEVAL DU NORD A UN CRÂNE D'ACIER !

BOUM
TU PARLES ! UNE TÊTE AUSSI VIDE QUE DURE ! ABRUTI ! IR-RESPONSABLE !
BOUM !

BONG
QUEL ACROBATE ! UN VÉRITABLE OISEAU !
MISÈRE ! IL VA TOUT ME DÉMOLIR !

CRAAC...
!

OUCH!
BONG

IL FAUT QUE JE TROUVE UN TRUC POUR L'ARRÊTER.
BRAVOOO

CETTE FOIS, ÇA DEVRAIT L'ARRÊTER!
BAUM BAUM BAUM

ENCORE!

TUUT
C'EST LE BATEAU DE CHICOUTIMI?
OUI! JUSTE À L'HEURE!

AU REVOIR ET MERCI! À LA PRO CHAINE!
VITE! TU VAS L MANQUE

D'ICI AU QUAI, IL Y A UN BON MILLE.
ET LE BATEAU PART DEUX MINUTES APRÈS LE SIFFLET.
JAMAIS IL NE LE PRENDRA!

IL VA LE FAIRE!
IMPOSSIBLE!
DEUX DOL-LARS QU'IL LE FAIT!
CINQ
TENU!

CETTE FOIS, JE L'ATTENDS.!

TUUT!
LE BATEAU PART!
ATTENDEZ! VOUS ALLEZ VOIR NOTRE HOMME REVENIR!
NON, MONSIEUR.

EN ATTENDANT DE SAVOIR SI, OUI OU NON, IL EST PARTI, DANSONS!
MUSIQUE, MAESTRO!

EH BIEN! VOILÀ UNE PETITE FÊTE QUI ME COÛTE CHER!

UN QUART D'HEURE PLUS TARD...
SALUT, LA COMPAGNIE!
TU VIENS DU QUAI, MAURICE?
AS-TU VU PARTIR LE TROTTEUR?

IL EST PARTI... JUSTE... MAIS IL EST PARTI!

INCROYABLE! UN MILLE EN DEUX MINUTES!
PASSEZ LA MONNAIE... O GENS DE COURTE VUE!

ZZZZZZ... QU'IL ESSAIE ENCORE ET ON ZZZ... VERRA SI... ZZZ.
FIN

Ma mère m'a souvent dit que ce n'était pas un « ramasseux » d'argent et que quand il n'aurait vraiment plus d'argent pour vivre, disait-il, « je me placerai sur la voie ferrée et me ferai passer dessus par les chars » . . .

(Mme Henri BOULIANNE,
Saint-Prime, 1967)

Sa mort

Préliminaires

Sans doute, aimerions-nous aujourd'hui revoir le film de « l'accident » qui coûta la vie à Alexis Lapointe. Mais de film, il n'y en a jamais eu et, plus encore, quarante-sept années nous séparent maintenant de cette journée fatidique !

L'auteur de cet ouvrage, il va sans dire, n'était pas non plus présent à la mort d'Alexis.

Que nous reste-t-il donc aujourd'hui pour tenter la reconstitution d'un tel événement ? Très peu de choses, il est vrai. Entre autres, une copie jaunie de l'enquête du coroner, deux ou trois coupures de presse, et quelques témoins oculaires qui vivent encore.

Ce sont là pratiquement les seules sources valables auxquelles nous pourrons puiser afin de faire de cet événement, une véritable et totale dissection. Les virgules illisibles, les hésitations des témoins, les interprétations de la presse, l'ignorance d'antan, la croyance populaire, la mentalité du temps, les dossiers de la Compagnie, bref, tout reprendra à nos yeux une valeur nominale importante.

Il faudra, une fois de plus, remonter le cours des ans et y déterrer encore quelques souvenirs qui nous permettront sans contredit d'au moins reconstituer l'affaire dans sa totalité.

Notre but n'est aucunement la recherche d'un assassin, mais bien la recherche des causes et circonstances exactes de cette mort dite « accidentelle » . . .

Il est vrai cependant que la somme d'un millier de faits n'est pas nécessairement la vérité. Qui peut se vanter d'avoir atteint ici-bas la vérité, toute la vérité et rien que la vérité ? C'est un jeu réservé aux avocats. Il y a quelque chose d'émouvant dans leur prétention à vouloir recueillir tous les détails d'un récit en faisant simplement prêter serment à un homme. Comme si l'apanage du serment faisait oublier que lors même que vous n'avez aucun motif de mentir, il est très difficile de dire l'exacte vérité.

Pour toutes ces raisons et beaucoup d'autres, sa mort, après quarante-sept ans, est encore voilée de mystère . . . Le personnage lui-même aura donc eu à son crédit, à la fois une vie et une mort qui tiennent du mystère !

En effet, les témoignages glanés ici et là, concernant cet événement sont trop dissemblables pour ne pas éveiller dans notre esprit certains soupçons. Ceux-ci sont fondés sur une foule de petits détails qui ne paraissent pas, à première vue, très importants.

La version populaire

La version populaire voudrait qu'Alexis soit mort en courant contre un train. Il se serait alors pris le pied dans un dormant, aurait trébuché et ainsi se serait fait écraser par la locomotive.

La version des journaux

Deux journaux seulement ont parlé de l'accident, il s'agit du *Soleil*, quotidien de Québec et de l'hebdomadaire principal (d'alors) du Lac Saint-Jean *Le Colon*, de Roberval.

Voici donc le texte exact du journal *le Soleil,* en date du lundi, 14 janvier 1924 :

TERRIBLE ACCIDENT (version intégrale)

Un empolyé (!) *de la Quebec Development Co. a les deux jambes et un bras coupé à Saint-Joseph-d'Alma.*

Atroces souffrances

Saint-Joseph-d'Alma, 14. — Monsieur Alexis Lapointe, surnommé le trotteur, a été aujourd'hui victime d'un accident qui lui a coûté la vie, alors qu'il était à l'emploi de la Quebec

Development Co. Ltd, compagnie qui construit actuellement le fameux barrage de la Grande Décharge, dans notre localité.

Le malheureux revenait de son campement, sur l'heure du midi et traversait le pont du chemin de fer qui relie les deux rives de l'Ile d'Alma et de l'Ile Maligne, lorsqu'un des engins de la Compagnie traversait aussi, derrière lui. En voulant l'éviter, il fit un faux pas et tomba sur la ligne. L'engin ne pouvant arrêter immédiatement sa marche, le frappa et lui passa sur le corps. Le malheureux eut les deux jambes et le bras droit coupés. On le releva immédiatement et on ne pu que constater ce qu'on vient de relater.

Il fut transporté à l'hôpital et on manda en toute hâte, le docteur McKay, médecin de la Compagnie, ainsi que le docteur Bouillé du village d'Alma, qui lui prodiguèrent leurs soins. Malgré les souffrances atroces que devait endurer ce pauvre ouvrier, il conserva sa connaissance et put recevoir les secours du prêtre qu'on avait appelé sur les lieux et il expira une couple d'heures après l'accident.

La victime est âgée d'environ 55 ans et est célibataire. C'est un ancien citoyen de la Malbaie et est connue (!) par toute la population des campagnes du Lac Saint-Jean. Il était maçon de son métier et avait passé une partie de sa vie à construire des fours pour l'usage des cultivateurs.

Son corps a été transporté chez MM. Rousseau & Fradette, entrepreneurs de pompes funèbres de notre village, et il sera inhumé probablement dans notre cimetière paroissial.

LE COLON, édition du 17 janvier 1924

Trois jours après, le journal de Roberval, ancêtre de *L'Etoile du Lac* d'aujourd'hui, reprenait le récit de l'accident en des termes identiques :

TERRIBLE ACCIDENT

Saint-Joseph-d'Alma 14 — Un bien pénible accident est arrivé, à Saint-Joseph d'Alma, la semaine dernière, à un employé de la Quebec Development Co. Ltd, *compagnie faisant les travaux du* barrage de la Grande Décharge.

La victime est M. Alexis Lapointe, *dit* le «Trotteur». *C'était* sur l'heure du midi, *M. Lapointe* revenait *de son ouvrage pour le repas du midi. En* traversant le pont *qui* relie l'île d'Alma *à l'*Ile Maligne, *il entendit les chars qui venaient derrière lui, c'était alors que voulant se mettre de côté pour* éviter *le convoi,* il fit un faux pas, et tomba sur *le rail ;* l'engin *de la* compagnie lui passa sur le corps, *lui* coupant *les* deux jambes *et le* bras *droit, on s'empressa immédiatement de lui porter secours, mais* on ne put que constater ce que nous venons de relater.

On manda immédiatement le docteur de la compagnie *et* le Dr Bouillé, *qui lui firent les pansements requis ; mais il ne put survivre à ces blessures et il succomba* deux heures après l'accident *après avoir supporté* d'atroces souffrances. *Il garda* sa connaissance *jusqu'à la fin et* il put recevoir *tous les sacrements de notre Eglise.*

On le transporta alors chez Rousseau & Fradet, *entrepreneurs de pompes funèbres.* Il a été inhumé dans le cimetière paroissial. M. Lapointe *était* célibataire *et* était âgé de 55 ans.

Les mots en caractères romains étant des termes employés dans l'article, précédent, il ne fait alors aucun doute, que le récit de l'accident a été pris à même les pages du *Soleil.* Le journaliste avait quand même pris soin de changer quelque peu la phraséologie en gardant toutefois les mêmes erreurs. Les deux plus apparentes sont l'âge du défunt et le lieu de l'enterrement. Il avait à ce moment précis, 63 ans 7 mois et nous savons tous qu'il a été inhumé au cimetière de Saint-Etienne-de-la-Malbaie. Voilà pour ce qui est du son de cloche de la presse régionale.

Léger retour en arrière

Tout le monde sait que c'est en décembre 1922 que commencèrent les travaux d'une première usine à l'Ile-Maligne avec une capacité prévue de 540,000 h.p. Ces contrats furent exécutés sous la direction de l'ingénieur W. S. Lee et de son représentant sur les lieux, l'ingénieur F. H. Cothran.

L'immense chantier, qui comprenait 7 barrages, un épaulement considérable, une centrale génératrice, un canal d'évacuation et trois autres creusages dans le roc pour libérer le cours de la rivière, encerclait aux deux tiers l'île d'Alma.

Il mobilisait des équipes d'hommes venus d'un peu partout et créait une ambiance d'activité locale inconnue jusque-là. Il s'y produisait souvent des accidents, car beaucoup d'opérations étaient dangereuses et on n'avait pas alors les lois et les techniques de protection dont profitent aujourd'hui les travailleurs manuels. On en faisait état le moins possible[52].

Alma en 1924

Rapidement, voici quelques statistiques tirées du livre de Mgr Victor Tremblay, *Alma au Lac Saint-Jean*[53], qui nous font voir plus exactement le visage de cette localité à ce moment précis de l'histoire régionale.

Huit-cent-vingt familles peuplaient cette ville ; ces dernières donnaient une population totale de 4,280 habitants. A partir de 1921, le rythme des arrivées de familles nouvelles ne manque pas d'intérêt : en 1921, 12 (toutes du Québec) ; en 1922, 128 (dont 118 du Québec) ; en 1923, 195 (dont 190 du Québec) ; en 1924, 180 (dont 75 du Québec, 32 de l'Europe et 73 des Etats-Unis et d'autres parties du Canada).

Uniquement canadienne-française en 1920, elle possédait en 1924, 10 familles irlandaises, 12 anglaises, 15 écossaises et 28 de diverses autres nationalités d'origine.

C'est dire que la population avait perdu de son homogénéité antécédente et qu'elle avait acquis un caractère plus cosmopolite. Elle perdait aussi son caractère premier de localité agricole et rurale et évoluait rapidement vers le type urbain[54].

Samedi, 12 janvier 1924 : journée fatidique

La semaine tirait sur sa fin. Le temps était à la fois clair et froid. Un léger vent soufflait du nord-est. C'était un samedi comme tant d'autres, avec son cachet de joie avant la journée de repos et avec ses signes également de fatigue après une semaine de durs travaux manuels. Une agitation anormale régnait sur le chantier, à cause du jour de paie qui crée toujours un surplus de nervosité chez les travailleurs industriels.

Quand midi sonna, au sifflet de l'usine, la petite locomotive, no 106, fit entendre elle aussi son cri habituel avertissant qu'elle démarrait de son point de départ pour se rendre de l'autre côté du pont. Plusieurs fois par jour, elle avait à faire le même trajet, qui était assez court. Elle partait de l'intérieur de la construction, située à environ 600 pieds de la tête du pont, et filait jusqu'au baraquement de la cafétéria. Comme d'habitude aussi, les manœuvres, toujours affamés, à cause des longues journées qu'on leur imposait, laissaient rapidement l'ouvrage pour se diriger vers la cafétéria. Or, l'unique voie qui menait de l'autre côté de la rivière, était ce fameux pont appelé « tracel »[55].

Regardons d'un peu plus près le plan exact de ce tracel qui est le lieu, et peut-être la cause, de l'accident. Les lignes, pour cette raison, qui suivront sont, à notre avis, d'une grande importance.

Plan du « tracel »

Ce pont suspendu au-dessus de la Grande Décharge, servait à la fois au passage des piétons et des trains. Il avait été (en partie) prévu en conséquence.

Deux voies ferrées le traversaient sur le tablier central, dans la longueur. Entre ces deux voies ferrées, se trouvait un espace de neuf à dix pieds, que l'on appellera plate-forme et qui servait à ceux qui étaient plus spécifiquement préposés aux trains et aux locomotives.

Disons en passant qu'un wagon plat « *flat car* » dépasse le rail d'environ 18 à 20 pouces de chaque côté.

Pour l'utilité du piéton, deux petits trottoirs de bois suivaient de chaque côté du pont, la voie ferrée, mais en étaient séparés par une sorte de demi-mur d'environ quatre pieds de haut. On peut voir aujourd'hui ces sortes de murs sur les ponts réservés uniquement au passage des trains. Cependant, ces petits trottoirs n'étant pas suffisants pour permettre le passage de tant d'employés à la fois, plusieurs traversaient entre les deux voies ferrées, en marchant sur la plate-forme, ou entre les rails eux-mêmes, sur les dormants. Rappelons aussi qu'une fois engagé sur la partie du pont réservée aux trains, il était impossible de rejoindre les trottoirs destinés aux piétons, à cause du mur, sans revenir sur ses pas jusqu'à l'entrée (ou à la sortie) du « tracel ».

Lacune grave de la compagnie

Malgré une soi-disant interdiction de la compagnie, plusieurs employés, nous dit-on unanimement, déambulaient quand même sur les voies ferrées, ou entre ces dernières.

Vue générale des travaux de 1924 lors de la construction du plus grand barrage hydro-électrique au monde (d'alors), celui d'Isle-Maligne. Alexis y perdit accidentellement la vie en 1924. Le cercle indique la locomotive qui a happé Alexis le 12 janvier de cette même année.

Photo : Jean le Photographe.

Or, sur ce point, analysons les témoignages des témoins oculaire, extraits de l'enquête du coroner tenue à Alma, le 12 janvier 1924, dans la soirée [56].

Il y avait beaucoup de travaillants qui passaient aussi sur le pont où les chars passaient.

(Alphonse WAGNER, Alma, 1924)

Je voyais des gens (au moment de l'accident) *aller entre les deux tracks. Il n'y avait personne sur la track.*

(Joseph BERGER, Alma, 1924)

Rappelons que Monsieur Berger était conducteur principal de la locomotive no 106 accompagné de Monsieur Joseph Boily dont le témoignage est le suivant :

J'avais au moment de l'accident, la tête en dehors du car [57] *surveillant pour voir s'il y avait quelqu'un sur la track. Il n'y avait personne sur la track mais sur le trottoir entre les deux tracks,* (sur la plate-forme) *il y avait 75 hommes environ.*

(Joseph BOILY, Alma, 1924)

Quand je suis venu pour dîner, moi aussi je n'étais pas sur le chemin des piétons. Les gens avaient l'habitude de passer soit sur le chemin des piétons, soit sur la track.

(Joseph SASSEVILLE, Alma, 1924)

Je n'ai pas été témoin direct de l'accident, mais je peux vous dire qu'il était impossible pour les conducteurs de la locomotive de ne rien voir ; c'était noir de monde sur le tracel aux heures des repas, comment vouliez-vous qu'ils ne regardent pas en avant !

(Pitre COTE, Chicoutimi, 1967)

C'est donc un fait bien connu ; les hommes empruntaient délibérément cette voie réservée aux trains et aux serre-freins *(brake-men).* La compagnie tolérait donc, hélas ! cet état de chose... Un témoin nous révèle à cet effet :

Il n'y avait pas d'affiche indiquant qu'il (Alexis) *ne pouvait pas passer là.*

(Henri GAGNON, Chicoutimi, 1967)

Et un autre individu, à l'enquête du coroner, a raconté :

Je ne suis ici que depuis cette semaine, et l'on ne m'a fait encore aucune recommandation, relativement à cette défense de passer.

(Alphonse WAGNER, Alma, 1924)

Quand on consulte la liste des accidents du chantier, il est vrai d'affirmer que 75% de ces accidents auraient pu être évités en suivant un programme de sécurité minimum. Mais l'époque ne s'y prêtait guère et le simple employé, un numéro sans plus, n'avait aucune chance de s'attaquer à ses employeurs pour revendiquer ses droits ; c'eût été un combat entre un puceron et un éléphant.

Pour revenir aux événements du 12 janvier 1924...

Alors, à midi, ce jour-là, Alexis, comme tous les autres journaliers, laissa l'ouvrage pour se diriger vers le « tracel ». Il fit un bout de chemin avec Elzéar Simard, son patron immédiat, et ils se séparèrent devant la boutique où Monsieur Simard avait à faire ! Alexis remonta vers la voie ferrée et ne remarqua sans doute pas qu'à ce moment précis, la petite locomotive, qui poussait quatre wagons plats, s'avançait vers l'entrée du « tracel », sur la voie de droite. Alexis marcha un moment entre les rails de la voie gauche (car il y en avait deux) ; une tuque de laine enfoncée sur la tête et son collet relevé, avec un bon vent en pleine figure, rien n'était trop propice à ce qu'il entende quoi que ce soit derrière lui... Et par ailleurs, le conducteur du train avait-il vraiment actionné son sifflet peu avant d'arriver au « tracel » ? Jos. Sasseville, à l'enquête du Coroner, a été catégorique sur cette question :

L'engin n'a pas crié en arrivant près du pont. Il a crié deux cris en partant ; son point de départ se trouvait à peu près 600 pieds de la tête du pont.

(Jos. SASSEVILLE, Alma, 1924)

Alexis n'avait pas encore atteint tout à fait la tête du pont, qu'il ententit quelques cris d'hommes venant de l'arrière ; ils se tourna rapidement tout en sautant au centre (sur la plate-forme entre les deux voies ferrées) pour pouvoir passer sur l'autre voie. Mais voilà ici son erreur fatale. Quand il entendit le cri d'Alphonse Wagner qui marchait une quinzaine de pieds derrière lui, il crut subitement que la locomotive le suivait, alors nerveux comme il était, il sauta au centre, et là, emporté par son élan, en une fraction de seconde, il s'aperçut que le convoi venait justement sur cette voie sur laquelle il allait sauter. De fait, à cause de la faible distance entre les deux voies, (9 ou 10 pieds) il était déjà sur l'autre voie ; il fit donc rapidement un pas en arrière, mais il était trop tard. Il passa sous les wagons d'abord et sous la locomotive ensuite, car elle poussait le convoi !

Même si Lapointe n'avait pas fait un pas en arrière, il n'aurait pas pu éviter le train, car ça allait trop vite.

(Alphonse LEFRANÇOIS, Alma, 1924)

Voilà la version de l'accident qui se rapproche le plus de l'ensemble des témoignages des gens qui y ont assisté.

Incohérence des faits racontés

Si on avait prêté une oreille plus attentive aux principaux témoignages, en essayant de les relier les uns aux autres, l'on se serait vite rendu compte qu'il y avait là certains points qui venaient briser totalement la cohérence du récit !

Mais le coroner du district avait-il vraiment intérêt à ce que le récit soit vraisemblable et réaliste ou n'essayait-il pas plutôt de faire retomber « tous » les torts sur la tête de celui qui, justement, venait, quelques heures auparavant, de perdre la vie ?

Alexis, à ce moment-là, nous le savons, n'avait plus rien à perdre, car il était mort. Mais la compagnie, pour sa part, avait tout à gagner... Et pour ce faire, il s'agissait de prouver l'imprudence de la victime pour qu'aucun blâme ne puisse être attribué à la Quebec Development Co !

Nous y reviendrons un peu plus loin lors de l'analyse de l'enquête du coroner.

Le témoignage des conducteurs

Sans aucun doute, voilà les témoignages les plus importants, à notre avis de toute l'enquête. Malheureusement, ces deux hommes déclarent sous serment n'avoir rien vu...

Le conducteur en chef raconta lui-même :

Il n'y avait personne sur le milieu de la track ; je n'ai rien vu et je ne sais pas comment Lapointe a pu être frappé.
(Jos. BURGER, Alma, 1924)

Notons que ce dernier était à droite de l'engin et qu'il ne pouvait voir par conséquent que sur son côté. Les wagons plats que la locomotive poussait, permettaient une assez bonne vision de la voie ferrée, étant assez peu élevés de terre et n'ayant aucune ridelle sur les côtés.

D'autre part, son assistant, Monsieur Jos. Boily, chauffeur, avança à l'enquête du coroner :

J'avais au moment de l'accident la tête en dehors du « car » surveillant pour voir s'il y avait quelqu'un sur la track. Il n'y avait personne sur la track, mais sur le trottoir entre les deux tracks, il y avait 75 hommes environ.
(Joseph BOILY, Alma, 1924)

Ce que nous voulons faire ressortir ici, c'est justement le fait que ces deux hommes regardaient bien à l'avant surveillant la voie ferrée sur laquelle le convoi roulait.

Le signaleur

En plus de ces deux personnes, qui surveillaient chacune de leur côté, il y avait selon quelques personnes, un signaleur sur le devant du premier wagon. Se peut-il, avons-nous demandé à Monsieur Joseph Boily, (encore vivant) qu'Alexis ait couru devant le convoi ?

Non, c'est impossible, car le signaleur qui était à l'avant du « box car » aurait donné le signal d'arrêter ; il l'aurait aperçu, il n'y a pas d'erreur, car il était en avant pour ça, pour voir s'il n'y avait pas quelque chose qui nuisait ou qui pouvait être dangereux . . . Donc, s'il y avait eu quelqu'un sur la track, ou sur le chemin de fer, il aurait tout de suite donné le signal d'arrêter. C'est impossible . . . impossible !
(Joseph BOILY, Kénogami, 1967)

Rajoutons aussi que freiner un si petit convoi, qui roulait à 4 mil/h, aurait dû se faire instantanément.

Le signaleur était-il vraiment à son poste ? Un témoin qui arriva deux minutes après l'accident, nous donne la version du moment :

D'après la version que j'ai eue, le signaleur était là, il y a eu, je suppose, un manque d'attention de la part du signaleur et la première chose qu'il a sue, il ne voyait plus Monsieur Lapointe ; alors, évidemment, il a donné le signal d'arrêter, mais dans son énervement, au lieu de faire avancer, de faire repartir sur l'autre sens le train, il a donné le signal pour que ça continue de reculer ; ce qui fait que l'engin a passé sur Monsieur Lapointe ; on disait que c'était beaucoup plus grave à cause de ça . . .

(J.B. Saint-Bruno, 1966)

Le témoignage, quoiqu'un peu embrouillé, montre bien quand même l'atmosphère d'énervement qui régnait sur les lieux de l'accident. Ce même témoin, rajoutera un peu plus loin :

Si le signaleur avait été vraiment à sa place, l'accident n'aurait pas pu arriver.

Or, à l'enquête du coroner, tous restèrent bouche cousue sur ce manque d'attention qui est trop apparent quand même pour le passer sous silence. On ne sait même pas le nom de ce soi-disant signaleur. Voilà sans doute un autre détail que la compagnie avait tout intérêt à taire.

La vitesse du convoi

L'évaluation de la vitesse approximative d'un véhicule en mouvement est très difficile à faire correctement. Un facteur qui modifiera notre jugement sera sans doute l'angle de vision dans lequel nous apercevrons le véhicule.

Pour ce qui est de ce convoi, Jos. Sasseville a juré qu'il allait entre 15 et 20 mil/h, Jos. Burger, pour sa part déclara 4 mil/h, mais ajoutera aussi à la fin de son interrogatoire :

Quand j'ai ACCELERE la vitesse, je ne pouvais voir que sur un côté, sur mon bord. J'étais à droite de l'engin.

Qu'a-t-il voulu insinuer en disant : *Quand j'ai accéléré la vitesse ?* Faut-il comprendre qu'au moment de l'accident, il allait à plus de 4 mil/h ? Quelle était donc la vitesse permise sur ce pont ? Personne ne semble trop le savoir. Mais d'aucuns diront que la locomotive allait toujours assez rapidement, afin d'arriver à la cafétéria avant les ouvriers.

Joseph Boily dira lui aussi que le convoi roulait entre 3.7 et 4 mil/h alors que Lefrançois pour sa part, demeure assez prudent et avance :

. . . *il* (Alexis) *n'aurait pas pu éviter le train car ça allait trop vite.*

A quelle vitesse exacte allait donc ce convoi ? Nous sommes portés à croire beaucoup plus que 4 mil/h qui est la vitesse d'un piéton. Car, à cette vitesse, et dans les conditions que nous avons vues, il est inconcevable que les choses se soient déroulées ainsi.

Résumons les derniers événements :

Brossons rapidement un tableau des faits, qui nous sont rapportés par les témoins oculaires, en suivant leur chronologie.

1) Jos. Burger, conducteur du train, était bel et bien à son poste et surveillait la voie ferrée du côté droit.

2) Joseph Boily, chauffeur, faisait, à peu de chose près, le même travail, mais du côté opposé, c'est-à-dire à gauche.

3) Un signaleur, posté à l'avant, (sur le premier wagon) avertissait les conducteurs de tout obstacle sur la voie.

4) Le convoi, selon les témoignages des conducteurs eux-mêmes, roulait à 4 mil/h.

5) Personne ne marchait entre les deux rails.

6) Personne n'a vu frapper Monsieur Lapointe ; même pas les conducteurs ni le signaleur.

7) Une bonne centaine de personnes étaient sur les lieux de l'accident.

Cette histoire est-elle matériellement possible ? N'y a-t-il pas complète incompatibilité entre certains de ces points ?

Si les témoins ont dit vrai, il est très difficile alors de croire l'ensemble des versions. S'ils ont dit faux, s'ils ont menti sur certains points (ex. vitesse, attention, signaleur, etc.) les événements peuvent s'être déroulés comme ils le disent.

Nous nous sommes alors demandés s'il y avait d'autres versions de l'accident qui pourraient retenir notre attention ; nous en avons trouvées deux.

Serait-il tombé du wagon en marche ?

Une autre version, qui ne semble pas complètement impossible, voudrait qu'Alexis se soit cramponné à un des wagons pour ensuite manquer pied et tomber sous le convoi.

Plusieurs personnes ont témoigné de ce fait que certains, pour traverser plus rapidement le pont, s'agrippaient aux côtés de la locomotive ou encore s'asseyaient sur les wagons plats. D'une part, les conducteurs jurent qu'il n'y eut jamais personne assis à cet endroit, et d'autre part, certains témoins assurent qu'ils y étaient assis lors même de l'accident.

J'étais dans le train (espèce de box) quand l'accident est arrivé ; à mon avis, Alexis traversait une « crossing » là, il s'est senti bon pour traverser et n'a pas eu le temps de le faire, il s'est donc fait accrocher.

(Stanislas SAVARD, Kénogami, 1967)

Quand on traversait le tracel, il arrivait souvent que la locomotive nous suivait ; on se dépêchait alors de s'agripper après la petite locomotive. Alexis cette journée-là a voulu s'agripper, et a manqué son coup. Il y avait plusieurs personnes qui s'agrippaient ainsi.

(Jos. DUBOIS, Chicoutimi, 1967)

Je crois, c'était à l'heure du dîner et tous et chacun devaient traverser ce pont (tracel) pour se rendre aux salles à dîner qui étaient nombreuses et plusieurs profitaient que le petit train allait au dîner pour embarquer et traverser. J'étais en marche avec tout un groupe de charpentiers qui travaillaient avec moi, le convoi a pris en passant un char plat devant le hangar à ciment et plusieurs hommes étaient sautés dessus. Lorsque mon groupe et moi sommes arrivés à l'entrée du tracel, le train était arrêté et plusieurs se sauvaient à la course.

Un homme venait de se faire tuer ; tout de suite, je me suis approché ; c'était sur les premiers 10 ou 15 pieds du tracel ; là, il fallait voir à travers tout ce groupe et j'ai vu un homme couché sur les dormants de chemin de fer. On a dit que c'était Alexis « le Trotteur », et qu'il était debout avec les autres sur la plate-forme du char pour traverser dîner et que l'accouplement s'était fait brusque et il aurait tombé en avant.

(Laurent BEAULIEU, Chicoutimi, 1967)

Bien entendu, quelques heures après l'accident, il y avait autant de versions qu'il y avait d'hommes sur le chantier de travail ; ce qui ne facilite en rien notre tâche.

Cependant, il y a un détail dans le dernier témoignage qui nous a un peu frappé :

Le train était arrêté et plusieurs se sauvaient à la course.

Pourquoi Monsieur Beaulieu, qui est un homme de grande mémoire et de bonne foi, aurait-il inventé ce détail ? Et s'il est vrai, pourquoi certains hommes se sauvaient-ils de l'endroit de l'accident ? Se sentait-on coupable de quelque chose ? Qui sait ? Voilà qui fera l'objet d'une seconde version des faits.

La course contre la mort

Dans une lettre envoyée à Mgr Victor Tremblay (février 1967), Henri Pelletier d'Alma, 74 ans, écrit :

Voici tel que vous me le demandez, l'accident qui a causé la mort d'Alexis Lapointe dit « le Trotteur », raconté par un de mes amis, témoin oculaire et digne de foi.
(. . .)

La journée terminée, il fallait qu'il traverse le tracel qui est aujourd'hui le pont qui enjambe la Grande Décharge. En arrière de lui, à une certaine distance, traversait une locomotive qui touait deux chars plats (flat cars) sur lesquels étaient assis plusieurs hommes (dont mon ami cité plus haut, dont je tairai le nom pour des motifs personnels). Parmi ces hommes, plusieurs connaissaient Alexis « le Trotteur ». Quelqu'un suggéra au mécanicien d'augmenter la vitesse (on se souvient du témoignage du mécanicien disant : *Quand j'ai accéléré la vitesse . . .,) sous prétexte de faire courir Alexis. On augmenta donc la vitesse tout en faisant fonctionner le sifflet de la locomotive, mais personne ne savait qu'Alexis était atteint de surdité depuis quelques années. Lorsque Alexis s'aperçut du danger en se retournant, car il avait perçu la vibration, il voulut se sauver mais il fit un faux pas et la jambe glissa entre les dormants. Le mécanicien appliqua les freins, mais trop tard . . .*

Cette soi-disant complicité à inciter le mécanicien d'augmenter la vitesse serait-elle la raison qui poussait certains hommes à fuir le lieu de l'accident ? Fort probablement si les événements se sont passés tels qu'ils sont racontés par Monsieur Pelletier.

Que penser de cette dernière version ?

Croire *ipso facto* à cette version et délaisser les autres serait quelque peu injuste. Par la même occasion, nous dirions que les autres témoins ont menti volontairement ou involontairement.

Toutefois, nous restons songeurs, quand nous lisons et relisons le récit précédent ; pourquoi avoir pris la peine d'inventer une telle histoire si tous les détails y sont faux ? Pourquoi avoir caché son nom ? Etait-il lui-même un peu coupable ? Y a-t-il vraiment eu négligence criminelle de la part de Berger, le conducteur en chef ? Si oui, il est alors normal que la compagnie se soit « organisée » pour qu'aucun vent de ce récit ne vienne troubler la quiétude (et probablement la tristesse) d'une enquête du coroner, savamment conduite . . . et dont on connaissait la conclusion avant même qu'elle ne débutât !

Alexis se serait-il suicidé ?

La pensée du début de ce chapitre nous laisse un peu perplexes.

Je me placerai sur la voie ferrée et me ferai passer dessus par les chars.

Mme Henri Bouliane, de qui nous tenons ce renseignement, nous a raconté que sa mère lui avait dit ceci bien avant qu'Alexis ne soit tué par les trains.

Certes, il ne s'agit pas de fonder notre argumentation sur cette seule parole. Car, nous savons qu'elle peut très bien être, soit un racontar né après la mort d'Alexis ou simplement une pure coïncidence du destin !

Vérification

A première vue, l'hypothèse du suicide répugne. Elle paraîtra, à juste titre, invraisemblable à ceux qui savent comment s'est passé l'accident. Mais, il est de notre devoir de soupeser, tout au moins, les composantes de cette hypothèse.

Que nous a-t-il fallu, d'abord, pour imaginer un tel geste de la part d'Alexis ? En d'autres mots, quelles sont les raisons qui, plus précisément, auraient poussé Alexis à s'enlever la vie ? Il y a les antécédents de l'accident, les faits et l'état mental d'Alexis.

Les antécédents : aucun accident du même genre

Tout le monde sait qu'il y a eu, sur ce chantier, moult accidents mais aucun de ce genre bien précis. Pourtant le convoi n'en était pas à son premier passage, les travaux ayant commencé au mois de décembre de l'année 1922. Et tous les hommes savaient fort bien les risques assez minimes (à en juger par la multitude qui agissaient ainsi) qu'ils prenaient en empruntant la voie réservée aux wagons. En un mot, tout le monde savait et se méfiait.

Les conducteurs eux-mêmes étaient sensibilisés à cette coutume que les hommes avaient de traverser sur leur chemin ferré.

. . . c'était noir de monde sur le tracel aux heures des repas, comment vouliez-vous qu'ils (les conducteurs) *ne regardent pas en avant ?*

(Pitre COTE, Chicoutimi, 1967)

Les faits

1) Vitesse du convoi

Au risque de se répéter, et en supposant toujours que cette vitesse soit bien de 4 mil/h, tel qu'il a été affirmé sous serment, il est, pour nous, impossible de concevoir que l'on ait pu frapper cet homme dans ces conditions sans rien voir ni entendre. A moins que, l'accidenté lui-même ait désiré volontairement ne pas être vu... Nous présumons que l'attention des trois hommes à la fois, qui étaient chargés de la marche du convoi, eût été assez difficile à déjouer involontairement.

2) Matériellement possible

Sûrement qu'il était matériellement possible de se suicider de cette manière ! Et pour que personne ne pense au suicide, après « l'accident », il s'agissait de faire croire à une imprudence ou à une fausse manœuvre.

Mais, rapide et souple comme il était et possédant des réflexes physiques très bons, voire même supérieurs, comment croire qu'il n'a pu éviter ce train qui, dit-on, avançait à peine ? Et advenant le cas où son pied serait vraiment resté pris entre deux dormants, comment expliquer que le signaleur n'a rien vu ; il eût pourtant suffit d'une fraction de seconde pour freiner ce petit convoi ! Non, tous les wagons et la locomotive ont eu le temps de lui passer dessus avant que quelqu'un ne crie de « stopper ». Il gisait déjà, à ce moment-là, à trente pieds derrière la locomotive ! Un calcul rapide et relatif à la vitesse témoignée donne au convoi trente secondes à partir du moment de l'impact jusqu'au cri du « brakeman »...

3) Sur son lit de mort

On verra un peu plus loin qu'il demeura lucide jusqu'aux derniers instants de sa vie ; (il mourut 90 minutes après l'accident). Pourquoi alors n'aurait-il pas proféré certains reproches envers ceux qui, (involontairement) avaient causé sa mort ? Si cette mort était voulue par lui, cependant, il ne pouvait s'en prendre à personne sauf à lui-même. A moins que ce ne fût uniquement de la résignation, de sa part, de se taire et de ne reprocher à personne un geste dont il se savait un peu coupable.

L'état mental

1) Hypersensible

Nous connaissons tous le tempérament enfantin qu'avait gardé Alexis. D'une hypersensibilité à fleur de peau, il avait souvent des peines inimaginables où il était toujours question d'amour déçu, de cadeaux refusés et de larmes qui coulaient jusqu'aux orteils. On sait qu'il essuya au moins une bonne douzaine de refus en mariage ! Beaucoup de désirs inassouvis par conséquent... Etait-ce là suffisant pour se suicider ? Un psychologue le dirait mieux que nous mais en attendant, certains se sont tués pour moins que ça ! A-t-il eu le courage (ou la folie) de se rendre jusqu'à ce geste ? Lui seul connaissait la réponse et il s'est bien gardé de la donner !

Bref

Vous dire aujourd'hui que cette version hypothétique est plus plausible que les autres serait faire un grave jugement téméraire, du moins contre ceux qui nous ont témoigné du contraire ! En notre âme et conscience, ce sont là les versions qui collent le plus à la réalité quoique certaines personnes, à travers leur témoignage, se sont elles-mêmes contredites. Mais nous comprenons aussi qu'il y a un demi-siècle entre cet accident fatal et le moment où nous écrivons ces lignes. Or, le temps a estompé plusieurs détails qui, à ce moment-là, auraient pu certes ternir des réputations, ou encore faire perdre à quelques individus leur travail !

Il y eut sûrement des négligences de la part de quelqu'un (ou de quelques-uns) dans toute cette histoire d'accident, et c'est justement ce que la compagnie a voulu dissimuler. Force nous est donc d'arrêter là notre investigation, car nous pourrions trouver certaines choses compromettantes, qui seraient toutefois excusables mais qui retomberaient un jour ou l'autre sur quelques descendants et ce n'est vraiment pas là notre but !

Les événements qui suivirent

Dès que les préposés aux manettes de la locomotive entendirent les cris qui fusaient de partout, on serra les freins ; face contre terre, et baignant dans son sang, Alexis Lapointe gisait là, à demi déchiqueté mais encore conscient.

Certains eurent peur et se sauvèrent à toutes jambes, d'autres qui déambulaient sur les trottoirs des piétons enjambèrent le petit mur pour porter secours au blessé. Welly

Simard lui souleva la tête et lui fit dire une prière quelconque. Et pendant que la sirène du train faisait monter dans ce ciel bleu de janvier une longue plainte qui déchirait l'atmosphère, on se dépêcha de rouler le corps dans des couvertures et on l'embarqua sur un wagon pour le diriger vers le camp no 10 qui servait d'infirmerie.

Nous laisserons ici la plume à Monsieur l'abbé J.-H. Cimon, curé de Saint-Bernard de l'Ile-aux-Coudres (1967) qui, en 1924, était précisément vicaire à Alma.

On le transporta immédiatement au camp des travaillants et l'on nous manda d'urgence (comme il arrivait en moyenne une à deux fois chaque semaine, pendant la construction du barrage et de l'usine hydro-électrique).

J'étais à prendre mon dîner. Je partis en toute hâte, commandai un taxi et pris le sac des malades.

Je me rappelle nettement encore les circonstances pitoyables de la fin d'Alexis « le Trotteur ».

Quand j'arrivai, il était étendu sur une table rustique, (bien entendu sans draps ni couvertures) avec ses habits de travail ; ses jambes, qui l'avaient rendu célèbre, étaient comme deux loques, et l'on voyait les intestins par la grande plaie béante. Il y avait près de lui l'infirmier ou le médecin du camp (je ne me rappelle pas au juste ce détail) ça pressait, et je demande si le blessé est un catholique et c'est là que ses compagnons canadiens-français me disent que c'était Alexis « le Trotteur ».

Malgré les souffrances atroces, il avait encore sa connaissance, et il put se confesser de façon suffisante, puis lorsque je lui donnai l'absolution, il perdit connaissance. Je lui donnai ensuite le sacrement des malades, (l'Extrême-Onction alors) et quand je terminai l'administration de ce sacrement Alexis « le Trotteur » avait rendu le dernier soupir.

Entre l'accident et la mort d'Alexis « le Trotteur », il a pu s'écouler environ une heure et demie à deux heures tout au plus. Je suis porté plutôt à dire une heure et demie que deux heures, tant on faisait diligence dans de pareilles circonstances.

Ce qui m'a le plus étonné, c'était de constater la lucidité d'esprit qu'Alexis a manifestée après avoir subi un pareil accident. Il avait pour moi, non seulement des jambes comme des pattes de cheval, mais aussi le cœur d'un cheval. Outre sa confession, il m'avait dit quelques paroles sur la façon dont l'accident était arrivé. Je n'avais (ni n'ai) rencontré un homme d'une telle force de résistance. L'effort fut considérable et lui permit de voir et de parler au prêtre, de se confesser d'une façon fort convenable dans de pareilles souffrances.

Quand j'eus fini d'accomplir mon ministère, le médecin (ou l'infirmier) (je ne puis certifier lequel il était) lui placa la partie des intestins, ferma la plaie considérable et assujettit les lèvres de cette blessure avec un genre d'épingles quelconques, lui ramena les deux jambes sur le corps en sorte que l'infortuné Alexis « le Trotteur » dont les jambes, qui l'avaient fait rebondir à des dizaines de pieds au cours de sa vie, remplie de faits fantastiques, l'ont réduit à un carquois.

Voilà le détail des circonstances qui ont entouré l'accident et les derniers moments d'Alexis « le Trotteur », au meilleur de ma connaissance, et, encore une fois, je me souviens de cet événement comme s'il était d'hier. Il m'a impressionné d'abord parce que la victime était ce personnage un peu légendaire, Alexis « le Trotteur », puis la force et la vigueur hors pair de cet homme qui, après avoir passé sous les roues de la locomotive, vraisemblablement n'aurait pas dû avoir conscience de son état.

(J.-H. CIMON, ptre, Saint-Bernard, 1967)

Hasard ou destinée

Sans s'en douter, Marius Barbeau, en 1937, avait réunit Alexis « le Trotteur » et Boily « le Ramancheur » dans un même chapitre. Il écrivait alors :

Malgré les contrastes de leurs personnalités, Alexis le Trotteur et Boily le Ramancheur faisaient la paire et on aurait pu s'attendre à les voir ensemble, profitant des mêmes occasions pour amuser le public. Mais ils semblaient s'éviter l'un l'autre [58].

Pourtant, dans la locomotive qui tua Alexis, Joseph Boily, ramancheur lui-même et petit-neveu du ramancheur Fabien Boily dont parle Barbeau, était là ! Le hasard ou le destin provoque quelquefois de ces coïncidences qui nous rendent perplexes tellement elles auraient semblé impossibles, même à imaginer.

L'enquête du coroner

Sans entrer dans tous les détails de l'enquête, regardons-en toutefois les parties qui peuvent nous intéresser.

Car, ce serait être complètement aveugle de ne pas voir le « message » que la compagnie voulait passer à travers cette enquête du coroner.

La compagnie « Quebec Development » désirait que tous les blâmes retombent à tout prix sur le dos de l'individu, et elle a parfaitement réussi !

Le premier geste de la compagnie fut celui d'engager le meilleur avocat de la région, feu Me Thomas-Louis Bergeron, de Roberval. Avec un tel défenseur, la partie était gagnée d'avance ! Personne, bien entendu, ne prendrait le parti du défunt, sauf peut-être un oncle ou deux qui se sont mêlés de l'affaire mais d'une façon tellement peu apparente que les renseignements à leur sujet sont aujourd'hui inexistants.

Les témoins ont-ils été « choisis », influencés, ou achetés ? Nous ne pouvons, après tant d'années en faire la preuve, mais lisons quand même ces phrases qui ressortent de l'enquête elle-même.

Tous les jours et à tous les moments il y a des locomotives passant là et tout le monde le sait. Il n'est pas prudent pour qui que ce soit de s'engager sur ce pont ou sur les tracks sans regarder en arrière de soi.

(William KELLEY, Alma, 1924)

Sur ces tracks, il y a des locomotives qui travaillent toute la journée à la connaissance de tous les ouvriers. Il est imprudent pour un homme passant sur ces tracks de ne pas regarder en arrière.

(Alphonse LEFRANÇOIS, Alma, 1924)

Un homme qui se serait retourné avant de s'engager sur le pont aurait pu éviter d'être frappé.

(Alphonse WAGNER, Alma, 1924)

Ne dirait-on pas une sorte de leitmotiv appris par cœur ? Avait-on peur de perdre sa « job » ? Pourquoi, tout au long de cette enquête, aucune sympathie apparente pour l'ami qui venait de mourir ? Pourquoi rien d'imputable à la compagnie ? On eût vraiment dit que les témoins, de peur d'être impliqués dans l'affaire personnellement, aient préféré mettre certains torts sur la tête du mort que sur le dos de la compagnie.

Un cas similaire

Quelqu'un d'Alma, dont nous tairons le nom, nous raconte et serait prêt à en jurer qu'il avait lui-même trempé dans une combine probablement du même genre :

Il s'agissait d'un jeune homme nommé Romuald qui avait enfilé dans une dalle où nous coulions du ciment. Il charroyait un panneau de bois assez pesant et se trouvait à l'arrière de celui-ci. Par conséquent, il ne voyait pas très bien où il marchait. Le préposé au « box-car » qui transportait le ciment, avait oublié, une fois sa charge coulée, de replacer le grillage qui recouvrait normalement la dalle de ciment.

Alors, le jeune Romuald enfila dedans.

La compagnie, par après, a essayé de faire dire que le jeune homme était sensé remettre lui-même le grillage, mais je n'ai jamais voulu avouer ce qu'elle voulait me faire dire ; on m'a menacé de bien des choses mais je ne me suis pas parjuré.

Aujourd'hui, une compagnie aurait certes plus de misère à faire avaler une telle version des faits, mais en 1924, c'était chose facile . . .

(C.D., Alma, 1967)

Souvenons-nous que l'ouvrage était rare, que la farine était dispendieuse, et que les familles étaient nombreuses et nous comprendrons probablement le geste de certains de ces hommes qui tenaient à garder leur emploi ! De toute façon, se disait-on probablement, Alexis Lapointe était bel et bien mort et rien ni personne ne pouvait le faire revivre.

La mise en bière

Pendant que se tenait, à l'hôtel de ville d'Alma, cette enquête du coroner présidée par le Dr Jules Constantin, les employés de la maison funéraire Rousseau & Frères, d'Alma, vinrent chercher le corps à l'infirmerie pour le déposer dans un cercueil scellé que la compagnie a bien voulu payer.

Le cercueil avait un intérieur métallique et était couvert d'un carreau vitré, d'où on pouvait voir le défunt sans avoir besoin d'ouvrir tout le cercueil. La compagnie avait pris en charge toutes les dépenses mortuaires qui se sont élevées à 250 dollars.

Le lundi qui suivit (14 janvier 1924), on transporta à la station d'Hébertville le cercueil qui avait été placé dans une boîte de bois.

Je travaillais en 1924, à la station d'Hébertville, comme commis. J'étais alors entré dans le hangar où ils entreposaient les colis. Je m'étais « enfargé » à ce moment-là, dans une énorme boîte de bois. On m'a dit quelques minutes après que c'était la fausse tombe d'Alexis Lapointe. D'habitude quand le mort avait succombé à une maladie contagieuse, la compagnie des chemins de fer exigeait qu'il ait une tombe scellée. Le prix du transport d'une tombe était le même prix qu'un passage ordinaire.

(Wellie BOUDREAULT, Saint-Félicien, 1967)

De cette gare donc, il fut embarqué sur le train pour Québec et de là il se dirigea vers Clermont. Deux hommes de la compagnie suivirent le cercueil tout au long de son trajet et payèrent tous les frais funéraires et autres qui normalement auraient dû être payés par la famille.

A Clermont, c'est Philippe Lapointe, neveu d'Alexis, qui se rendit à la gare, avec une voiture, pour cueillir le cercueil de l'oncle Alexis qui venait de mourir au Lac Saint-Jean.

Il fut exposé dans la maison de Louis Lapointe, au 36 de la rue Lapointe. Il y resta jusqu'au mercredi matin 16 janvier 1924.

Le service funèbre

Le service religieux eut lieu en l'église Saint-Etienne, de la Malbaie, la paroisse de Clermont n'étant pas encore canoniquement fondée ; le registre des sépultures déclare :

Le seize janvier mil neuf cent vingt-quatre, nous, prêtre soussigné, vicaire, avons inhumé dans le cimetière de cette paroisse le corps de Alexis Lapointe célibataire, fils de feu François Lapointe et de feu Delphine Tremblay, décédé accidentellement le douze du courant à Saint-Joseph d'Alma, muni des sacrements de Pénitence et d'Extrême-Onction à l'âge de soixante et trois ans. Témoins : Louis Lapointe, frère du défunt ; François Lapointe, Charles Tremblay, et quelques autres parents ou amis soussignés avec nous. Lecture faite.
Louis Lapointe
François Lapointe
Charles Tremblay
Edgar Lapointe
J.-A. Lapointe
J.-Elzéar Hudon
Adélard Jean
Louis Bergeron
Frs Bhérer
Gonzague Lajoie
Maurice Lemoine
L.-N. Boulianne

Elz. Bergeron, ptre.

Après la messe, l'assistance se rendit comme d'habitude au pied de la montagne au sommet de laquelle est situé le cimetière paroissial. Aujourd'hui, le chemin pour aller au cimetière n'est plus le même ; l'ancienne route montait de l'autre côté de la montagne, côté opposé au chemin actuel. Comme c'était l'hiver (16 janvier), les piétons ne purent monter jusqu'en haut. On plaça donc la tombe d'Alexis sur un traîneau qui, lui, accomplirait la dernière étape. D'un œil nostalgique et songeur, on regarda quelques instants le cheval, jarrets tendus, grimper la pente.

La terre gelée força le fossoyeur à déposer le cercueil dans le charnier et le printemps venu, il le déposa en terre sans que personne d'autres que lui n'ait connaissance de l'endroit précis où il plaça le cercueil d'Alexis Lapointe . . .

Hélas pour Alexis ! la machine avait écrasé l'homme, et la vapeur avait vaincu Poppé, le cheval ailé du Saguenay[59].

Références du Chapitre III

1) Registre de la paroisse Sainte-Famille de l'Ile-d'Orléans. **Copie par** Raymond Dubé, Québec, 11 avril 1968.

2) D'après le Rév. Père Louis Lejeune, o.m.i. lors d'une conférence faite par l'Institut canadien en janvier 1902.

3) Copie par Raymond Dubé, Québec, 28 mars 1968.

4) Damase POTVIN, **La Baie des Hahas,** Edit. de la Chambre de Commerce de la Baie-des-Hahas, 1957, 427 pages.

5) **Ibidem,** p. 17.

6) Eugène ACHARD, **Le Royaume du Saguenay,** p. 88.

7) Lettre de Mgr Victor Tremblay, 14 juin 1968.

8) **Liste des 21 actionnaires :**
Alexis TREMBLAY (dit Picoté), Alexis SIMARD, Louis TREMBLAY, (frère d'Alexis), Georges TREMBLAY, Jérôme TREMBLAY, Thomas SIMARD, Ignace COUTURIER, Joseph LAPOINTE, Benjamin, GAUDREAULT, Joseph HARVEY, Louis DESGAGNES, Louis VILLENEUVE, Ignace MURE (MURRAY), David BLACKBURN, François MALTAIS, Michel GAGNE, Basile VILLENEUVE, Pierre BOUDREAU, Jean HARVEY, Joseph TREMBLAY, (frère d'Alexis), Louis BOULIANNE.

9) Eugène ACHARD, **op. cit.**, p. 89.

10) Il a été surnommé "le Père d'un peuple". Monographie de P.T. : **Paul MEDERIC, Le Père d'un peuple,** Publ. de la Soc. Hist. du Saguenay, **no** 17, Chicoutimi, 1957, 227 pages.

11) Anne-Marie Tremblay est la seconde enfant d'une famille de douze.

12) ASHS, Dossier 655, p. 16, Paragraphe I.

13) L.-Oct. MARTIN, Recenseur, 1861. Information de Raymond Dubé, Québec, 4 avril 1968.

14) Selon les notes recueillies de sa famille (par la veuve de son frère Louis) le 25 novembre 1946. ASHS Dossier 655, pièce 16, 5ème paragraphe.

15) ASHS, Dossier 655, pièce 15, no 2.

16) Jean-Claude LAROUCHE, **Alexis Lapointe dit "le Trotteur",** dans la Revue **"Saguenayensia",** Chicoutimi, Vol. 9, no 6, nov.-déc. 1967, p. 135.

17) Recensement de 1871 ; Enumérateur : Z. Warren.

18) Détails fournis par Henri MARTEL, Saint-Prime, 1967.

19) Marcel RIOUX, **Alexis-Trotteur,** dans **Mémoire de la Société généalogique canadienne-française,** janv. 1946, p. 22.

20) Marcel RIOUX, **op. cit.,** p. 23.

21) Françoise GAUDET-SMET, **M'en allant promener.**

22) Détails fournis par Lucien GAUDREAULT, Clermont, 1966.

23) ASHS, Dossier 655, pièce 16, p. 5.

24) Mgr Félix-Ant. SAVARD, **L'abatis,** p. 110.

25) Détails fournis par Philippe BOULIANNE, Kapuskasing, 1966.

26) ASHS, Dossier 655, pièce 16, p. 4.

27) ASHS, Dossier 655, pièce 14, p. 2, paragraphe 2.

28) Détails fournis par Armand GRAVEL, Chicoutimi, 1966.

29) Détails fournis par Mlle Alice LAPOINTE, Clermont, 1967.

30) Eugène ACHARD, **Le Royaume du Saguenay**, p. 183-184.

31) Abbé Alexandre MALTAIS, juillet 1946 ; ASHS, Dossier 655, pièce 1, p. 1.

32) Marius BARBEAU, **Le Saguenay Légendaire**, p. 88.

33) Henri LAROUCHE, 1946 ; ASHS, Dossier 655, pièce 6, no 1.

34) Gérard LAROUCHE, Roberval, 1967.

35) Abbé Léonce BOIVIN, **Dans nos Montagnes**, p. 23.

36) ASHS, Dossier 655, pièce 16, p. 5.

37) ASHS, Dossier 655, pièce 1, p. 1.

38) Marcel RIOUX, **op. cit.**, p. 22.

39) Mgr Victor TREMBLAY, ASHS, Dossier 655, pièce 12, no 1.

40) Lettre de Mgr Victor Tremblay au greffe de Roberval.

41) Détails fournis par Mme Henri BOULIANNE, Saint-Prime.

42) Marius BARBEAU, **Le Saguenay Légendaire**, p. 88.

43) La maison de Monsieur Girard est située à proximité de la barrière du Petit Parc de la Galette.

44) Georges, HEBERT, **Jacula Prudentum.**

45) ASHS, Dossier 655, pièce 6, no 3.

46) Détails fournis par Arthur TREMBLAY, Saint-Jérôme, 1966.

47) Marius BARBEAU, dans **Le Canada français**, mai 1940, p. 891.

48) **Ibidem**, p. 882.

49) Marcel RIOUX, **op. cit.**, p. 22.

50) Détails fournis par Théophitus McNICOLL, Clermont, 1966.

51) ASHS, Dossier 655, pièce 1, p. 1, no 4.

52) Mgr Victor TREMBLAY, **Alma au Lac Saint-Jean**, p. 314.

53) Voir bibliographie.

54) Mgr Victor TREMBLAY, **Alma au Lac Saint-Jean**, p. 319.

55) Canadianisme populaire signifiant : **Viaduc fait de robustes tréteaux de bois** ; (angl. : **trestle**). Dict. Bélisle, p. 1297.

56) Retracée dans les caves du palais de justice de Roberval.

57) Le texte original nous donne, écrit à la main, un mot presque illisible. Ce peut être "cab" pour cabine ou "car" pour train. De toute façon, on sait très bien ce qu'il a voulu dire.

58) Marius BARBEAU, dans **Le Canada français**, mai 1940, p. 882.

59) **Ibidem**, p. 891.

LE DIABLE AUX TROUSSES

MERCI BIEN... RAIMENT... HIC.! NOUS ONS BIEN ARROSÉ TOUT CETTE BONNE BOUSTIFAILLE.!
LES MEILLEURES AFFAIRES SE TRAITENT À BIEN MANGER, MONSIEUR BONBOIRE. SOYEZ PRUDENT.! IL FAIT NOIR COMME EN ENFER ET LA ROUTE EST LONGUE.

N'AYEZ CRAINTE!... HIC.! GAMIN SE TAPE VINGT MILLES COMME SI DE RIEN N'ÉTAIT.! ALLEZ.! AU REVOIR.
À LA PROCHAINE!

ALLONS, GAMIN, VOGUE! TRALALA... LÈÈÈÈRE.! QUELLE HOULE.!
?

SALUT.! ON SE VOIT DEMAIN.?
OÙ DORS-TU CE SOIR.?
CHEZ MOI... COMME D'HABITUDE!

MAIS... MAIS... POUR ALLER CHEZ TOI ET REVENIR ICI DEMAIN, ÇA VA TE FAIRE DANS LES QUARANTE MILLES!
ET APRÈS.? SUIS-JE LE "CHEVAL DU NORD" OUI OU NON.?

AIMER COURIR À CE POINT-LÀ.! ALLEZ DONC Y COMPRENDRE QUELQUE CHOSE!

TIENS... SI CE N'EST PAS LE SIEUR BONBOIRE, MON CHER VOISIN! IL ME FERA BIEN FAIRE UN BOUT DE CHEMIN!
C'EST À BOIRE... À BOIRE... À BOIRE...

HUE, GAMIN! VA!... HIC!... ET SANTÉ!

GAMIN... MOI! ON VA BIEN VOIR QUI, DE NOUS DEUX, EST LE GARNEMENT!

HEIN! QU'EST-CE QUE C'EST QUE ÇA?

JE ME DEMANDE CE QUE...
CRAC

TUMP TUMP
HUE, GAMIN!... PLUS VITE!

AVANCE, GAMIN! IL Y A QUELQUE CHOSE DERRIÈRE!...

TUMP TUMP
AVANCE DONC! ON DIRAIT QUE QUELQU'UN NOUS SUIT!
!

VITE... VITE!... IL EST LÀ... JE LE VOIS!

T'AS LA TROUILLE, HEIN? TANT MIEUX! ÇA T'APPRENDRA À ÊTRE POLI!

ARTHUR!... EH! ARTHUR! Y'A PERSONNE? DÉBUT, ARTHUR!

QU'Y A-T-IL, MONSIEUR BONBOIRE?
J'AI LE DIABLE À MES TROUSSES!
UN CHIEN, PLUTÔT!

NON, ÇA N'EST PAS UN CHIEN! C'EST BEAUCOUP PLUS GROS QU'UN CHIEN! HIC!...
IL N'Y A QU'UN CHIEN POUR COURIR COMME UN CHIEN! ÇA NE PEUT PAS ÊTRE AUTRE CHOSE!
VOUS AVEZ TROP BU, PIERRE!

OUR L'AMOUR CIEL, ARTHUR... ACCOMPAGNE- JUSQU'À LA MAISON!
ÇA VA... ÇA VA! JE M'HABILLE.

LE VOIS-TU ENCORE?
OUI!... HIC! IL EST LÀ!... UNE OMBRE HORRIBLE! LÀ!...

C'EST LE DÉMON ! AU SECOURS ! UN PRÊTRE !
HUE ! HUE !

PAS LE DIABLE... IL N'A PAS DE CORNES ! ÇA NE SENT PAS LE SOUFFRE. C'EST UN LOUP-GAROU !
HIC !... LE LOUP-GAROU ?

NOUS N'AVONS PAS DE PISTOLET À BALLES D'ARGENT ! IL NE NOUS RESTE QU'À LE FAIRE SAIGNER DU NEZ... MAIS S'IL TE MORD...
POUR L'AMOUR DU CIEL, TAIS-TOI ! HUE, GAMIN, HUE !

IL Y A LE DIABLE QUI NOUS SUIT !
TOI, TU AS ENCORE BU !
LA PURE VÉRITÉ, MADAME ! ÇA FAIT VINGT MILLES QU'IL LUI COURT APRÈS !

LE VOILÀ, VOTRE DIABLE !... ALEXIS !
LUI MÊME, MADAME BONBOIRE !

TOI ! J'AURAIS DÛ M'EN DOUTER ! AUCUN AUTRE N'AURAIT PU COURIR VINGT MILLES !
MAIS CE N'EST PAS FINI !... HIC !... JE VAIS TE...

DU CALME !... VENEZ PLUTÔT BOIRE QUELQUE CHOSE POUR ÉTANCHER LES FEUX DE L'ENFER !... TOI, ALEXIS, MÈNE GAMIN À L'ÉCURIE !
GAMIN... C'EST LE CHEVAL ? ET MOI QUI... AH ! AH ! AH !
RIS TOUJOURS, BONHOMME ! UN DE CES JOURS...

Chapitre IV

L'Athlète

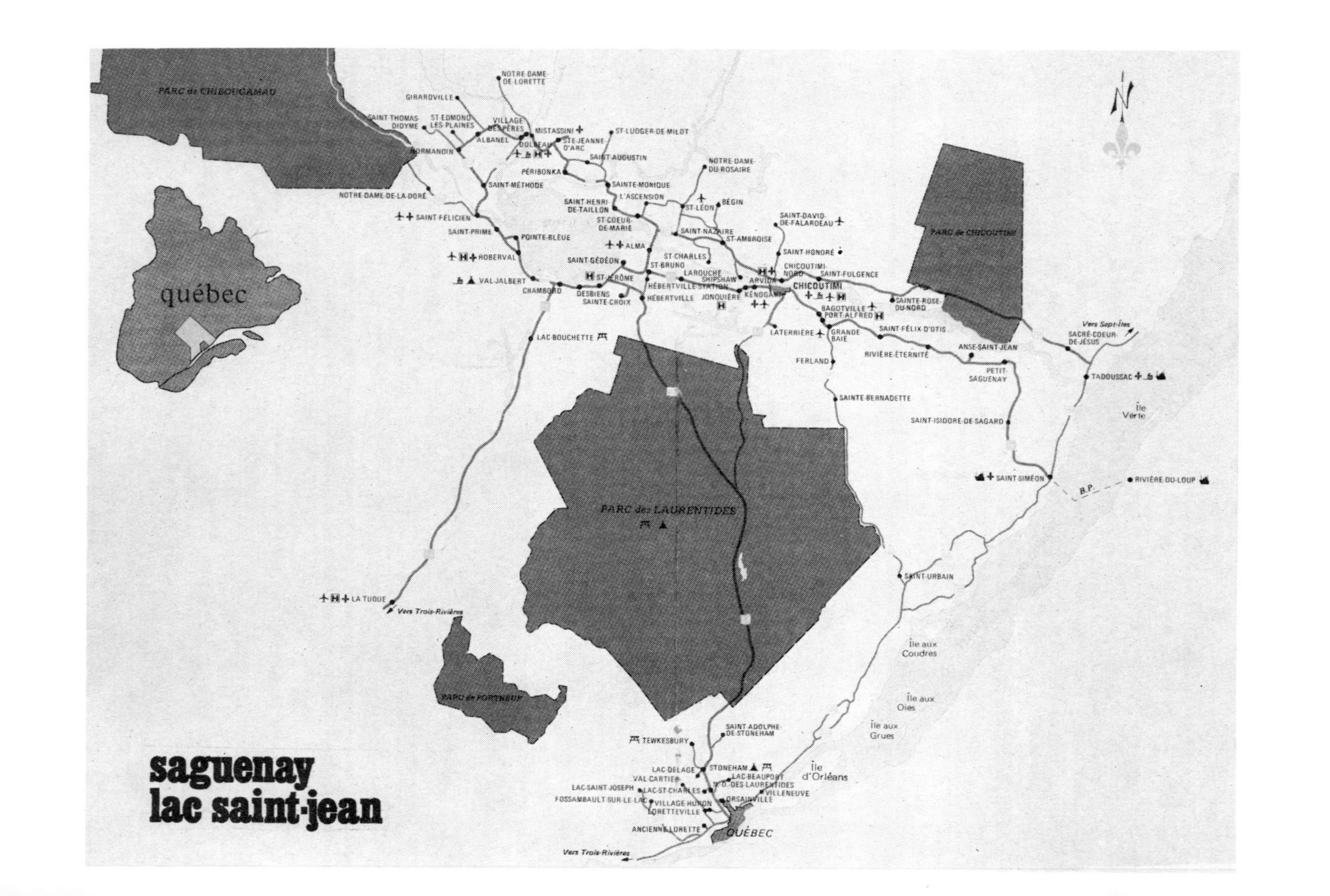

saguenay
lac saint-jean
québec
PARC de CHIBOUGAMAU
PARC de CHICOUTIMI
PARC des LAURENTIDES
PARC de PORTNEUF
NOTRE-DAME-DE-LORETTE
GIRARDVILLE
SAINT-THOMAS-DIDYME
ST-EDMOND-LES-PLAINES
VILLAGE DES PÈRES
ALBANEL
MISTASSINI
DOLBEAU
STE-JEANNE-D'ARC
ST-LUDGER-DE-MILOT
NORMANDIN
SAINT-AUGUSTIN
PÉRIBONKA
NOTRE-DAME-DU-ROSAIRE
SAINT-MÉTHODE
SAINTE-MONIQUE
NOTRE-DAME-DE-LA-DORÉ
L'ASCENSION
SAINT-HENRI-DE-TAILLON
ST-LÉON
BÉGIN
SAINT-FÉLICIEN
ST-COEUR-DE-MARIE
SAINT-DAVID-DE-FALARDEAU
SAINT-PRIME
POINTE-BLEUE
SAINT-NAZAIRE
ST-AMBROISE
ALMA
SAINT-HONORÉ
ROBERVAL
ST-CHARLES
SAINT-GÉDÉON
ST-BRUNO
LAROUCHE
SHIPSHAW
CHICOUTIMI-NORD
SAINT-FULGENCE
VAL-JALBERT
ST-JÉRÔME
HÉBERTVILLE-STATION
ARVIDA
CHICOUTIMI
CHAMBORD
DESBIENS
SAINTE-CROIX
HÉBERTVILLE
JONQUIÈRE
KÉNOGAMI
SAINTE-ROSE-DU-NORD
BAGOTVILLE
PORT-ALFRED
LATERRIÈRE
GRANDE BAIE
SAINT-FÉLIX-D'OTIS
Vers Sept-Îles
SACRÉ-COEUR-DE-JÉSUS
LAC-BOUCHETTE
ANSE-SAINT-JEAN
RIVIÈRE-ÉTERNITÉ
FERLAND
PETIT-SAGUENAY
TADOUSSAC
SAINTE-BERNADETTE
Île Verte
SAINT-ISIDORE-DE-SAGARD
SAINT-SIMÉON
B.P.
RIVIÈRE-DU-LOUP
SAINT-URBAIN
LA TUQUE
Vers Trois-Rivières
Île aux Coudres
Île aux Oies
Île aux Grues
SAINT-ADOLPHE-DE-STONEHAM
TEWKESBURY
LAC-DELAGE
STONEHAM
Île d'Orléans
VAL-CARTIER
LAC-BEAUPORT
N.-D.-DES-LAURENTIDES
LAC-SAINT-JOSEPH
LAC-ST-CHARLES
VILLENEUVE
FOSSAMBAULT-SUR-LE-LAC
VILLAGE-HURON
LORETTEVILLE
ORSAINVILLE
ANCIENNE-LORETTE
QUÉBEC
Vers Trois-Rivières

En guise d'avant-propos

Il ne s'agit ni d'affirmer ni de nier, mais de comprendre, disait Spinoza. La page qui s'annonce est peut-être la plus délicate de toutes. Et probablement aussi la plus attendue. Dans le chapitre premier, nous expliquions les buts que nous poursuivions ; dans le second, nous avons survolé la course à pied et le troisième nous a fait découvrir Alexis en tant qu'homme. Que vous soyez prêts maintenant à mieux comprendre ses exploits et sa manière d'agir, nous n'en doutons pas un seul instant.

La question qui se posait alors pour nous était la suivante : allions-nous vous présenter ses exploits sans commentaires ? S'il est une chose de lire un récit ou un témoignage, l'analyser en est une autre qui demande du temps et beaucoup de réflexion. Bien entendu, nous ne prétendrons jamais que cette sorte de « dissection » analytique nous permettra dans tous les cas d'atteindre la vérité, toute la vérité et rien que la vérité. Mais si seulement nous l'effleurons, nous n'en demanderons pas davantage. Il nous a semblé que si nous essayions de mettre au clair, sur papier, les grandes lignes de ce que nous avions recueilli, de ce que nous suspections, et enfin de ce que nous ignorions, il existait peut-être un espoir de voir sortir d'un tel exposé, méthodiquement conduit, plus que nous n'y aurions mis.

Certes, aimerions-nous, dans le bas des pages, vous référer aux journaux de l'époque mais nous n'en avons guère trouvés qui traitaient autre chose que de politique, de religion, d'agriculture et de colonisation . . . Bref, c'est mince, mais il faudra faire confiance à l'auteur de cet ouvrage, qui jure bien solennellement n'avoir jamais essayé de faire dire aux vieillards ce qu'il aurait (souvent) souhaité qu'ils disent . . . Heureusement, certains grands écrivains prolifiques ont écrit avoir remarqué souvent que les vieillards se souviennent mieux des choses, même les plus minimes, de leur enfance, que des événements qui ne datent que de quelques années. C'est encore là une dialectique assez mince, nous l'avouons, mais vous comprendrez que nous n'avions guère le choix.

Cependant, à ce premier stade de l'analyse, la simple prudence nous conseille de traiter tous les cas avec un certain respect, des témoins ! Il nous arrivera, il est vrai, de nous amuser de certains récits, mais sans jamais ridiculiser celui ou celle qui a eu au moins le courage de nous les rapporter le plus fidèlement possible. Ces gens-là possèdent quelque chose que nous n'avons pas, ils ont vu ce qu'ils racontent. Plus encore ils osent se prononcer. Car, à la longue, il devient un peu gênant de toujours préférer, à celle de personnes de bonne foi, la parole d'augures qui tranchent de tout sans s'engager personnellement d'aucune manière et souvent sans même condescendre à s'informer. *Je crois*, disait Pascal, *les témoins qui se font égorger*. Ce point de vue en vaut bien un autre.

Ses genres d'exploits

Certes, Alexis a bel et bien *couru* et *sauté ;* les preuves sont là et ce seront les deux premiers points que nous analyserons. Qu'il ait *dansé* jusqu'à s'en fendre l'âme, nous n'en savons rien, mais qu'il ait beaucoup dansé, nous sommes prêts à le démontrer et ce sera là notre troisième point. Quant au dernier point (non le moindre), il sera pour nous un soulagement, une délivrance intérieure. Par acquit de conscience, nous le dédierons aux folkloristes, nos amis.

En effet, certaines personnes nous en auraient toujours voulu d'avoir oublié le côté anecdotique qu'offrait notre sujet. Nous avons donc rassemblé ici, sans commentaire, tous les récits, histoires, anecdotes qui nous semblaient plus ou moins vrais. Pour être francs nous avions peur, en les commentant, de les rendre mornes, tellement ils peuvent être vivants à l'état naturel.

Le coureur

Ce serait aller à vau-l'eau que de traiter ce sujet sans parler un peu de courses folles. Précisément, étaient-elles si éperdues ? si surhumaines ? Avaient-elles vraiment un sens autre que celui de l'illogisme ? Où se classent donc ces courses que les années et les gens ont défigurées ? Quand nous nous arrêtons pour « bien y penser », nous omettons sans trop nous en rendre compte un détail important. Nous péchons alors par « anachronisme ». Nous délaissons littéralement le contexte d'alors, et pour plusieurs, nous l'ignorons totalement et n'en voulons rien savoir. Pourtant le secret y réside en partie. Qu'est-ce à dire ? Vous narrer toute l'histoire du début de ce siècle avec ses us et coutumes, ses sortes de chemins, sa mentalité, son orgueil pour les bêtes de somme, ses marchés populaires, ses criées, ses carrioles, ses manières de s'amuser et bien d'autres choses encore ? Ce serait sans doute très utile mais aussi très long. Il nous reste donc à faire l'effort de se retremper mentalement (et personnellement) dans cette partie du temps passé et nous comprendrons mieux ce qui va suivre. C'est fort simple, il n'en tient qu'à nous tous.

Division de ses courses

Pour mieux les interpréter, nous avons cru sage de les diviser car Alexis a couru seul, avec des hommes, à côté de bicyclettes, contre des animaux, devant des chevaux, en suivant une automobile, sur la voie ferrée devant les trains, et enfin en pariant contre un navire.

Tous ces exploits, disons-le, ont été enregistrés d'une façon oculaire par les témoins eux-mêmes que nous avons rencontrés ; aurons-nous par ce fait pallié en partie l'exagération toujours possible des raconteurs, nous l'espérons. Ces pionniers ont puisé pour nous dans la sabretache de leurs souvenirs personnels quelques passages bien vécus qu'ils ont justement gardés en mémoire parce qu'ils leur semblaient inénarrables.

> *. . . quand il se préparait pour un exercice, c'était bien drôle de lui voir la langue ; elle était toute sortie de sa bouche et pendait à côté du menton.*
>
> Arthur COTE, Alma, 1966.

Réchauffement

J'ai vu courir Alexis Lapointe (dit le Trotteur) à l'été de 1898. Mon père Charles Pelletier avait retenu ses services pour la fabrication d'un four en terre forte pour cuire le pain ; (ceux qui l'ont connu ont toujours dit que c'était un artiste dans ce domaine et je le crois par l'ouvrage qu'il nous avait fait). Il est resté quatre jours à la maison pour faire cet ouvrage. Quand le travail fut terminé, mon père, après l'avoir payé, lui demanda de faire une petite course, histoire de le voir courir un peu ; mais Alexis refusa sous prétexte que pour courir il fallait qu'il se réchauffe un peu . . . Alors mon père lui demanda qu'est-ce qu'il lui fallait pour se réchauffer ; il répondit : « Aller à Saint-Bruno, aller et retour ». Une distance de douze milles.

Mon père insista en lui offrant quelques sous et Alexis se décida. Il partit tranquillement et marcha sur une distance d'environ 1,400 pieds et là, il cassa une petite hart et commença à se fouetter en hennissant comme un cheval, et tout à coup il partit à courir et quand il passa devant notre maison ses pas étaient d'une longueur d'une pagée et demie de clôture, ce qui fait une longueur de quinze pieds. Il avait la tête penchée en arrière et, chose curieuse, après son passage nous avons constaté que de ses pas on ne voyait que l'empreinte du bout du pied et bien rarement l'empreinte de son talon, ce qui faisait dire à mon père : « Il court comme un cheval ».

(J.-C.-Henri PELLETIER, Alma, 1967)

Après avoir lu le texte qui précède, un autre témoin de ce fait veut bien le corroborer à son tour :

J'ai lu cet article que vous a écrit mon frère Henri et je ne peux faire autrement que l'approuver ; j'en ai été le témoin moi-même.

(Mme Joseph RENAUD, (Anne-Marie PELLETIER),
Alma, 1967)

Croire qu'il eut besoin d'un certain réchauffement avant ses courses, nous le concédons ; « gober » maintenant qu'il avait besoin de douze milles, serait un peu forcer la note.

Mais connaissant mieux Alexis, nous voyons là facilement son genre de farce ou d'exagération. Il a fort probablement accompli cette course, quoique le récit, ne relatant pas son retour, demeure incomplet. Alexis dit-on venait d'être payé, or, il lui fallait quand même partir d'une façon ou d'une autre ; pourquoi pas alors faire un petit spectacle, histoire de laisser là un bon souvenir . . .

Les empreintes du bout du pied sont normales pour un coureur capable d'atteindre une certaine vitesse. Quant aux enjambées de quinze pieds elles sont acceptables quoique vraiment supérieures ; nous les analyserons d'ailleurs un peu plus loin dans ce chapitre. Mais a-t-il continué bien longtemps sa course à cette vitesse ? Seuls les oiseaux d'alors pourraient nous répondre !

Ces deux témoins peuvent être considérés comme des personnes dignes d'être crues et leur témoignage d'ailleurs n'est pas dénué de toute vraisemblance. Aussi drôle que cela puisse paraître, nous sommes presque confus d'être les premiers à traiter un tel sujet. Nous aurions aimé puiser à des œuvres similaires, mais ce genre d'études ne foissonne pas dans nos bibliothèques.

Peut-être préfère-t-on simplement ramasser des anecdotes, historiettes ou légendes et les empiler entre deux couverts dans un ordre où l'intérêt n'est jamais porté à décroître ! Nous croyons sincèrement d'autre part, en ces descriptions folkloriques, en ces échos chronologiques qui aident quand même énormément à la compréhension de la mentalité d'un peuple ou simplement à l'explication de certaines étapes de la vie de tel ou tel homme. Et souventefois, vouloir vérifier ces récits quasi mythologiques correspond, à notre avis, à enlever les plumes d'un paon, pour vérifier si, déplumé, il est aussi joli . . .

Bref, pour en revenir à ses réchauffements, un autre témoin nous disait :

Alexis lui-même me contait, en me parlant de sa vitesse au trot, qu'il prenait son air ou encore qu'il commençait à bien faire à son deuxième souffle, c'est-à-dire au bout de cinq ou six milles.

(Henri GAGNON, Chicoutimi, 1966)

Et quand Mme Louis-Philippe Simard, de Bagotville, nous parla de ses exercices quotidiens elle nous disait :

Pour se pratiquer à courir, le soir, Alexis partait de chez lui et passait devant la maison chez nous, ce qui faisait au moins trois milles.

(Mme Louis-Ph. SIMARD, Bagotville, 1967)

Le mort du Lac Ha ! Ha !

Mme Louis Lapointe, belle-sœur d'Alexis, transmettait, en 1946, à la Société Historique du Saguenay, par l'intermédiaire de Mlle Aline Gaudreault [1], de Clermont, le fait qui suit :

Une fois, Alexis se trouvait à Saint-Urbain et devait se rendre à Grande-Baie, Ses parents ayant appris qu'on avait trouvé un homme mort accidentellement au Lac Ha ! Ha ! s'inquiétèrent. Ils téléphonèrent à Saint-Urbain afin de savoir s'il était rendu au Saguenay, mais heureusement il n'était pas encore parti de Saint-Urbain. Il était à ce moment-là, midi. Le lendemain, sur l'heure du dîner, ils reçurent un coup de téléphone en provenance de Grande-Baie, qui leur apprenait qu'Alexis était rendu là, sain et sauf. Il avait fait le trajet à pied.

(Mme Louis LAPOINTE, Clermont, 1946)

Il manque au fait tel qu'il est raconté ici quelques détails d'une importance réelle pour une analyse athlétique complète. On donne en effet à Alexis un maximum de vingt-quatre heures pour avoir parcouru les 96 kilomètres qui séparent Saint-Urbain de Grande-Baie. Nous savons, entre autres, qu'à midi il n'était pas parti de Saint-Urbain, et que le lendemain, à la même heure, on téléphonait de Grande-Baie pour annoncer justement qu'il était arrivé. Rien ne nous disait précisément, cependant, à quelle heure il était parti de Saint-Urbain. En octobre 1966, nous apprenons de Philippe Lapointe (fils de Louis et neveu d'Alexis), qui a gardé en mémoire certains faits d'une façon fort précise, qu'Alexis, ce matin-là, soucieux des conditions climatériques, car la température était maussade depuis plusieurs jours, avait attendu la gelée nocturne avant de traverser. Il était donc parti très tôt le matin.

Or, il est sans doute important de savoir à quoi correspond ce « très tôt le matin ». Si l'on suppose 4 heures du matin, il a fait les 96 kilomètres en huit heures. Ce qui demeure humain mais très rapide si l'on considère la route suivie. Car il a tenue, sur cette distance (96 km) une moyenne de 12 km à l'heure.

D'autres suppositions

Distance	*Départ*	*Arrivée*	*Heures totales*	*Vitesse moyenne*
96 km	3 h	midi	9 h	10.6 km/h
96 km	3 h 30	midi	8 h 30	11.2 km/h
96 km	4 h	midi	8 h	12 km/h
96 km	4 h 30	midi	7 h 30	12.8 km/h
96 km	5 h	midi	7 h	13.7 km/h

C'est peut-être ici l'endroit de rappeler que les coureurs du marathon courent aujourd'hui vingt-six milles avec une moyenne de 19 km/h... Il est vrai que le terrain du marathon est quasi plat alors que le petit parc de la Galette qui sépare Saint-Urbain de Grande-Baie est montagneux et non pavé.

L'hypothèse qu'il ait emprunté un raccourci à travers bois s'avère impossible. Cette forêt l'eût vite égaré et tout compte fait, la route de soixante milles est presque toujours en ligne droite entre les deux points.

Laissons ici le mot pour rire à un vieillard de 86 ans, qui nous disait avec amusement :

Quand il traversait de Saint-Urbain à Chicoutimi, ce qu'il a fait très souvent, avant de partir, il décousait la couture de ses pantalons entre les deux jambes, ce qui lui permettait une meilleure amplitude de mouvements dans sa course.

(Philippe GILBERT, Montréal, 1967)

Preuves supplémentaires de ses « pélerinages » dans ce parc de Charlevoix, voyons ce que nous racontent Albert Dallaire et Joseph Tremblay :

Il courait assez fort, mais surtout très longtemps ; combien de fois, je vous assure, il est parti de La Malbaie et aboutissait ici pour passer trois ou quatre jours.

(Albert DALLAIRE, Port-Alfred, 1967)

Très souvent, il partait d'ici (Chicoutimi) *et allait coucher à La Malbaie.*

(Joseph TREMBLAY, Chicoutimi, 1968)

Veillée à Saint-Félicien

Alexis faisait un four pour le compte du Docteur Ernest Gagnon de Saint-Cœur-de-Marie, au Lac Saint-Jean. A quatre heures de l'après-midi, il dit à ma mère : « Je vais veiller à Saint-Félicien en passant par Péribonka (minimum : 62 milles) *et je serai là bien avant 8 heures ».*

Personne n'a rapporté cependant si vraiment il s'était rendu à Saint-Félicien et à quelle heure . . . Faisons-le quand même partir à 3 heures et arriver à 9 heures à Saint-Félicien pour éviter l'exagération toujours possible ; c'est donc dire qu'il aurait couru 100 kilomètres en tenant une moyenne de 16,5 km/h... Sans être totalement incroyable, cette course est difficile. Mais encore là, pour avancer cet « incroyable », nous nous basons toujours sur des performances physiques connues. Sans être un cercle vicieux, nous prenons inconsciemment comme critère d'évaluation les performances d'aujourd'hui ; nous éprouvons, c'est un fait, une énorme difficulté à penser que ces exploits aient pu être dépassés il y a cinquante ans . . . Car justement, personne n'a réellement « prouvé » que ces prouesses aient peut-être été dépassées il y a plusieurs années.

Quand pour la première fois, on se rendit compte de la lenteur des pulsations de Gérardin, sprinter-cycliste hospitalisé pour une chute au vélodrome de Liège, le médecin s'alarma. Le sprinter eut beau lui dire que c'était là son pouls normal, mais le médecin n'en voulut rien croire. Il se garda cependant de contredire le blessé, mais en sortant il recommanda au personnel de doubler la surveillance car le blessé, selon lui, divaguait . . . Personne ne pouvait croire que 45 pulsations à la minute pouvaient être normales pour un coureur de ce genre. Quand Gérardin, en eut assez il rétorqua :

Téléphonez à mon ami Sherens, votre compatriote, qui a été sept fois champion du monde : il a le pouls qui bat à 37 lui[2].

Si seulement on avait pensé à « mesurer » Alexis ; pulsations cardiaques, pression artérielle, capacité d'inspiration, etc. Hélas ! nous n'avons rien de vraiment scientifique qui a été produit sur sa personne. Nous le déplorons grandement d'ailleurs. Et plus encore, nous sommes vraiment conscients que toutes les hypothèses avancées dans ce travail quoique valables pour ce qu'elles renferment, n'auront jamais la teneur de véracité que peut avoir un acte mesuré, enregistré, et analysé scientifiquement.

Une promenade à la Trappe

Je sais, pour l'avoir vu, qu'Alexis est parti un jour de Saint-Félicien et qu'il s'est rendu à la Trappe des Pères de Mistassini. Aussi a-t-il fait, bien entendu, le voyage du retour et tout ce voyage lui a pris entre 6 heures et 6 heures et trente.

(Alphège TREMBLAY, Saint-Félicien, 1966)

On veut lui prêter ici 109 km en 6 heures 30. Une moyenne donc de 16,7 km/h.

Les commentaires seraient ici un peu semblables aux précédents avec ceci de particulier que celui qui les raconte est âgé de 88 ans et appartient bel et bien à la lignée des pionniers des courses de chevaux. Il avançait lui-même catégoriquement :

Je vous assure qu'il était capable de courir le mille en trois minutes et qu'il tenait cette vitesse au moins trois milles de suite.

Evitons ici de commenter ce qui n'aurait probablement pas l'heur de plaire aux dieux de l'Olymphe, et les mettrait certainement tous en furie contre nous.

Il a fait Roberval-Chicoutimi (99,8 km), *une bonne vingtaine de fois.*

(Joseph TREMBLAY, Chicoutimi, 1968)

L'eau et le vent

Les distances pour lui n'étaient pas un problème. Un certain printemps, à la fonte des neiges probablement, il avait une veillée à faire à une dizaine de milles et pour s'y rendre il devait traverser une mare de deux pieds d'eau ; l'obstacle ne l'a aucunement dérangé. Il a sauté là-dedans comme une gazelle et, en un rien de temps, il s'est retrouvé de l'autre côté. Le vent s'est chargé par la suite de sécher ses vêtements.

(Henri MARTEL, Saint-Prime, 1967)

Pour ce qui est de son passage à travers la mare d'eau, nous l'avons tous fait un jour ou l'autre mais un peu plus tard, quand nous avons atteint l'âge d'aller veiller, nous avons fait gentiment, le tour de la mare pour ne pas endommager les souliers que maman avait bien vernis. Voilà toute la différence du monde. Mais Alexis aimait ce genre de facétie et c'est là d'ailleurs une preuve de son caractère enfantin. Et tout ce qui peut concerner cette veillée à 16 kilomètres de chez lui, ne surprendra personne; c'était là un exercice quotidien pour notre homme qu'aucune distance ne réussissait à freiner, comme aurait dit Barbeau.

Ce n'était rien pour lui d'aller faire une veillée aux Eboulements, et de revenir après la soirée.

(Mlle Martha BOULIANNE, Rivière-Mailloux, 1966)

Notons pour ceux qui sont moins familiers avec le pays d'Alexis, que le village des Eboulements est situé à 35 kilomètres de Clermont.

Et Horam Gagnon de renchérir sur ce dernier récit en racontant :

Je me souviens bien qu'il avait entre 35 et 40 ans et qu'il allait veiller le soir à Saint-Siméon à vingt-huit milles de chez lui ; il faisait donc le trajet pour aller et revenir après la soirée, ce qui faisait en tout cinquante-six milles et le lendemain, il était à l'ouvrage dans les champs, avec ses frères.

(Horam GAGNON, Jonquière, 1967)

Hébertville-Jonquière

Très souvent, il est parti d'Hébertville le matin, et montait au 6ème rang de Jonquière dans sa journée soit une distance d'un peu plus de trente milles.

(Marcellin LAPOINTE, Jonquière, 1967)

Une histoire plus que possible, mais nous croyons qu'Alexis empruntait le chemin qui passait par Saint-Cyriac ! Car *tout le monde passait par là pour aller au Lac Saint-Jean et en revenir. La paroisse est disparue, mais il en reste un vestige ; les lieux ont changé d'aspect, mais ils sont encore fréquentés*[3].

Saint-Cyriac, comme tout le monde sait, était sis sur la rive nord du lac Kénogami dans le canton Kénogami entre Jonquière et Héberville.

... Le lac Kénogami était le chemin de circulation des Indiens et des Blancs entre la région du Lac Saint-Jean et celle de Chicoutimi de temps immémorial[3].

Voilà qu'il s'annonce

Il lui arrivait assez souvent de s'annoncer avant d'arriver, beaucoup plus, il va sans dire, pour que les gens voient la vitesse avec laquelle il arrivait, que par esprit de politesse pour ceux qui le recevaient ...

Un soir il nous téléphone du rang Saint-Jean de la rivière Grande-Baie, une distance de huit milles et demi qu'il a franchie en dedans de vingt minutes. En entrant à la maison, il n'était même pas essoufflé et d'un grand rire, il s'exclama : « Je commençais à bien aller ».

(Henri GAGNON, Chicoutimi, 1966)

Un peu plus tard, Monsieur Gagnon nous écrivait quelques détails supplémentaires concernant cette course :

En ce qui concerne cette course de huit milles et demi en vingt minutes, pas mal sûr qu'Albert Girard du rang Saint-Joseph de Bagotville pourrait lui aussi l'affirmer.

Alexis quand il téléphona était chez les Lalancette du rang Saint-Jean, je crois, le long de la rivière Grande-Baie. Ma mère d'adoption a reçu le téléphone lorsque j'avais 13 ans (1911).

(Henri GAGNON, Chicoutimi, 1967)

Il nous téléphonait à midi moins dix et il demeurait à quatre milles de chez moi et il arrivait quinze minutes après son téléphone. Et ceci c'était pour venir dîner ; il était très habile pour s'inviter à manger quelque part.

(Armand LAJOIE, Bagotville, 1967)

Le téléphone existe dans la région depuis 1898 ; il est alors possible que ces événements soient survenus tels qu'ils sont racontés. Le premier récit lui fait accomplir 13.6 kilomètres en vingt minutes; ce qui donne une fabuleuse moyenne de 2mn 21s au mille... Supposons maintenant pour éviter l'emphase qui a pu être apportée dans la narration de ce récit, un trajet de 12.8 km et un temps de trente minutes. Voilà que l'on retrouve une moyenne un peu plus raisonnable, mais encore très jolie, de 3mn 45s au mille, et cela autour de 1914...

L'exagération à part, il reste un fond de vitesse très appréciable !

Coïncidence ou manie

Je suis persuadé qu'il courait dix à quinze milles très facilement. Ecoutez ce que je vais vous raconter ; nous étions réunis un bon jour d'hiver dans une maison des Grands-Fonds et comme le soir tombait, on pensa à s'amuser et à faire une veillée mais le violoneux n'avait pas son instrument. Quelqu'un suggéra alors qu'on envoie Alexis le chercher, car Alexis se trouvait justement avec nous. Entre les Grands-Fonds et La Malbaie, où il devait aller, il y avait sept milles. Il partit donc et disons aussi que cette route n'était pas très bien entretenue en hiver. Je me souviens que quelques dix minutes après qu'il fût parti, les hommes se demandaient entre eux si Alexis était rendu à La Malbaie ; les uns disaient oui, les autres non. Peu de temps après, alors que nous en parlions encore, nous entendons tout à coup des pas dans l'escalier du dehors. Croyez-moi, c'était bel et bien Alexis qui revenait avec le violon de notre musicien. Il avait pris exactement 35 minutes pour faire le trajet de quatorze milles.

(Philippe GILBERT, Montréal, 1967)

Je me souviens d'un soir en particulier ; on préparait une veillée pas très loin de chez nous et il nous manquait une musique à bouche. Alors Alexis s'est offert d'aller en chercher une à Sainte-Anne, soit un parcours de quatorze milles, aller et retour. Et ce, en moins d'une heure s'il vous plaît. Il tint parole et joua toute la veillée sans interruption. Ceci se passa en 1902 ; Alexis devait avoir autour de quarante ans. (Il avait en effet 42 ans en 1902).

(Philippe BOULIANNE, Kapuskasing, 1966)

Je suis au courant d'une course qu'il a faite entre ici et Alma pour aller chercher une musique à bouche ; je ne peux pas vous dire le temps précis, mais chose sûre, il a fait ça vite et même très vite.

(Alfred GAGNE, Saint-Cœur-de-Marie, 1967)

Etait-ce donc devenu une habitude pour les gens d'envoyer Alexis chercher ceci ou cela ? Mais somme toute, ces personnes voulaient simplement « profiter » de la présence d'Alexis parmi eux. Et avouons-le aussi, c'était pour notre coureur une occasion sans pareil de démontrer que la course était bel et bien son affaire . . . Et ce n'est sûrement pas une course d'une dizaine de milles, se disait-il, qui allait l'empêcher, par après, de giguer ou de faire chanter son harmonica, devant les belles aux yeux clairs.

Quand il partait pour une de ses courses,

il prenait un petit fouet et se tapait les jarrets en disant : « Alexis, fais-ça vite, ça presse » ; puis il hennissait comme un cheval, et disparaissait comme l'éclair ; aucun être humain ne pouvait disparaître aussi vite.

(Wilfrid BOURRASSA, Victoriaville, 1966)

Imaginons quand même la résistance organique qu'il devait avoir, pour réussir de telles prouesses qui certes auraient épuisé les plus passionnés des amoureux . . . de la musique à bouche !

Encore une commission du même genre . . .

Des hommes lui avaient demandé d'aller chercher une musique à bouche à plus de quarante milles du camp où nous étions ; il était parti après le dîner et à 5 heures au plus tard il était revenu ; donc, une course d'au moins quatre-vingt milles.

(Oscar FAUCHER, Vassan (Abitibi), 1966)

Nous avons demandé par la suite par écrit à Monsieur Faucher de préciser les lieux de l'événement. Une lettre du 9 décembre 1966 nous apporta quelques précisions :

C'est un chantier dans le bout de La Malbaie et le « jobber » était un monsieur Naud.

Par la même occasion, il nous transmettait le nom de son frère qui demeure à Trois-Rivières et qui avait été lui aussi témoin de l'histoire en question.

Nous avons donc écrit au frère d'Oscar lequel s'appelle Eugène.

Ottawa, le 16 déc. 1966

Monsieur Eugène Faucher,
603, rue des Ursulines,
Trois-Rivières, Qué.

Monsieur,

On m'a raconté que vous aviez été témoin d'un exploit d'Alexis « le Trotteur » au moment où vous avez travaillé avec votre frère Oscar dans un chantier dans le bas St-Laurent. Voici ce que l'on nous a raconté : « des hommes lui avaient demandé . . . » (cf. témoignage précité).

Pourriez-vous me dire où était situé ce chantier ? A combien de milles par exemple de la ville ou du village le plus proche. Et où précisément si possible était-il allé chercher cette musique à bouche ? Bref, j'aimerais avoir votre version des faits.

Et si parfois, vous aviez d'autres détails concernant la vie d'Alexis, n'hésitez surtout pas à me les raconter.

Bien vôtre,

Jean-Claude Larouche,
410, rue Nelson,
Ottawa-2, Ont.

La réponse ne se fit point attendre et le 5 janvier 1967, nous avions sa version des faits :

Ce que vous dites est vrai. J'étais là avec deux de mes frères et je l'ai connu et j'ai été témoin de ce que vous dites. C'est également vrai qu'Alexis est parti du camp vers midi et était de retour au camp à 5 heures pour le souper. Ça ne paraissait pas du tout qu'il avait fait ce long trajet-là, et il ne semblait pas être fatigué non plus, toujours en pleine forme. Il a soupé et veillé comme nous et a joué de la musique à bouche une partie de la soirée. Le camp d'Isidore Naud et Henri Desbiens (deux « jobbers ») était situé dans Saint-Siméon et ce camp était à vingt-cinq milles du village de Saint-Siméon. Moi, je travaillais pour Isidore Naud et Alexis pour Henri Desbiens qui venait de La Malbaie comme son employé Alexis.

(Eugène FAUCHER, Trois-Rivières, 1967)

Deux personnes peuvent-elles se liguer ensemble pour raconter les mêmes mensonges ? Force nous est de croire le contraire. Alexis aurait donc fait entre 95 et 120 km dans son après-midi. Bonne moyenne aurait dit l'autre. Nous supposerons quand même qu'il se soit rendu à Saint-Siméon, village le plus rapproché du camp. Alors, au lieu des quarante milles rapportés vaguement par Oscar, nous optons pour ces vingt-cinq milles (deux fois) rapportés par Eugène dont la mémoire semble plus précise. Ce qui veut dire une cinquantaine de milles entre 12h 30 et 17h 30. Ce qui fait 16,1 km/h de moyenne pour une distance de 80 km. Encore là, la chose demeure probablement humaine malgré tout, mais foncièrement supérieure !

Et dire qu'il faisait ça dans des chemins de neige et tout habillé en hiver . . .

Pointe de charrue cassée

Alexis était en promenade chez nous et c'était à ce moment-là le temps des labours. Et vous savez sans doute que pendant cette période, on labourait (quand le temps le permettait) sans arrêt d'un soleil à l'autre. On prenait une bonne bouchée à midi et on recommençait.

Voilà qu'à midi moins un quart, mon père casse une pointe de charrue. Alexis, qui, depuis quelques temps, lui demandait d'aller veiller, espérait toujours qu'on lui répondît oui. Alors, mon père profitant de cette motivation passagère, lui dit : « Si tu vas me chercher ma pointe de charrue vitement, ce soir, je te permettrai d'aller veiller et j'irai moi-même avec vous tous ». Alexis partit comme une flèche et se dirigea vers Jonquière à six milles de la maison paternelle. Mon père lui avait demandé de se rendre chez le marchand général, J.-H. Brassard. Croyez-le ou non, il a fait le voyage et l'achat en moins d'une heure, de telle sorte que vers une heure, on était prêt à recommencer nos labours.

(Pitre LAPOINTE, Kénogami,1967)

Le fait demeure assez facile à croire et nous le croyons. Ces douze milles à l'heure environ démontrent quand même la trempe olympique à laquelle il avait accédé graduellement, et cela sans entraînement qualifié ni régime équilibré.

Sans le savoir le père Lapointe avait sans doute touché le côté faible (ou fort) d'Alexis ; la promesse d'une veillée où crinoline, harmonica et clins d'œil s'entremêleraient à qui mieux mieux, était l'argument parfait pour une telle demande. C'était là l'émulation qui convenait pour faire courir (et probablement piaffer de joie) notre centaure qui considérait les adulations des gens pour des marques d'amitié sincère.

Un cadeau de 300 dollars

Je me souviens qu'une année, vers la fin de la guerre 1914-1918, probablement en 1917, nous avions ramassé 300 dollars pour faire courir Alexis à partir d'où se trouve actuellement l'église Sainte-Cécile de Kénogami à aller jusqu'au haut de la seconde pente à Jonquière (un mille). Il avait joliment couru, croyez-moi. Nous n'avons gardé aucun record de ceci, et je ne pense pas que les journaux de l'époque en aient parlé. Nous avions pris un mois pour ramasser ce montant.

(Philippe BLACKBURN, Kénogami, 1967)

Sans douter de la parole de Monsieur Blackburn, nous croyons le montant de $ 300. un peu élevé pour cette époque de la fin de la guerre, où le minimum vital faisait souvent défaut. On reconnaît quand même là le côté troubadour, *(show-man)* qu'Alexis possédait et pour reprendre l'expression de cette bonne vieille dame de 91 ans :

Quand il passait devant chez nous, c'était tout un événement ; nous sortions tous sur la galerie pour le voir passer et je puis vous assurer qu'il courait vite.
(Mme Adèle BOUCHARD, Grande-Baie, 1967)

Un endroit aussi qu'il chérissait pour se donner en spectacle, tout en ayant l'air de ne rien faire, était à la sortie des messes du dimanche. Il savait aussi, d'une façon certaine, qu'il s'y trouverait toujours quelques belles, perdues dans leurs peu coutumières dentelles pour applaudir, de notre trouvère, les mille et une prouesses.

Quelquefois, je l'ai aperçu en sortant de la messe le dimanche. En un rien de temps, les gens s'attroupaient autour de lui paur le faire courir. Il était en effet reconnu pour être un phénomène de la course à pied. Je ne l'ai vu faire que quelques petites courses de sept ou huit cents pieds ici en avant de l'église. (Métabetchouan)
(Pitre LANGEVIN, Métabetchouan, 1967)

A temps pour le bateau

Un bon jour que j'étais en train de dételer mon cheval, le bateau de Chicoutimi qui montait aux Terres Rompues, vis-à-vis Arvida, fit entendre sa sirène. Alexis, qui voulait probablement le prendre, partit comme une balle ; il sauta deux clôtures et je le perdis de vue en un rien de temps. Le quai se trouvait à environ quinze arpents et il y avait dix minutes entre le premier cri du bateau et son départ. Il ne revint pas.
(Joseph GAGNON, Kénogami, 1968)

Ces déguerpissements ballistiques surprenaient (à raison) les gens et Alexis le savait pertinemment. Toutefois, malgré l'aspect comique de ses départs, il n'en reste pas moins qu'ils étaient fort probablement très athlétiques. Sans connaître toutes les lois physiques qui propulsent un coureur au départ d'une course de vitesse *(sprint)*, Alexis eût sûrement fait belle figure lors d'une course de ce type. Pour ce qui est du reste du récit, ce n'est pas là une course extraordinaire et Alexis a sûrement eu le temps d'allumer sa pipe et d'en fumer une bonne partie avant que le bateau ne parte.

On pourra lire, un peu plus loin dans ce chapitre un récit quasi similaire qui se déroula à Tadoussac.

Sacré farceur

Un bon jour qu'il avait couché chez nous, le lendemain, mon père avait affaire au village, à trois milles de là, car nous restions dans le deuxième rang de Saint-Jérôme. Pendant que mon père était à atteler la jument, il avait invité Alexis à l'attendre car lui aussi descendait au village ; Alexis lui avait alors répondu : « Je vais faire un bout, je vous attendrai de l'autre côté des côtes ». Mon père partit donc mais Alexis bien entendu s'était poussé jusqu'au village où mon père le retrouva feignant comme d'habitude n'avoir pas eu à courir pour s'y rendre avant la jument. Pourtant mon père avait rossé sa grise comme jamais il ne l'avait fait. Alexis aimait faire ce genre de farce.

(Arthur NOEL, Métabetchouan, 1967)

Nous rirons avec vous de cette situation sans faire de commentaires additionnels. Est-ce donc vrai qu'il courait comme le vent et soufflait comme une baleine ?

Quand il grimpait une côte, le sable et la poussière levaient en arrière tel un cheval qui court très vite.

(Mlle Martha BOULIANNE, Rivière-Mailloux, 1966)

Des pommes et des oranges

Je me souviens qu'un bon jour, je m'étais rendu dans un petit rang où Alexis tenait un restaurant, et là j'ai voulu lui acheter une douzaine d'oranges alors qu'il ne vendait que des pommes. « Si tu peux m'attendre, me dit-il, j'irai en chercher à Jonquière ». Il partit donc à la course me faisant promettre de garder (surveiller) *son matériel. Il revint environ vingt-cinq minutes après. Et Jonquière est situé à environ trois milles de ce point. En passant, il ne savait pas trop compter et nous disait de mettre nous-mêmes l'argent qu'on lui devait dans une sorte de tasse dont il se servait comme « caisse ».*

(Elzéar DROLET, Kénogami, 1968)

Cette course est belle mais humaine. Trente minutes pour 9,6 km, cela veut dire 3.12 minutes par km; les marathoniens d'aujourd'hui tiennent ce rythme sur une distance de 42 kilomètres.

Et Monsieur Drolet d'ajouter :

Quand il partit (de son petit restaurant) *à courir il faisait des enjambées de quinze pieds que je me suis amusé à mesurer dans le sable. Je les ai mesurées en comptant cinq pas ordinaires de trois pieds entre chacune de ses pistes.*

La fameuse course à Paterson, New Jersey

Elles ne furent pas très nombreuses, ses courses avec ses semblables. On n'osait pas le comparer aux autres hommes dans ce domaine, car disait-on simplement (pour se justifier) :

C'était pas un homme, c'était un cheval . . .

Et un autre d'ajouter :

Quand il voulait courir, il se secouait, sortait la langue, qu'il avait démesurément longue, faisait avec sa bouche le bruit que fait un cheval après une course en faisant vibrer ses babines. Il se fouettait avec une petite hart tout ça pour l'originalité et l'amusement de ceux qui le voyaient[4].

(Joseph TREMBLAY, « petit », Chicoutimi, 1951)

La plus spectaculaire de ses courses a sans doute eu lieu à Paterson aux Etats-Unis et on en retrouve un assez fidèle récit dans le « fameux » dossier 655 de la Société Historique du Saguenay, (pièce 4, no 1) :

Mon oncle Georges et mon oncle Joseph, pendant qu'ils étaient aux Etats-Unis, étaient allés dans une ville pour assister à une course à pied.

Rendus là, ils rencontrent inopinément Alexis « le Trotteur ». Voyant là une aubaine merveilleuse, ils lui proposent de s'inscrire pour le concours de course, s'offrant à faire pour lui le dépôt de 25 dollars requis pour concourir. Mais Alexis ne veut pas du tout.

La course se faisait sur une piste d'un mille. Il y avait plusieurs concurrents, tous habillés et chaussés légèrement, selon les exigences du métier. Alexis qui assistait, les regarde courir autour, mais n'y tenant plus il saute dans l'arène, tel qu'il était, et part à courir à côté, et bientôt en avant des autres. Il fait exactement cinq tours pendant que les autres en font deux.

L'assistance est renversée ; elle crie, applaudit, réclame le prix pour le merveilleux coureur étranger. Mais le jury se conformant aux lois du concours, déclare qu'il ne peut attribuer les récompenses qu'à ceux qui se sont inscrits régulièrement.

Alexis n'eut rien. Il avait fait manquer complètement la course organisée. C'est mon oncle Georges Tremblay qui m'a raconté la chose, et je l'ai entendue plus qu'une fois. Je ne me rappelle pas en quelle ville la course avait eu lieu.

(Antoine TREMBLAY, Chicoutimi, 1946)

Si quelques lettres ont été envoyées à certaines archives des Etats-Unis et surtout du New Jersey, les réponses, après trois ans, se font encore attendre. Il est vrai que ne possédant pas l'année précise de cette course, il serait assez pénible pour un chercheur d'essayer de trouver dans les journaux de l'époque un quelconque commentaire sportif s'y rapportant.

Si on analyse maintenant le récit de cette course tel qu'il nous a été transmis voici certains points qui font réfléchir. Le montant de 25 dollars de dépôt semble assez élevé pour ce genre de course où d'habitude les concurrents n'ont pas à payer ce genre d'inscription. Etait-ce vraiment un droit d'inscription ou un simple dépôt garantissant la participation du donateur ?

On dit aussi que la course se faisait sur une piste d'un mille. Or, il est très rare de voir des coureurs à pied se rencontrer sur une piste de cette longueur. Une piste de chevaux mesure ordinairement un demi-mille, car si elle mesurait un mille, les spectateurs auraient beaucoup trop de difficulté à jouir du spectacle et à suivre le cheval sur lequel ils ont parié. Raison de plus pour une course d'hommes. Ordinairement, les courses du mille, dans le domaine athlétique, se jouent sur des pistes de 440 vg ou de 880 vg.

Enfin, supposons qu'elle ait quand même mesuré un mille. Après le premier tour de piste des autres coureurs, on rapporte qu'Alexis sauta dans l'arène et fit *exactement cinq tours pendant que les autres en* firent *deux.* C'est donc dire que c'était là une course de trois milles et qu'Alexis courut cinq milles pendant que les coureurs accomplirent leurs deux derniers milles.

Supposons aussi que c'était là des amateurs et qu'ils couraient le « 3 milles » en 18 minutes [5], (premier mille en 5 minutes, second mille en 6 minutes et troisième mille en 7 minutes) ; Alexis par conséquent aurait couru 5 milles en 13 minutes (6mn + 7mn)... Une jolie moyenne de 2mn 36s au mille. Ce qui est, à notre humble avis, physiologiquement impossible. Il serait trop long de démontrer ici cette dernière assertion mais la preuve serait sans contredit très concluante.

Solution hypothétique

A supposer maintenant qu'Alexis ait fait seulement quatre tours au lieu de cinq comme il est prétendu, et ce, pendant que les coureurs en faisaient deux. Il eût donc fait, suivant ce raisonnement, quatre milles en treize minutes. La moyenne en l'occurence grimpe donc à 3mn 15s au mille. En l'an 2,000, nous atteindrons peut-être cette vitesse, mais pour l'instant... Et s'il avait fait ses trois tours comme les autres coureurs mais en les laissant prendre un tour d'avance... Encore là, il aurait battu le record de l'heure (1903) qui était de 14mn 17s 6/10 et que détenait l'anglais Alfred Shrubb, Aujourd'hui, on court cette épreuve en un peu plus de treize minutes.

Bien entendu, nous ne voudrions ici mettre en doute la parole de feu Antoine Tremblay qui rapporta l'événement en 1946. Sérieux et d'un esprit mathématique supérieur, il ne se serait pas amusé à raconter à des ramasseurs de faits, des sornettes inventées par ses oncles Georges et Joseph.

Raoul Tremblay, de Métabetchouan, un frère d'Antoine, déclarait en août 1963 en parlant d'Alexis :

Il m'a dit lui-même qu'il avait couru à Paterson tel que mes oncles nous racontaient la chose.

et ce même Monsieur Raoul qui l'avait fait courir en revenant d'une veillée raconte que :

Pour courir, il ne se penchait pas en avant ; il tenait les épaules en arrière et se lançait par de longues enjambées, à une vitesse merveilleuse. La jambe seule faisait le travail, apparemment sous la poussée du pied qui la lançait en avant [6].
(Raoul TREMBLAY, Métabetchouan, 1963)

Et quand on lit dans *Le Canada français* [7] :

Il courait le mille sur la piste ou sur la glace en deux minutes et trente secondes.

Si cela est juste (et seulement à cette condition), il est sûrement plausible qu'il ait parcouru cinq milles pendant que les autres en parcouraient deux. Mais le hic dans toute l'affaire, c'est que Marius Barbeau, comme nous d'ailleurs, a entendu raconter le récit de cette course en deux minutes trente secondes, mais les preuves hélas ! ont probablement fondu avec la glace de la Rivière Malbaie . . .

Et les courses continuent

Plusieurs petites courses, sans trop grande importance, nous sont rapportées ici et là ; nous n'en citerons que quelques-unes que vous serez libres d'analyser.

Alexis avait une cinquantaine d'années et nous étions jeunes ; il nous suivait encore facilement à la course.
(Aimé LAPOINTE, Clermont, 1966)

Le soir pour s'amuser, les gens couraient avec lui. Tout le monde s'en donnait à cœur joie. Alexis ne se laissait pas prier car il se trouvait parmi des gens qu'il connaissait.
(Philippe BOULIANNE, Kapuskasing, 1966)

Papa me disait qu'à Bagotville, il prenait des « bauches » avec Alexis.
(Joseph TREMBLAY, Chicoutimi, 1968)

Pour terminer ses courses avec ses semblables, lisons cette autre description qui dit bien ce qu'elle veut dire :

Il avait le pas souple et athlétique et courait en se fouettant légèrement les jambes avec une hart ordinairement rouge dont il était toujours muni [8].
(J.-E. PINEAULT, Québec, 1946)

Course contre vélos

Si, en 1900, les hippodromes étaient plus nombreux que les vélodromes eux-mêmes, il est arrivé quand même à Alexis de courir contre des bicyclettes. Une de ces courses nous est rapportée par Mgr Alphonse-Elzéar Tremblay, alors supérieur du Petit Séminaire de Chicoutimi :

Mes frères, plus âgés que moi, avaient des bicyclettes ; le soir, ils prenaient des courses jusqu'au bout du rang (le rang VI de Saint-Cœur-de-Marie) trajet d'environ un mille. Alexis les suivait facilement en courant derrière eux. Il avait alors environ cinquante ans[9].

(Mgr A.-Elzéar TREMBLAY, Chicoutimi, 1963)

Son pas de course

Son pas de course nerveux et élastique dénotait qu'il avait été excellent coureur avant d'être aussi chargé par les années[10].

(J.-E. PINEAULT, Québec, 1946)

Rappel

Nous ouvrirons ici une parenthèse, pour rappeler que la grande majorité des témoignages sont oculaires et rapportés de bonne foi. Nous ne traiterons jamais personne de fieffé menteur, car il ne nous appartient pas de juger qui que ce soit. Par l'analyse et la dissection, nous chercherons (encore) les possibilités physiques de tel ou tel exploit. Avancer qu'une telle chose est impossible parce que personne ne l'a réalisée auparavant est sans aucun doute très subjectif et mauvais par conséquent. Se peut-il qu'un homme, vivant dans la dernière moitié du XIXe siècle, ait égalé certains records d'aujourd'hui ? Sans divaguer, nous répondrons : pourquoi pas ?

En dépassant un cheval, le meilleur trotteur, il posait sa main sur la menoire et tassait le cheval de côté. Ensuite, il bondissait d'au moins vingt-cinq pieds et s'élançait à vive allure.

Philippe BOULIANNE,
Kapuskasing, 1966

Je me souviens, étant petite fille. Alexis était venu chez nous, et ma mère je ne sais trop à quel propos lui avait dit comme ça : « . . . tu peux bien parler toi, avec tes pieds de cheval ». J'étais alors toujours restée sur l'impression qu'il avait réellement des pieds de cheval . . .

Mme François GAUDREAULT,
Roberval, 1967

Alexis et la race chevaline

De qui Alexis tenait-il ce don ? Y avait-il eu des coureurs parmi ses ancêtres ? Comment expliquer ce talent anormal ? Monsieur Barrette, qui fut le compagnon d'Alexis pendant une dizaine d'années a réponse à toutes nos questions. Un beau dimanche, pendant que son mari gardait la marmaille, madame Lapointe, la mère d'Alexis, se rendait à l'église en bogué (!). Bien qu'elle fut enceinte d'Alexis, qu'elle attendit la maladie comme on dit, elle ne négligeait pas pour cela ses devoirs religieux. Il arriva donc qu'au détour d'une route son cheval prit peur et s'enfuit à toutes jambes. La pauvre femme, plus morte que vive, fit tout son possible pour ralentir la course de l'animal en furie qui, excité par les cris de la matronne, continua de plus belle sa course effrénée. Ce n'est qu'après plusieurs minutes d'angoisse et d'efforts qu'elle réussit à arrêter son coursier dans une clôture. Et c'est ainsi qu'Alexis-Trotteur, encore dans le sein de sa mère prit contact avec les chevaux. Selon une croyance antique et vénérable, l'enfant subit l'influence des émotions et des chocs que sa mère ressent et éprouve pendant la grossesse. Comment s'étonner qu'Alexis après avoir été mêlé à cette aventure toute chevaline, fut un peu bidet lui-même [11].

Superstitions, légendes, croyances populaires trouvent toujours réponse à tout. La plupart du temps les solutions apportées ne seront que de bonnes blagues racontées par un quelconque pince-sans-rire, et qui plus est, se trouve toujours prêt à jurer de ce qu'il avance. Les années passant la bonne blague devient alors une explication proprement dite et fortement ancrée dans l'esprit de ceux qui ne se posent guère de questions.

Alexis a-t-il vraiment couru avec des chevaux de course sur une piste prévue à cet effet ? Les multiples témoignages reçus nous forcent au moins à nous poser certaines questions. Alors, avec nous, montez à bord du *sulky* et visitons les principales pistes qu'il semble avoir bel et bien foulées...

Autour du lac Saint-Jean

Saint-Félicien a possédé pendant deux ou trois ans une piste de course dans le Canton Desmeules autour de l'année 1920. Voici ce que raconte un soi-disant témoin oculaire :

J'ai 56 ans (1966) et suis originaire de Saint-Félicien, où je suis demeuré jusqu'à l'âge d'environ 47 ans ; vers 1920, j'avais une dizaine d'années dans le temps. Une piste (ou rond de course) pour les meilleurs chevaux trotteurs à l'amble, et entourée d'estrades à gradins et de kiosques, fut construite sur la terre de M. Joseph Perron dit Boivin sur le Canton Desmeules, au village de Saint-Félicien. Elle était située à peu près à un demi-mille de distance en profondeur à partir du boulevard Sacré-Cœur aujourd'hui en face de la route conduisant au pont qui enjambe la rivière Ashuamouchouan ; elle avait un demi-mille de circonférence.

Je ne fus jamais amateur de chevaux ni non plus amateur de ces courses de chevaux trotteurs. (...) Mais comme j'avais entendu dire qu'un nommé Alexis Lapointe dit « le Trotteur », lequel passait pour pouvoir courir aussi rapidement qu'un cheval, devait concourir lui aussi sur cette piste, (...) j'avais alors décidé mon père à m'y amener. (...) C'était un dimanche après-midi, nous étions, mon défunt père notaire et moi placés sur le plancher d'un kiosque élevé nous permettant de voir tout le tour de la piste à distance et aussi nous avions eu l'occasion d'y voir le départ des chevaux trotteurs et de Monsieur Alexis Lapointe dit « le Trotteur ».

Description de la course

Monsieur Lapointe courait à côté d'un des chevaux et au cours du premier tour d'un demi-mille se faisait dépasser et dépassait le premier de temps à autre et il en résulta qu'il fut dépassé un peu par les chevaux à la fin du premier tour. Il a dû aussi s'infliger une entorse à un pied à cause d'un faux pas, en cours de route ; en tout cas, il paraissait boîter un peu. Mais stimulé par les spectateurs il repartit comme une flèche au début du deuxième tour et semblait courir alors le corps recourbé en arrière et rejoignit ainsi les chevaux et les avait même dépassés un peu à l'arrivée au but, à la fin du deuxième tour qui complétait le mille de distance (. . .)

. . . J'avais trouvé cela aussi intéressant qu'un cirque et pourtant dans mon jeune temps, je ne pouvais pas m'imaginer de pouvoir constater un événement aussi intéressant qu'un cirque. (. . .) Monsieur Lapointe passait pour être parvenu à atteindre une moyenne de 32 mil/h à la course à côté d'un cheval.

(Alfred COULOMBE, Saint-Prime, 1966)

Monsieur Coulombe a-t-il vraiment été témoin oculaire de ce qu'il avance. Il dit en substance avoir vu courir Alexis le mille en moins de deux minutes trente secondes. Et ce, alors que ce dernier était âgé de soixante ans . . . (1920). La difficulté de trouver d'autres témoins pour cette course nous rend perplexes ! Pourtant si Alexis avait vraiment couru à cet endroit, en 1920, certains autres témoins s'en souviendraient . . . Tout cela hélas ! nous porte un peu à croire que l'histoire de cette course, magnifiquement racontée, ait été le fruit, en partie, de l'imagination. Pour toutes ces raisons et pour d'autres, que nous taisons par discrétion, nous ne pousserons pas plus loin l'enquête concernant cette course à Saint-Félicien.

En discutant avec Monsieur Alphège Tremblay, 88 ans (1966), de Saint-Félicien, qui a construit lui-même la seule piste de course qu'il y ait eue dans cette ville, il nous disait n'avoir jamais vu courir Alexis sur cette piste mais :

Je n'étais pas toujours ici,

avançait-il également. Toujours selon lui, le meilleur cheval du temps avait fait le mille en 2mn 7s officiellement, mais Monsieur Tremblay nous disait l'avoir réussi personnellement, en dehors d'une course officielle, en 2mn 4s avec un cheval du nom de Rudby qu'il avait payé 700 dollars.

A Roberval

Si nous continuons notre route vers le sud, nous arrivons à Roberval où dans les bonnes années, il y eut jusqu'à deux pistes de course ; une dans l'Anse-de-Roberval, près du premier rang et l'autre, un peu plus tard, sur le terrain de l'exposition, dans la partie nordique de la ville. Alexis, en 1915, à Roberval, déçut grandement un public qu'il avait depuis longtemps gagné à sa cause. Au moins une bonne douzaine de témoins nous ont raconté cette course dont, entre autres, Léonce Perron, de Saint-Prime, Wellie Boudreault, de Saint-Félicien, Jos. Dubois, de Chicoutimi, le Dr Wilfrid Boudreault, de Roberval, Philippe Pelletier, de l'Anse-de-Roberval, et de nombreux autres.

C'était à Roberval, sur le rond de course dans l'Anse ; Alexis devait se prendre avec le meilleur cheval ; comme il retardait à apparaître sur le rond, tout le monde se demandait ce qui se passait, Alexis ne venant pas trotter. Et tout à coup, on nous annonce qu'Alexis ne veut pas trotter et quelques minutes après, on nous dit qu'il venait trotter. Alexis apparaît donc sur le rond avec un mouchoir rouge dans le cou ; il prend le cheval par la bride et fait le tour du rond avec lui au pas et au second tour il devait trotter ; il fit un arpent ou deux au trot et tout à coup, on eût dit qu'ilt se renversa un pied. Tout le monde disait qu'il ne voulait pas trotter. Il y avait là des sauvages qui avaient fait vingt milles à pied pour venir le voir trotter. Ils étaient bien fâchés et ils disaient : « Donnez-lui un coup de pied dans le derrière, puisqu'il ne veut pas trotter ».

On n'a pas pu savoir si c'était vrai ou faux ; tout le monde était bien désappointé de ne pas avoir vu trotter Alexis « le Trotteur », et moi aussi qui avais quatorze ans dans le temps et aujourd'hui j'en ai soixante-dix.

(Joseph LEVESQUE, Péribonka, 1966)

Encore une fois, on avait voulu exploiter Alexis sans penser une seule seconde qu'il était alors âgé de 55 ans.

C'est un nommé « Tiflu » Tremblay, propriétaire d'un hôtel à Roberval qui l'avait fait venir pour courir . . .

(Philippe PELLETIER, Roberval, 1967)

Et la course se déroula chez Pitre Girard dans l'Anse-de-Roberval.

En quelque sorte, nous l'avons déjà dit, il aimait avoir le dernier mot et n'a jamais pensé une seconde qu'un mauvais spectacle, comme celui-là, lui amènerait des « ennemis » qui avaient surtout, par ce beau dimanche, perdu leur « piastre ». Avaient-ils tous analysé la situation ? N'était-ce pas là un simple subterfuge publicitaire pour attirer du monde dans les estrades ? Les promoteurs étaient-ils conscients de la capacité d'Alexis ? Alexis était-il seulement capable de produire ce genre d'exploit ? Bref, l'avait-il déjà été ? Enregistrons ces questions et continuons.

Laissons la piste un instant et écoutons ce digne vieillard de 90 ans (1967) nous raconter ce qu'Alexis savait faire sur la glace :

J'ai vu courir Alexis en 1905 à Roberval sur le lac Saint-Jean ; c'était en hiver et il courait alors sur la glace. Je lui ai vu faire quatre ou cinq courses avec des trotteurs et ce, sur une distance d'environ un demi-mille. Pas un cheval ne l'a battu. J'avoue bien franchement n'avoir jamais vu courir un homme de cette manière.

(Louis TREMBLAY, Chambord, 1967)

Vers le lac Bouchette

En quittant Roberval, un témoignage nous attire vers le lac Bouchette où Monsieur et Madame François Gaudreault (présentement domiciliés à Arvida) se rappellent fort bien une course d'Alexis qui date de 1921 ou 1922.

Nous nous souvenons très bien qu'en 1921 ou 1922, Alexis a couru chez nous au Lac-Bouchette. Monsieur Gaudreault, le père de mon mari, avait une petite jument trotteuse qui courait souvent sur les ronds de course, elle avait même gagné le « free for all » sur la piste de Saint-Félicien ; toujours est-il qu'un bon jour, l'ayant attelée à son sulky habituel, elle prit une course avec Alexis à partir de l'église de Lac-Bouchette jusqu'à chez nous, c'est-à-dire une distance d'à peu près quatre arpents. Nous l'avons vu, mon mari et moi, de nos yeux vu, arriver avant le cheval. Et je peux vous assurer que c'était là un cheval qui faisait le mille en bas de deux minutes et trente secondes. Et j'ai remarqué aussi une chose que je n'avais jamais vue : Monsieur Gaudreault fouetter son cheval. Je peux vous dire aussi qu'il était très orgueilleux de ce dernier. En arrivant à la fin de sa course, quelqu'un a dit qu'Alexis pouvait faire mieux, alors Monsieur Gaudreault l'a invité à refaire le parcours, mais Alexis n'a jamais voulu.

(Mme François GAUDREAULT, Roberval, 1967)

Quatre arpents, ce qui veut dire 768 pieds ou 256 verges, un peu plus de 200 mètres quoi ! En combien de temps l'avait-il couru ? 25 secondes, 23, 20 ? Qui sait ! Il est vrai que sur une faible distance comme celle-ci, l'homme est grandement avantagé au départ. Même nous ne croyons pas que le cheval ait le temps d'atteindre sa vitesse maximum ; alors que l'homme de son côté grimpe vitement à son paroxisme de vélocité. Et comme disait Philippe Gilbert (1967), de Montréal ;

Sur le beau planche, il se sacrait bien de n'importe quel trotteur.

Passons donc Chambord et Desbiens et arrêtons-nous quelques instants à Métabetchouan, ville qui fêta son centenaire en 1961.

Alexis était-il *flyer* ou *stayer* [12] ou simple canasson comme le prétendent quelques-uns ?

Je me souviens très bien un jour à Métabetchouan vers 1907, alors que j'avais 18 ans, je conduisais à ce moment-là le cheval de Léon Laliberté qui s'appelait SENATOR et qui courait le mille dans les 2mn 20.

Un nommé Asselin, de Saint-Félicien, avait organisé une course de quinze milles dans laquelle Alexis avait à affronter le cheval que je conduisais. Bien entendu, les organisateurs avaient fait ça pour attirer du monde et il était venu là au moins 7,000 personnes.

Je ne crois pas qu'il ait pu battre un vrai cheval de course. De toute façon, quand j'eus terminé mes trente tours, Alexis, qui me disait à chaque tour lorsque je passais à côté de lui qu'il allait reprendre son souffle, avait complété un peu plus de la moitié des tours. C'est donc dire environ neuf milles. Je ne peux pas me souvenir du temps que la course avait duré.

(Charles-Eugène POTVIN, Kénogami, 1967)

Mais voilà que nous recueillons une contradiction flagrante à ce dernier témoignage :

Ce n'était pas Alexis qui a couru cette course, je peux vous l'affirmer. Alexis était plutôt court et celui qui a couru au petit trot était grand. Je me souviens qu'il a fait plusieurs tours mais je trouvais cela si peu intéressant, que je suis parti avant la fin de la course.

(Arthur NOËL, Métabetchouan, 1967)

Quel était donc cet autre coureur que personne ne nous a signalé. A moins que ce ne fût ce Laflamme, cultivateur célibataire de Notre-Dame-de-la-Doré . . .

Il (Laflamme) *parcourait aisément la distance entre Saint-Félicien et la Doré aller et retour* (22.5 milles). *Et il courait tout le long de ce parcours.*

(Alfred COULOMBE, Saint-Prime, 1966)

Ou encore ce dénommé Jack à Plaube, de Saint-Raphaël-de-Bellechasse qui, dit-on,

courait de Saint-Raphaël à la Pointe-Lévis (c'est ainsi qu'on désignait la ville de Lévis) ; il courait ainsi avec le cheval plaçant la main sur la menoire de la voiture, et ainsi faisait ce parcours. Après un bon repas, pour lui et le cheval, le retour s'effectuait de la même façon.

(Madame X, Sainte-Hénédine, 1968)

Bref, une tierce personne trancherait probablement la question à savoir qui de Potvin ou de Noël a raison, mais cette personne est demeurée introuvable.

Encore un mille en moins de trois

Un bon dimanche après-midi, vers 1921, mon père m'amena à la piste de course de Métabetchouan, pour y voir Alexis « le Trotteur » courir contre des chevaux. (. . .) Nous avions décidé, pour ne rien manquer de la course de monter sur le toit de l'estrade, car étant enfants, nous n'y voyions rien placés au même niveau que les autres. Au départ des chevaux, Alexis enlève son petit veston et même sa chemise et part derrière les chevaux. (. . .) Rendu à la fin de la course, à environ cent pieds du fil d'arrivée, Alexis qui était « bride à bride » avec le cheval d'Alexis Néron activa sa course pour passer le fil d'arrivée avec une bonne distance devant le cheval gris de Néron. Pour terminer sa course, je me souviens qu'il fit cinq ou six sauts d'une vingtaine de pieds chacun et c'était là un cheval de 2mn 15s.

(Ernestas GUAY, Métabetchouan, 1967)

Au dire de tous ses voisins, Monsieur Guay n'a jamais eu la réputation d'inventer ce genre d'histoire. Fin observateur et sans cesse assoiffé de connaissances, Monsieur Guay, comme certains autres, est un témoin de première qualité et la course qu'il raconte est d'autant plus déconcertante pour celui qui a à l'analyser. Là encore, la confirmation est difficile à trouver précisément. Pitre Langevin, un témoin, nous dit :

J'ai entendu parler d'une course qui avait eu lieu ici à Saint-Jérôme, (Lac Saint-Jean), *entre Alexis et des chevaux, mais je ne l'ai point vue.*

(Pitre LANGEVIN, Métabetchouan, 1967)

Quel crédit exact accorder à cette course et à ce récit ? On dit en France que le ridicule tue, mais il arrive semble-t-il que la peur du ridicule provoque la fuite devant la vérité, ce qui devient le comble du ridicule ! Nous ne fuirons pas complètement, nous penserons à ce récit ainsi qu'aux autres et dans un chapitre ultérieur, nous porterons un jugement. A travers tout ce travail, nous essayons le plus possible d'aborder la question très franchement et simplement ; car nous savons qu'il y a faute grave à formuler des théories avant d'avoir des données précises, car ce faisant, nous sommes indubitablement enclins à altérer les faits pour les adapter aux théories que nous avons élaborées.

Et hop ! la grise . . .

J'ai travaillé vingt-cinq ans avec les chevaux ici à Saint-Jérôme du Lac Saint-Jean. Et je puis vous affirmer qu'Alexis Lapointe était un surhomme que vous ne retrouverez plus nulle part ailleurs. Il accotait les meilleurs chevaux d'ici dans des courses régulières, avec juges, chronométrages, etc.

Il m'est arrivé une dizaine de fois de courir contre Alexis avec des chevaux tels Joe Galliger, Jim Leader, Lady Nock, le cheval du marchand Labrie [13] *qui s'appelait Dan ; certes Alexis essayait bien d'épeurer mon cheval pour qu'il* (le cheval) *fasse le grand tour du rond, mais il reste qu'il courait quand même le mille à côté de nous. Sur les dix fois environ que j'ai couru avec Alexis, il m'a battu environ sept fois.*

Je peux vous assurer qu'il battait les meilleurs chevaux du « free for all » et ces chevaux-là étaient dans les plus rapides.

Je me souviens aussi qu'il avait battu « Cavack » (ou Kavack) *dont le propriétaire était d'Hébertville et c'était là un cheval de la classe « 2:20 ». Il passait pareillement la petite jument de mon beau-père qui s'appelait « Belle » ou « Baguéra » je ne me souviens plus très bien de son nom. Soyez assuré, qu'il faisait le mille en 2mn 40s.*

Quand il venait ici, il pensionnait toujours chez mon oncle Claude Villeneuve.

(Edouard PERRON, Métabetchouan, 1967)

Nous avons demandé à Monsieur Perron s'il poussait ses chevaux à fond quand il courait contre Alexis. Sûrement, nous a-t-il répondu, car nous avions aussi notre orgueil de gagner la course, comme lui d'ailleurs ;

Aussi, l'ai-je souvent vu courir sur la glace de Saint-Jérôme à Saint-Gédéon et les chevaux arrivaient en arrière de lui.

Tenons compte ici du truc qu'employait Alexis pour obliger le cheval à faire un plus grand tour ! Il fallait y penser. A cause de l'âge de Monsieur Perron, nous pensons que certaines de ses données sont involontairement erronées ! Qu'Alexis ait tenu le « bride à bride » avec un trotteur de race sur une distance d'un demi-mille, nous marchons presque. Mais pour le mille en 2mn 20s, il y a billevesée quelque part et sans qualifier tous les vieillards de gérontes, nous ne voulons pas non plus faire d'Alexis un être fantasmagorique. Encore là, que de véracité aurions-nous trouvée en faisant cette recherche vingt-cinq ans plus tôt. Nous aurions pu trouver, dans tous les cas, plusieurs témoins à entendre et l'appréciation elle-même des témoignages se serait vue, par ce fait, beaucoup plus intéressante et sûrement plus riche.

Avant de quitter Métabetchouan, poussons une pointe dans le rang 3 pour écouter Arthur Tremblay nous narrer un événement que nous n'avons pas osé placer dans le chapitre des anecdotes tellement les détails semblaient précis.

Vous savez comme moi qu'un poulain de lait, ça court aussi fort que la mère, et même plus fort souvent. Il y avait, à partir de chez nous à aller jusqu'au marécage la distance de quatorze arpents. Et là, dans le champ, le père avait mis à l'herbe la jument et son poulain. Je ne sais pas trop à quelle occasion mais toujours est-il que l'on avait invité Alexis à « se prendre » contre le jeune poulain. Le résultat ne se fit pas attendre ; il sauta la clôture de pieux (chaînée), fit peur au poulain qui partit à la course. Comme il courait sur le long de la clôture, il sauta la clôture, revint, prit le poulain par la queue, le lâcha et recommença son manège trois fois de suite, sur une distance de quatorze arpents. Et soyez sûr qu'un poulain de trois mois comme c'était le cas, ça court quelque chose de laid.

(Arthur TREMBLAY, Métabetchouan, 1966)

Hébertville

Voilà un autre « fait divers » que les journaux de l'époque n'ont même pas pensé à commenter :

Je l'ai vu au champ de course d'Hébertville-Station, où Alexis a couru en avant de la jument à Edmond Deschênes. Une jument du « free for all » qui courait le mille en trois minutes. Quand il est arrivé à la barrière, il a eu juste le temps de se tasser, car l'ambleuse à Deschênes lui aurait passé sur le dos.

(Adrien TROTTIER, Arvida, 1968)

Pourquoi inventerait-on de telles histoires avec des détails si précis ? Il va sans dire que plusieurs de ces faits rapportés fidèlement quand même, n'ont de cohérence, au dire de plusieurs, que leur illogisme. Pourtant tous ces récits, qui rassemblent une foule d'éléments, peuvent sans doute s'expliquer par l'affabulation. Mais d'une part, s'ils sont véridiques, quelques-uns, au moins, des éléments qui les composent doivent être communs à tous et se présenter ainsi comme une coïncidence improbable, explicable seulement par leur authenticité. Il faudra donc rechercher cette « coïncidence » cachée, ce lien abstrait mais présent, et nous dirons plus, cette structure !

La rue Sacré-Cœur de St-Joseph d'Alma, en 1900. Source : Jean le Photographe

Un petit fait banal en quittant Hébertville :

Un jour, il est parti du village (Hébertville) *et s'est rendu à la maison ici, à deux milles et demi du village lui-même, et ce, en courant contre un cheval qui est parti en même temps que lui. Le cheval est arrivé quinze minutes après.*

(Mme Gérard BOILY, Jonquière, 1967)

Le manque de précision dans ce dernier cas nous oblige à ne pas le commenter.

Alma

Le vicaire du temps (1903) à Hébertville, Monsieur l'abbé J.-Calixte Tremblay, rapporte en 1946 (7 août), ce qui suit :

J'ai vu Alexis « le Trotteur » quand j'étais vicaire à Notre-Dame d'Hébertville (où je suis arrivé à l'automne en 1902). Il allait à Alma prendre part à une course sur la glace en concours avec un cheval qu'on appelait « Cheval-Caribou » et dont le poil était de diverses couleurs, ce qui était un curieux phénomène. On le tenait à cinq hommes et on le lâchait. Il courait de façon extraordinaire. Alexis devait courir contre ce cheval-là ; je ne sais pas si la chose a eu lieu [14].

(Abbé J.-Calixte TREMBLAY, Chicoutimi, 1946)

Et la repartie lui est donnée ici par l'abbé Léonce Boivin :

Quand j'étais à Alma, il courait avec les chevaux de course sur les cinq milles, en gros pardessus d'hiver. La course se faisait sur la petite Décharge, et Alexis chaînait les chevaux, allait et revenait, riait d'eux. Il avait alors près de soixante ans [15].

Et, à ce sujet encore, citons un bout de la lettre envoyée par Mgr Victor Tremblay à Pierre Gascon, directeur de *Perspectives* en date du 8 septembre 1963.

Il courait toujours sans apprêt, vêtu tel qu'il était dans la vie courante ; le plus souvent, et c'est un trait qui lui est caractéristique, il ne courait pas en vertu d'une entente, mais entraîné par la vue des chevaux à belle allure ou pour s'amuser [16].

Cette dernière correspondance d'ailleurs avait aidé Marcel Dubé à écrire une esquisse biographique, dans l'édition du 25 janvier 1964 de la revue *Perspectives.*

Empruntons maintenant l'ancien chemin qui partait d'Hébertville et se dirigeait vers le lac Kénogami. Encore là notre centaure a laissé des pistes.

Il laissait partir dit-on tous les chevaux et s'amusait à tous les repasser...

(Eugène VAILLANCOURT, Jonquière, 1967)

A Jonquière aussi, il vécut, courut, et y fit même quelques écus.

Ma mère, alors qu'elle avait dix ans, l'a vu, elle aussi, courir à la Grand'Ligne de Jonquière. Un de ses oncles, Louis Girard, frère de son père, qui avait un cheval nommé « Smaller » en qui il avait beaucoup confiance et qui, de fait, était bon routier, et encore là, Alexis arrivait le premier [17].

(Silvio DUGUAY, Chicoutimi, 1956)

Je l'ai vu une fois courir sur la piste de course de Jonquière contre des chevaux rapides ; il a aussitôt pris le devant et est arrivé avant tous les trotteurs [18].

(Alfred GAGNON, Chicoutimi, 1963)

Kénogami

Je sais du barbier Pitre Tremblay, qu'un certain propriétaire de cheval avait gagé 100 dollars pour une course entre la route Tachereau (garage Claveau et Fils) et la ligne de chemin de fer et Alexis avait gagné. La course se faisait en montant les deux côtes et non en descendant.

(Raoul POTVIN, Kénogami, 1967)

Chicoutimi

Sans commentaires additionnels, mettons à la suite quelques-unes de ses aventures à Chicoutimi.

Il était parti de Chambord ce matin-là pour venir courir sur la rivière Saguenay, à Sainte-Anne, avec des chevaux. J'avais 15 à 17 ans, (1903). *Pas un cheval ne le battait ; d'ailleurs, sur un rond de course, il virait le mille en trois minutes.*

(Henri TREMBLAY, Chicoutimi, 1968)

Je sais aussi qu'Alexis a pris part à une course, sur la glace, en face de Chicoutimi avec des chevaux trotteurs et les a battus de vitesse. Il avait dépassé le fameux cheval gris de Roger Savard qui passait pour le meilleur du canton et il s'amusait à jouer en avant de lui pour le narguer. Mon père était présent à cette course et il en a parlé bien des fois. Il n'y avait pas de chevaux pour battre Alexis à la course [19].

(J.-E. CLAVEAU, Chicoutimi, 1963)

A l'âge de neuf ans, mon grand-père l'avait vu trotter devant la cathédrale de Chicoutimi ; fait assez frappant pour des jeunes que de voir courir un homme avec des chevaux et arriver avant.

(Gustave BOILY, Jonquière, 1967)

Et la plus drôle d'entre celles-ci, est encore l'histoire d'Edgar Lacombe, propriétaire du Château-Saguenay qui avait engagé Alexis pour courir un bon dimanche après-midi. La veille, pour qu'il se frictionnât bien les jambes, on lui donna une bouteille de whisky ainsi qu'une chambre douillette pour qu'il se reposât bien avant la course. Mais Alexis envoya promener la friction (et le repos problablement) et avala le contenu de la bouteille. Le lendemain, le pauvre ne tenait plus sur ses jambes. On dit aussi que ce fut le dernier contrat qu'il eut à Chicoutimi [20] . . .

Grande-Baie

Mon père m'avait amené un dimanche après-midi, à la piste de course de Grande-Baie, me disant : « Cet après-midi, nous allons voir courir Alexis « le Trotteur » sur la piste. »

J'avais dans ce temps-là 10 ou 11 ans, et j'ai vu une chose cette journée-là que je ne reverrai problablement jamais. Alexis, à qui on avait donné 200 dollars pour qu'il coure, avait après insistance, couru à l'avant de quelques chevaux de 3mn/mille. Il s'était, je me souviens, radicalement moqué d'eux, en courant en avant des chevaux. Il a parcouru un demi-mille ainsi, ensuite, pour ne pas se faire « achaler », on avait laissé la clôture de sortie ouverte, et après sa course, il a continué ; nous, mon père et moi, qui étions assis en haut du stade, l'avons bien vu continuer son chemin, à vive allure. On ne voyait qu'une poussière... Il a dû, à mon avis, parcourir ce demi-mille en une minute et demie... je me souviens que Monsieur Ernest Tremblay avait un cheval qui courait là ; ce Tremblay, de la famille des « Picoté », était parent avec Alexis du côté maternel, et je crois aussi que c'était cette famille (Ernest Tremblay) *qui l'avait décidé à courir.*

(Philippe BLACKBURN, Kénogami, 1967)

Monsieur Blackburn est un témoin assez sérieux, quoique pince-sans-rire ; il nous est ainsi plus difficile de le croire. Le demi-mille en 1mn 30s est encore à 15 secondes environ du record olympique. Mais exagération mise de côté, (avec l'imprécision du récit), nous pensons qu'Alexis aurait tout au moins égalé ce record (1mn 45s).

Et, à ce propos, voici peut-être une confirmation assez appréciable :

Je l'ai vu courir sur une course d'un demi-mille à Grande-Baie, et je crois vraiment qu'il était capable de dépasser un cheval de course.

(Rémi DUVAL, Grande-Baie, 1967)

Deux autres témoins qui totalisent 173 ans d'âge, nous affirment encore d'une voix très virile ce qui suit :

Abraham Tremblay avait une petite jument qui faisait le mille en bas de trois minutes ; j'ai vu Alexis plusieurs fois (rang Saint-Joseph de Bagotville) car il a travaillé huit ans dans le rang où je demeurais. Je l'ai vu « courser » avec cette jument qu'il réussissait toujours à battre.

(Tommy GAGNÉ, Bagotville, 1967)

La seule fois que je l'ai vu courir, c'était ici, dans le rang Saint-Joseph, alors qu'il avait couru derrière deux poulains de deux ans dans le rang même, et ce sur une distance d'environ quinze arpents.

(Albert GIRARD, Bagotville, 1967)

Son pays natal

Bien qu'Alexis préférât, toute sa vie, faire ses courses à l'extérieur, il lui arriva quand même de se produire dans son canton. Que voulez-vous, *chassez le naturel, il revient au galop.* Combien de fois par exemple, il s'est amusé à passer, à la course, les voitures qui descendaient à la vieille église de La Malbaie pour la messe du dimanche. Et pour doubler et tripler son jeu, il se laissait passer et hop ! un coup de *whip* et le voilà reparti pour devancer une fois de plus le peloton des « quat'roues » en été et des carrioles en hiver !

De chez lui, sa maison natale, à l'église du village, il y avait une distance de cinq milles. Aller et retour, voilà une belle trotte avant le déjeuner. Comment ne pas comprendre alors qu'il avait un appétit d'ogre !

Les gens de Sainte-Agnès passaient devant chez lui pour aller à La Malbaie ; Alexis s'amusait à dépasser les chevaux et il n'y en avait pas un pour trotter assez vite pour n'être pas facilement dépassé par lui [21].

(Abbé Alexandre MALTAIS, Chicoutimi, 1946)

Mais comme c'était là ses pratiques quotidiennes, a-t-il vraiment fait plus, chez les siens ?

Alors que j'avais onze ans, (1905) *nous nous étions rendus, mon frère et moi, à un lac près de La Malbaie, sur lequel Alexis devait courir (sur la glace). Mais après qu'il eut fait un bout, il arrêta sa course. Peu de temps après, mon père l'invita à monter dans la voiture pour qu'il puisse descendre avec nous, mais il refusa. Mon père termina donc d'atteler son cheval (qui faisait le mille en bas de trois minutes) et nous sommes partis. Quand nous avons passé devant la maison, où demeurait Alexis, il était sur la galerie et fumait sa pipe. Et la distance, du lac à chez lui, était d'environ huit milles au moins.*

(Jos. MURRAY, Desbiens, 1967)

Cette remarque qu'il *fumait sa pipe* en attendant lui était bien familière et grâce peut-être à ce détail, nous sommes portés à croire ce récit qui constitue quand même pour Alexis une course assez facile.

Dautres mystères du turf

Edgar Rochette, ancien ministre de l'agriculture, s'était acheté un cheval que l'on appelait Alexander Direct. Ce cheval était un coursier de race ; Alexis s'amusait à courir en arrière en lui tapant de temps en temps sur les fesses et ce, s'il vous plaît, au rond de course de La Malbaie, i.e. Cap-à-l'aigle.

(Armand LAJOIE, Bagotville, 1967)

et plus encore...

Charles Rochette, avait un magnifique cheval et lançait un défi à quiconque voulait le relever. Il s'agissait d'un pari de mille dollars. Un homme de la Rive-Sud, avec une jument du nom de Calumet Anabel le releva et gagna. Le cheval de Monsieur Rochette en était un qui faisait le mille en 2mn 6s, alors que la petite jument faisait les deux tours de piste (un mille) en 2mn 2s. Alexis, pour s'amuser, courut cette journée-là à côté de cette jument, et ceci je l'ai vu de mes propres yeux, à la piste du Cap-à-l'Aigle non loin de La Malbaie.

(Armand LAJOIE, Bagotville, 1967)

Le récit est bon et plaisant à lire, sans contredit. Toutefois, l'âge du témoin nous fait sursauter... 54 ans en 1967 signifie qu'il avait 8 ans en 1921... Peut-être a-t-on voulu ici s'approprier le récit du père ou d'un ami, qui sait !

A ce sujet, une autre personne nous raconte :

On l'avait demandé pour qu'il coure au rond du Cap-à-l'Aigle en 1917, mais il s'est jeté sur le côté (un peu comme à Roberval où il feignait s'être renversé un pied) *et n'a pas voulu courir.*

(Amédé TREMBLAY, Clermont, 1967)

Certes, il y en aurait plusieurs autres à raconter mais toutes ces aventures hippiques se ressemblent beaucoup. Et si nous continuons, nous serons obligés d'émettre certaines « hippothèses »...

Il est sans doute intéressant de voir aussi qu'il se mesura à certains autres animaux.

Histoire de rire un peu

Exception faite des trotteurs ou ambleurs, Alexis se riait fatalement de quelques autres bêtes domestiques ou pas. Voici donc les uns après les autres quelques témoignages dans ce sens et nous vous ferons grâce de tout commentaire mathématique ou trop rationnel qui ferait perdre de la couleur à ces récits dont il faut s'amuser ou tout au moins rire.

Des veaux et des moutons

Plusieurs fois, il m'est arrivé de le voir courir après des veaux dans le champ ou encore des moutons.

(Joseph GAGNON, Kénogami, 1968)

Des chiens

Alexis était plus vieux que mon mari. Il me disait, lorsqu'il le voyait passer, quand il était jeune et qu'il se trouvait avec ses petits compagnons, et qu'ils voulaient le voir courir, ils envoyaient un chien après lui. Il se sortait la langue et courait assez fort qu'un chien n'était même pas capable de le suivre.

(Mme Ulysse TREMBLAY, Saint-Siméon, 1966)

Il avait passé la descente depuis Sainte-Anne, à sauter à côté de la voiture et à agacer les grand chiens de la Côte, et il faisait du trente-deux milles à l'heure : pas de farce, pas d'exagération, je vous le certifie pour l'avoir vu[22].

(Abbé Léonce BOIVIN, Les Eboulements, 1942)

Encore des moutons

Il partait en arrière d'un mouton dans le champ et rendu en arrière de lui, il sautait en avant pour obliger le mouton à arrêter d'une manière un peu brusque mais très drôle à voir.

(P.-Alphonse TREMBLAY, Bagotville, 1967)

Des cochons

Quand ils faisaient boucherie chez nous, c'était un peu l'occasion de prendre un verre . . . alors comme tout le monde filait bien, à un moment donné, ils faisaient par exprès pour laisser échapper un cochon dans le clos ; ceci, (les hommes le savaient bien) motivait Alexis, qui ne prenait pas la peine de penser au subterfuge pour le faire courir, et partait comme pas un n'aurait su le faire, en arrière du cochon qu'il rattrapait à tout coup, au bon plaisir des amis rassemblés pour la boucherie.

(P.-Alphonse TREMBLAY, Bagotville, 1967)

Et puis des chiens

Courir après un chien, un beau chien ; ça court fort un chien, c'était son jeu à lui. Il passait assez souvent en jappant, alors disait Alexis : « Ce bougre de chien-là, pourtant je m'en vais y donner une volée . . . » Puis un beau jour, voilà que le chien s'amène encore en jappant, alors qu'Alexis était justement là. Il part après Alexis qui l'entraîne à peu près deux ou trois arpents ; de temps en temps, il se retournait pour le « tisonner » avec sa hart et le chien est devenu enragé ; quand il a été rendu à trois arpents de chez lui, Alexis a reviré sur le chien, l'a poigné par la queue et puis là, il lui en a donné une. Il avait beau ... le chien, bien sûr qu'il voulait se sauver, mais il le tenait là et lui a donné une bonne volée. Il dit : « Moi, c'est mon plaisir, je les dompte comme ça, moi les chiens ... quand ils sont trop braillards et qu'ils courent après moi ».

(Arthur TREMBLAY, Métabetchouan, 1966)

Courses avec une automobile

Elles sont les moins nombreuses de toutes. Certes, les automobiles n'avaient pas encore remplacé les hippomobiles et l'air de nos cités et villes connaissait à peine le monoxyde de carbone ! Alexis n'a jamais voulu monter dans ces machines qu'il disait être mues par le diable !

Le seul des récits que nous pensons intéressant nous vient de Jonquière :

Nous voulions absolument le faire courir, mais il ne voulait pas ; alors, un bon jour, nous l'avons mis « chaud » pour qu'il accepte de courir. Il courut cette fois-là contre l'automobile de Johnny Langevin, de Desbiens, qui était taxi. A ce moment-là, il n'y avait que deux autos dans Desbiens, une Chevrolet-4 et une Ford qui appartenait à Monsieur Langevin. Il courut donc contre cette Ford qui devait dater de 1917 et ceci se déroulait aux environs de 1920. Il le fit sur une distance d'à peu près huit arpents. Comme il avait toujours eu l'habitude, il se laissait dépasser, et repassait aussitôt l'auto. A mon avis, l'auto filait entre 20 et 30 milles à l'heure.

(Charles-Eugène VAILLANCOURT, Jonquière, 1967)

Pour une course qu'il fit à soixante ans ! Il est vrai que les « bolides » d'alors, exception faite de l'épaisseur de leur tôle, n'étaient en définitive que quelques chevaux ... vapeur.

COURSES CONTRE LES TRAINS

Amqui – Val Brillant

Voici le contenu essentiel d'une lettre datée du 28 novembre 1966, en provenance de Robert Leblanc, et qui contient un témoignage oculaire assez intéressant :

Mon grand-père (Pierre Dubé) *l'a vu partir d'Amqui, petite ville dans le comté de Matapédia, en même temps que le train. Il a couru jusqu'à Val Brillant, paroisse voisine, qui est située à neuf milles de là et il arrivait cinq minutes avant le train qui roulait environ à 40 mil/h. Mon grand-père était à Val Brillant quand il arriva et le train entrait cinq minutes après, et cela ne paraissait presque pas.*

Vous avez sans doute remarqué que la lettre contenait un petit imbroglio :

Mon grand-père l'a vu partir d'Amqui (. . .) et mon grand-père était à Val Brillant quand il (Alexis) *arrivait . . .*

Où était donc exactement Monsieur Pierre Dubé (le grand-père) quand l'exploit eut lieu ? Une autre lettre datée du 12 décembre 1966 nous apporta une réponse assez justifiable et à laquelle nous n'avions pas pensé. Disons aussi que Monsieur Leblanc, signataire de la lettre, ne faisait qu'écrire ce que son grand-père lui dictait.

Mon grand-père était bien à Val Brillant, mais c'était le chef de la gare d'Amqui qui avait envoyé un télégramme à Val Brillant qui disait qu'Alexis venait de partir en même temps que le train ; voilà pourquoi mon grand-père le savait . . et aussi il entrait une minute avant le train qui roulait à environ 40 mil/h ; (. . .) quand il est arrivé à Val Brillant, il ne paraissait même pas fatigué.

Il s'agit sans doute du même récit dont Marcel Rioux faisait mention dans les *Mémoires de la Société généalogique canadienne-française* [23] quand il écrivait :

Il semble qu'un jour Alexis piqué par les remarques narquoises et les finauderies de ces Normands ait voulu donner la preuve et la mesure de son talent. Il paria donc qu'il pouvait courir en avant d'un train pendant une vingtaine de milles. Le train choisi n'était autre que le rapide Halifax-Montréal. Ce ne fut pas une mince affaire. A la gare d'où Alexis devait partir, on dépêcha quelques lurons qui devaient le surveiller et s'assurer que tout se passait bien comme il était convenu. Un dimanche matin tous les habitants d'Amqui étaient sur le quai de la gare et aux alentours, attendant curieux et inquiets l'arrivée du train et d'Alexis. On ne fut pas désappointé. Vers huit heures, on entendit la sirène qui, de loin, annonçait l'arrivée du monstre fumant. Au bout d'un moment, on vit venir sur la voie ferrée, presque couché sur le rail, tant il y mettait d'énergie et de vitesse, Alexis, essoufflé, haletant, triomphant, beau comme un dieu. Cet exploit, fut pour lui l'assurance de survivre dans la mémoire de tous ces Laurentiens qui se souviennent.

Nous laisserons la critique de cet article à J.-E. Pineault, de Québec :

Cette histoire qu'il aurait couru en avant d'un train express du CNR, racontée dans le « Bulletin » (texte précédent) *est aussi sotte que ridicule. Comment un homme peut-il courir en avant d'un train express qui file à quarante milles à l'heure. C'est regrettable que le « Bulletin » ait publié de pareilles sornettes en les qualifiants de « petite histoire ».*

Sûrement qu'il est invraisemblable qu'un homme ait couru à 40 mil/h sur une distance de dix milles. Mais encore faudrait-il savoir la vitesse approximative du train qui roulait entre ces deux stations, vers les années 1902-1903. La Section Historique du CN à ce propos nous apporte la réponse suivante :

La distance entre Amqui Qué. et Val Brillant (qui était alors connu sous le nom de Cedar Hall) est de 8.3 milles sur le chemin de fer. Les trains express nos 33 et 34 prenaient 15 minutes entre ces gares en direction est ; et 16 minutes en direction ouest, pour faire le parcours Amqui et « Cedar Hall ». Les trains de marchandises entre 22 et 30 minutes pour ce même parcours [24].

Et tout ceci selon un horaire de 1892. Alexis aurait-il vraiment couru 8.3 milles en 30 minutes, considérant qu'il ait couru contre le train de marchandises le moins rapide ? On retrouve là une moyenne sensasionnelle de 3mn 36s au mille ce qui ferait rougir de honte tous les grands *milers !* Et si c'était vrai ?

Jonquière – Chicoutimi

Une fois il est parti de Jonquière en avant du train au moment où celui-ci se mettait en marche et il est arrivé à

UN JOUR, UN TRAIN...

UOI QU'IL ARRIVE, ALEXIS NE PERD JAMAIS SA BON-NE HUMEUR...
JONQUIÈRE
JONQUIÈRE

BONNE ROUTE!...
À LA PROCHAINE, CHEF!

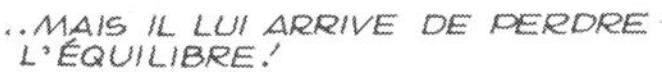

...MAIS IL LUI ARRIVE DE PERDRE L'ÉQUILIBRE!

?

RÉVEILLE-TOI, ALEXIS! ON VA TE PERDRE!
JONQUIÈRE

ALLONS, TROT-TEUR! TU PASSES LA MAIN?

UN PETIT EFFORT, SINON TU VAS RES-TER À JONQUIÈRE!
MOI? JE VOUS RATTRAPERAI QUAND JE VOUDRAI!

texte: BLASETTI - dessins: BOSELLI

VANTARD.!
QUI VEUT PARIER $100 QUE J'ARRIVE À CHICOUTIMI AVANT LE TRAIN.?
MOI.! MOI.! MOI AUSSI.!

ET SI TU PERDS.? IL Y A BIEN 10 MILLES D'ICI À CHICOUTIMI.
SI JE PERDS.! JE JOUE GRATUITEMENT À TOUTES VOS SAUTERIES PENDANT UN AN...ÇA VA.?
COMME ÇA,ÇA VA.!

ADIEU, JONQUIÈRE.! COMPTEZ DÉJÀ VOS BILLETS VERTS.!

AINSI DÉBUTA L'UNE DES PLUS MÉMORABLES COURSES D'ALEXIS LAPOINTE...
CHICOUTI

?

TIENS, UN CYCLONE.! LE TEMPS EST BIEN INCERTAIN AUJOURD'HUI.!

LE DOCTEUR VINCENT BRÛLÉ, DIT VINVIN, PREND LE FRAIS SUR LE PERRON...
DOC. V. BRÛLÉ
DENTISTE
UNE DENT POUR VOUS ET NON CONTRE VOUS
TRIBUNE

RIIIIP!

PAR MA PINCE!... UNE TROMBE!

COMME L'OURAGAN, ALEXIS, LE CHEVAL DU NORD, COURT PAR MONTS ET PAR VAUX...

36...37... 38... AHAHAHA!... 39...40...

SFUIT
VROOM

ZUT! J'AI DÛ RÊVER ÇA! QUE C'EST DUR DE RESTER ÉVEILLÉ EN COMPTANT DES MOUTONS!

IL Y EST?
IL N'Y EST PAS!
C'ÉTAIT ÉVIDENT.

AVEC LUI, ON NE SAIT JAMAIS.!
IL N'Y EST PAS!
REGARDEZ ENCORE!
CHICOUTIMI
AH.! AH.!...NOUS VOILÀ POURVUS DE MUSIQUE POUR UNE BONNE ANNÉE.!
VRAIMENT.? PAS SI SÛR!

VOUS VOILÀ ENFIN.! PASSEZ LA MONNAIE, LES ENFANTS.!

VIVE ALEXIS.! VIVE LE CHEVAL DU NORD.!
QUI EST-CE? UN POLITICIEN?
NON.! PLUTÔT UN CHEVAL.! MAIS IL A UN DRÔLE D'AIR.!

À PROPOS DE CHEVAUX, EN VOILÀ DEUX QUI...
MAIS QU'EST-CE QUI S'EST PASSÉ?
COMMENT VEUX-TU QUE JE LE SACHE.! JE NE TRAVAILLE PAS POUR LA POLICE MONTÉE, MOI.!

ET VOUS N'AVEZ RIEN SENTI.? UNE TROMBE, VOUS DIS-JE.!... UNE TROMBE! VROOM!
MAIS DE QUOI PARLEZ-VOUS, DOCTEUR.!
ÉVIDEMMENT, VINVIN A ENCORE BU CE MATIN.! IL VA ARRACHER TOUTE LA JOURNÉE.!

TU ME RUINES MON PLANCHER!
C'EST LA FAUTE AUX MOUTONS.! VA LES ENGUEULER ET...
TOUT CELA S'EST DÉROULÉ À CHICOUTIMI.! LE CROIRIEZ-VOUS.?
FIN

Chicoutimi avant le train. Il avait fait la course sur le chemin de fer. Ce fait est absolument certain. Il n'y avait pas d'arrêt du train entre Jonquière et Chicoutimi dans ce temps-là [25].

(Alfred GAGNON, Chicoutimi, 1963)

Charles-Eugène Martel vient corroborer ce fait en avançant :

Je peux vous assurer avoir vu Alexis arriver à la gare de Chicoutimi alors que j'avais onze ans, et j'étais alors accompagné par mon père. Alexis, cette fois-là (1920), *était parti de Jonquière en même temps que le train et était entré à Chicoutimi quatre minutes avant. La distance par la voie ferrée était de onze milles et demeure toujours la même.*

(C.-E. MARTEL, Chicoutimi, 1967)

Si Monsieur Martel est vraiment précis dans la chronologie de ses faits, le récit en question se serait déroulé autour de 1920 . . . alors qu'Alexis était âgé de soixante ans ! Se peut-il, qu'un homme de cet âge puisse encore courir à cette vitesse ? A propos justement de vélocité, la Section Historique du CN nous apprend que les trains de voyageurs prenaient de 35 à 45 minutes pour franchir les dix milles entre les deux villes :

. . . les trains du matin prenaient 40 minutes tandis que ceux à l'heure du souper se croisaient en 35 minutes [26].

C'est donc dire une moyenne entre 15 mil/h et 17.14 mil/h ! Les trains de marchandises, pour leur part, prenaient entre 40 et 50 minutes pour franchir la même distance ; une moyenne donc entre 12 et 15 mil/h. Or, nous avons vu antérieurement que les marathoniens d'aujourd'hui tiennent sur une distance de 26 milles (42 km) la fantastique moyenne de 12 mil/h ! Se peut-il alors qu'Alexis ait atteint cette moyenne pour une distance de dix milles ? Nous le croyons, et cela, à la lumière des témoignages reçus et de l'analyse comparative qui joue à l'intérieur de normes quand même très humaines. Cependant il reste une ombre au tableau : il avait, dit-on, autour de soixante ans lors de cette course. N'oublions pas toutefois qu'Alexis s'est entraîné à courir, à sauter et à danser tous les jours de sa vie. Tout son organisme était fort probablement en meilleure forme à soixante ans que le nôtre à trente ans. A la lumière de tout ceci, la course devient moins animale et par conséquent plus humaine. Il reste quand même que faire dix milles avec une moyenne de 4mn 30s au mille demande de la part de celui qui l'accompli une force peu commune ! Un dernier point ; si en 1920, on avait possédé une épreuve olympique de ce genre, le record aurait été entre 54 et 56 minutes ! Et dire qu'ici, en terre « Laurentienne », au même moment, un homme la courait fort probablement entre 42 et 48 minutes, et sur une piste très peu commode pour un coureur. Les dormants de chemin de fer n'ont en effet rien de très intéressant comme piste de course si ce n'est que d'offrir au coureur une seule idée, celle de garder une cadence fort régulière car dans le cas contraire, c'est souvent la chute qui survient.

Hébertville – Chambord

Je l'ai vu partir d'ici (Hébertville-Station) en avant de la locomotive et ce, pour se rendre à Chambord. D'après les nouvelles qui ont suivi, Alexis est arrivé à Chambord avant le train, mais ceci, je ne l'ai pas vu.

(Adrien TROTTIER, Arvida, 1968)

Même si *sur une course de longue distance, il n'était pas battable* [27], n'était-ce pas là toutefois un simple spectacle de départ ? Alexis savait fort bien que les gens présents au départ ne seraient pas les mêmes qu'à l'arrivée. Que se passait-il vraiment en cours de route ? Etait-il de connivence avec le conducteur du train ? Faisait-il un bout de chemin assis sur la plate-forme de la locomotive ne débarquant qu'aux abords des stations ? Nul ne le sait exactement et c'est se faire l'avocat du diable que de poser de telles questions. Peut-être aussi qu'à chaque petite gare, entre deux villes importantes, les arrêts étaient plus longs qu'à l'ordinaire, permettant ainsi à Alexis soit de reprendre son souffle, soit de rattraper le train ou encore de prendre une bonne avance ! Quoi qu'il en soit, nous croyons qu'il a vraiment couru de bonnes distances devant les trains, mais nous ignorons complètement la manière ou les combines (possibles) qu'il a pu trouver chemin faisant.

Suggérer quelques hypothèses à ces problèmes ne serait en définitive qu'offrir certains choix au lecteur. Ne le faisant pas, il est vrai, nous cachons notre choix personnel à certaines reprises, mais considérez la chose comme un grain de sagesse et non comme une fuite devant le problème. Car tantôt, nous nous prononcerons.

Le conducteur Lambert

Je l'ai vu courir un jour en avant du train pendant quelques minutes ; il a fait environ 3/4 de mille et je me souviens qu'il faisait signe au conducteur Lambert de Dolbeau, de le dépasser s'il en était capable. Il brandissait même son mouchoir en direction de l'ingénieur du train pour l'inviter à aller plus vite. Il a fait ça plusieurs fois. Cette fois-là, la locomotive partait de Métabetchouan, et a atteint sûrement 30 mil/h pendant qu'il courait devant.

(Edouard PERRON, Métabetchouan, 1967)

Un court calcul nous permet d'avancer que le meilleur coureur olympique tient, sur une distance d'un mille, une moyenne de 15.5 mil/h. On dit qu'Alexis maintenant a couru en avant d'un train environ 3/4 de mille et que la locomotive avait atteint 30 mil/h. En se souvenant qu'un train ne démarre pas à la vitesse d'une automobile, qui nous dira si le conducteur Lambert, justement, n'avait pas roulé le premier demi-mille à 10 mil/h ce qui aurait donné le temps à Alexis de prendre un peu d'avance ! Un peu plus tard quand le train a atteint sa vitesse normale, Alexis a dû quitter la voie ferrée. L'exploit (s'il y a lieu) est certes plus raisonnable qu'une course de 10 milles en avant d'un train qui file à 40 mil/h.

Donahue Bros.

Je me rappelle bien que c'est Joseph Lavoie qui était ingénieur à La Malbaie et qui conduisait la locomotive de la Donahue Bros.[28] *qui partait de Pointe-au-Pic. Croyez-le, Alexis partait en avant de la locomotive et se rendait là-bas ; l'engin allait entre 15 et 20 mil/h. Quand il remontait, Alexis, un peu fatigué, courait moins vite. La distance qui séparait les deux points était d'environ cinq milles.*

(Armand LAJOIE, Bagotville, 1967)

Disons seulement que si Alexis courait cinq milles à 15 mil/h il aurait certes couru le mille à 17 ou 18 mil/h, ce qui lui eût donné un temps record du mille en 3mn 18s. Nous le rappelons, il est difficile d'imaginer que les records d'aujourd'hui dans certaines disciplines athlétiques, aient été égalés il y a un demi-siècle.

Mais en y pensant bien, qui nous dit si certains noirs d'Afrique ou d'ailleurs, vivant au fond de la brousse et mesurant souvent plus de sept pieds et, qui plus est, courent depuis leur naissance, n'ont pas une fois égalé quelques-uns de nos records olympiques ou mondiaux ? Qui nous dit encore la force cardiaque que peut avoir un tireur de pousse-pousse en Chine ou au Japon ? Nous trouverions probablement là-bas des cœurs qui battent à 35 pulsations au repos. « Dételons » maintenant ces coureurs quotidiens et plaçons-les sur une piste de marathon, nous aurons sûrement quelques surprises. Pourquoi, au juste, depuis quelques années surtout, les noirs du monde entier viennent-ils décrocher des paquets de médailles aux Jeux Olympiques ? Ont-ils un passé héréditaire qui leur permettrait de devancer leurs frères de race blanche ? Quand on a vu sauter le noir américain Beamon aux Jeux de Mexico, en 1968, on pensait qu'il allait s'envoler. Il effaça à la fois les records mondial et olympique. De 8mn 35 il le fit passer à 8m 90 !

Dans le domaine de la course, nous pensions Jim Ryun imbattable, mais nous avons vu, à Mexico, Kipchoge Keino le battre avec une avance de plus de 15 m et cela sur une course de 1,500 mètres. Nous avons vu aussi *l'équipe américaine de relais, entièrement composée de noirs, couronner sa suprématie à la course (. . .) en remportant les trois médailles d'or pour les épreuves de relais* [29] . . .

Et nous pourrions continuer ainsi dans plusieurs disciplines. Mais là-dessus, le futur nous apprendra sûrement que les hommes se surpasseront toujours et la marche du progrès ne s'arrêtera pas, bien au contraire, elle rendra l'impossible bien possible.

JE PRENDRAI LES AMARRES . . .

La dernière course que nous analyserons n'est pas la moindre. Sans doute la plus connue, on en connaît plusieurs versions, mais nous croyons avoir circonscrit la plus véridique de toutes. Barbeau, qui a été le premier à la rapporter dans *The Kingdom of Saguenay* [30], en 1936, l'a reprise en français trente ans plus tard dans un autre de ses volumes : *Le Saguenay Légendaire.*

Son père, qui se rendait compte des travers de son fils, refusa, un jour, de l'amener avec lui sur le bateau qui partait pour Chicoutimi. A ses instances, il répondit :

— Non, tu n'es pas assez fin pour ça !

Alexis, pourtant habitué aux refus, ne se laissa pas rebuter et piétinant sur le quai de Pointe-au-Pic, il souhaita bon voyage à son père et lui dit : « Tu ne peux pas voyager plus vite que Poppé ! »

Le bateau parti, il retourna à la maison, prit son fouet et s'en donna une bonne rossée sur les jambes et sur les fesses. Après quoi, excité jusqu'à la frénésie, il sauta pardessus la porcherie et le poteau de la barrière et, à grande allure, prit le chemin de la forêt vers le Nord en route pour Chicoutimi, à quatre-vingt-dix milles.

Le lendemain matin, que vit son père en arrivant sur le pont du bateau à Chicoutimi ? Alexis en chair et en os, qui se frottait les mains en se dandinant et qui prit les amarres du bateau à l'accostage. Pourtant habitué à ses excentricités, François Lapointe ne pouvait en croire ses yeux [31].

Qu'il se soit pris pour Poppé ou qu'il ait sauté par-dessus la porcherie, sont des détails sans grande importance ; toutefois qu'il soit retourné chez lui pour reprendre son fouet, la chose est plausible car il se devait de repasser devant la maison pour prendre la route de Saint-Urbain !

Quand la course du bateau eut lieu, il était parti d'ici [32], *était monté à Pointe-au-Pic et là voyant que ses parents refusaient encore de le faire monter, était revenu, avait pris le chemin de Saint-Urbain et était monté au Saguenay. Je devais avoir autour de 14 ans.*

(Mme Egide FORTIN, Clermont, 1968)

Nous avons eu la chance de retrouver quelqu'un qui assista au départ du bateau à Pointe-au-Pic.

A propos de la course contre le bateau j'étais là sur le quai de Pointe-au-Pic ; mon père envoyait ce jour-là des chevaux par le bateau et je l'avais accompagné sur le quai. Je devais avoir autour de 18 ans et j'ai bien vu Alexis et ses parents s'obstiner à savoir si Alexis embarquerait ou non. A la fin, Alexis partit à pied en disant qu'il prendrait les amarres du bateau à Chicoutimi. Je ne peux pas vous dire si les deux (le bateau et Alexis) *sont partis en même temps.*

(Horam GAGNON, Jonquière, 1967)

Nous croyons que le bateau contre lequel il a fait cette course appartenait à la Cie Richelieu & Ontario. Le nom du navire était fort probablement le « Cap Diamant » ou le « Jacques-Cartier ».

Quand il a pris la course contre le bateau qui partait de Pointe-au-Pic à 11 heures du matin et qui arrivait à Bagotville à 11 heures du soir, c'était de mon vivant. Et il était bel et bien là pour prendre les amarres à Bagotville. Il se peut qu'il ait continué à Chicoutimi par après. Le nom du bateau était le Cap Diamant et c'était le capitaine Riverin[33] *de La Malbaie qui pilotait le navire. Il y avait aussi le « Saguenay »* (autre bateau) *qui lui ne se rendait pas à Chicoutimi, mais à part ça ils faisaient tous deux le même trajet.* »

(Armand LAJOIE, Bagotville, 1967)

Pour ce qui est du trajet de sa course, quelle route avait-il donc suivie ?

Alexis prit la seule route du temps qui partait de chez Jos. Fortin de Clermont ; elle passait à travers bois puis par Saint-Siméon où elle devenait un chemin de voiture un peu raboteux.

(P.-E. GAUDREAULT, Clermont, 1966)

Notons qu'un journal (jauni) datant d'avant mil-neuf cent rapporte que cette route mesurait cent trois kilomètres de long.

Une autre personne rapporte :

qu'il prit une petit hart, se fouetta plusieurs fois, et prenant le chemin du Saguenay par le « chemin des Marais », arriva à Bagotville assez tôt pour accueillir son père au débarcadère.

(Abbé J.-H. CIMON, Ile-aux-Coudres, 1967)

En 1841, des citoyens de Baie-Saint-Paul avaient fait une exploration à travers les montagnes dans l'intention d'ouvrir un chemin entre leur paroisse et la Baie des HAHAS ; et cette même année, on traçait un sentier entre l'Anse-Saint-Jean et La Malbaie par le petit lac Haha, chemin d'une longueur de dix-huit à vingt lieux et qui fut assez longtemps en usage. On l'appelait « Chemin des Marais » [34].

Qu'il passa par un endroit ou un autre, chose sûre il a bel et bien accompli le trajet qui séparait les deux endroits et sûrement aussi qu'il choisit le plus court ou encore le plus sûr . . .

Point litigieux

Plusieurs ont raconté que la course s'était terminée à Grande-Baie ou plus précisément au quai de Saint-Alphonse de Bagotville. Entre autres témoignages, citons celui de Mme Ulysse Tremblay :

Il prit le chemin et arriva à la Grande-Baie en même temps que le bateau assez tôt pour prendre les amarres. Ce genre de course ne le fatiguait pas, c'était naturel chez lui.

(Mme Ulysse TREMBLAY, Saint Siméon, 1966)

Cependant, un homme âgé de 95 ans, et encore très lucide, trancha, pour nous le 21 septembre 1967, la question :

A propos de ce fait vécu, quand Alexis est arrivé à Bagotville, le bateau venait de partir du quai en direction de Chicoutimi. Et j'ai vu ça, vous pouvez me croire. Ensuite, Alexis prit la route pour Chicoutimi et on m'a dit par la suite qu'il avait saisi les amarres du bateau . . .

(Tommy GAGNÉ, Bagotville, 1967)

Probablement qu'Alexis voulut d'abord terminer sa course au quai de Saint-Alphonse mais s'apercevant que le bateau venait de partir pour Chicoutimi, il prit ses jambes à son cou et fila vers cette ville où, dit-on, il devança le navire.

Il m'a conté lui-même qu'en attendant ses parents, à Chicoutimi, pour se réchauffer, il courait du quai au Bassin mais il fallait qu'il fasse attention quand il arrivait au Bassin car : « Ça coupe carré », disait-il . . .

(Gustave GILBERT, Grande-Baie, 1967)

Et Madame Henri Boulianne de Saint-Prime ajoute même qu'il avait eu le temps de jouer de la musique à bouche en attendant le bateau. Il fallait bien s'occuper, quoi...

Un témoignage fort intéressant de l'arrivée du bateau nous vient de Chicoutimi :

Quand il a traversé de La Malbaie à Chicoutimi, et ce, plus vite que le bateau de ligne, J'ÉTAIS LA SUR LE QUAI près de lui à l'arrivée du bateau où se trouvait son père[35].

(Joseph TOUSIGNANT, Chicoutimi, 1963)

En résumé : Horam Gagnon l'a vu partir de Pointe-au-Pic, Tommy Gagné l'a vu arriver à Bagotville et repartir pour Chicoutimi, enfin, Joseph Tousignant l'accompagnait sur le quai lorsque le navire, qui transportait ses parents, arriva au port de Chicoutimi ! En faut-il vraiment plus pour croire ce récit ?

Et que penser maintenant du temps qu'il prit pour faire ce parcours. Cent-quarante-six kilomètres en treize heures approximativement. Une moyenne de 11,2 km/h. Un nommé Watson, contemporain de notre coureur canadien Gérard Côté, de Saint-Hyacinthe, ne courait-il pas 80,5 km en 5 h 30? ... Une moyenne de 14,5 km/h.

Et que dire encore au sujet de la course de 154.7 km entre Rouen et Paris que l'on courait en 1875 en 14h 6mn...

Alexis voulait absolument partir. Il sortait, se cassait une « fouine », puis montait comme à la nage dans cette neige épaisse. — Comme s'il eût eu des ailes, il faisait des sauts de vingt-huit pieds, (nous avons mesuré), se fouettait avec sa hart, puis redescendait[36].

Abbé Léonce BOIVIN,
Les Eboulements, 1941

Le sauteur

Il est à la fois logique et révélateur de joindre, aux exploits de course d'Alexis, l'analyse de ses sauts, quand ce n'était pas de véritables vols...

On remarque, cependant, très peu de sauts en hauteur, mais surtout de belles performances en longueur. Au beau milieu d'emjambées merveilleuses, il réussissait des sauts à en couper le souffle. Eût-il possédé les bottes de sept lieux des contes de Perreault que, le résultat en serait demeuré identique, enfin presque. Toute blague à part, il a fait belle figure de sauteur et en voici d'ailleurs quelques preuves authentiques parmi tant d'autres.

La clôture de pieux

Chaque année, Alexis venait couper du bois de poêle à un mille et quart de la maison. Pour ce faire, il avait cinq clôtures à passer. Je l'accompagnais pour tendre des collets à lièvres et les visiter. Dans ce temps-là, je pouvais avoir environ 14 ans (1911). Nous marchions donc tous les deux côte à côte et rendus près de l'une d'elles (clôtures de pieux), il rejoignait les deux pieds, faisait un petit saut, un deuxième et au troisième il était de l'autre côté. Ces clôtures avaient cinq gros pieux en cèdre de haut, ce qui lui demandait un saut assez respectable. Ensuite de l'autre côté, avec un grand sourire il me disait : « As-tu vu ? »

(Henri GAGNON, Chicoutimi, 1966)

Magnifique saut sans élan, pratiqué pour les dernières fois en 1913, d'une façon officielle par des sauteurs connus.

Le record en hauteur de ce temps était détenu par Léo Göhring avec un saut de 1.668 mètre ce qui veut dire 5 pieds 4 pouces. La clôture de pieux dont parle Monsieur Gagnon devait mesurer autour de 4 pieds et demi ! Mais considérant la grandeur d'Alexis et les conditions du saut, il est évident que ce saut laisse une bonne marque sans être toutefois supérieur.

La conformation autant que la valeur des organes ont un rôle primordial dans la détermination des attitudes pour tel ou tel genre d'exercices[37].

Alexis, étant d'une stature très moyenne, n'a pu, pour cette raison, exceller dans les sauts en hauteur quoiqu'il possédât, au dire de ses proches, *un spring remarquable.*

Le madrier de douze pieds

Je l'ai vu, moi, chez René Gagnon se mettre le bout du pied sur un madrier de douze pieds et d'une seule enjambée, sans élan, aller se placer le talon à l'autre bout du madrier, exactement comme on fait un pas normal[38].

(Ernest GAGNÉ, Chicoutimi, 1956)

Or, le record mondial pour ce genre de saut appartient à R. Ewry avec un saut de 11 pieds 1 pouce et cela, en 1904. C'est donc dire une médaille d'or de plus pour notre sauteur, ou mieux encore, notre poulain . . .

Saut de barils

Un saut similaire consistait, pour lui, à placer l'un à côté de l'autre cinq barils vides de quarante-cinq gallons. Il pénétrait (debout) dans le premier, sautait dans le second, en sortait et ainsi de suite jusqu'au cinquième[39]. Ainsi à l'étroit, la poussée initiale ne pouvait pas en définitive venir de la jambe ; elle venait sûrement du pied : c'est la seule solution. Ces sauts, comme ceux des clôtures dans les champs étaient pour lui un pur amusement. Ils auraient certainement été un bon exercice préparatoire pour les courses de haies. Dans cet ordre d'idée, le « steeple-chase » eût certes donné à Alexis l'occasion de faire valoir ses talents de coureur et de sauteur. Cette course de 3,000 mètres, sur laquelle sont repartis vingt-huit haies lourdes et sept sauts d'une rivière d'une douzaine de pieds de large, eût, sans nul doute, constitué, pour Alexis, une épreuve dont il se serait follement amusé. Freinons là notre imagination dont les courses pourraient nous faire atteindre la lune . . .

Aventure à Tadoussac

La première fois que j'ai vu Alexis « le Trotteur », j'avais huit ans. C'était chez nous à Tadoussac. Il était venu veiller à la maison et il a dansé. Un moment donné, il a fait un saut et frappé le plafond avec sa tête. Ma mère a dit : « Mais il va défoncer le plancher du haut avec sa tête ». Ce plancher cloué sur des poutres d'environ neuf pouces, devait être autour de neuf pieds du plancher du bas. Pendant qu'Alexis dansait, le bateau, qui était au quai de l'Anse-à-l'Eau, a crié ; « le bateau part » dit-il, et il partit à toute vitesse, oubliant de prendre sa casquette, qui est toujours restée chez nous. C'était le premier cri du bateau ; le second cri était deux minutes plus tard et annonçait le moment où le bateau démarrait. Alexis n'est pas revenu, ce qui indiquait qu'il avait pris le bateau.

Le lendemain, mes frères, Pamphile (23 ans), Hubert et Ernest, qui étaient des hommes et qui l'avaient vu courir, ont eu l'idée de mesurer ses pas. Ils ont pris un pied-de-roi de quatre pieds (papa était menuisier) et ont constaté que d'une piste à l'autre, il y avait exactement quinze pieds ; à un endroit, la distance était de vingt pieds et il avait touché terre des deux pieds au bout de ce pas, ce qui a fait penser qu'il avait fait un saut. Après ce bond, les pas continuaient de mesurer quinze pieds, ce qui montre que le saut n'avait pas interrompu sa course.

Ils ont pu suivre ses pistes sur presque tout le parcours, spécialement dans un bout du chemin qui était en sable fin où les pistes étaient bien marquées. Ils ont observé que les pistes étaient « pointues » ; et il y avait là des petits trous indiquant que le talon n'avait pas touché à terre, et qu'il n'avait porté que sur le bout du pied [40].

(Armand GRAVEL, Chicoutimi, 1966)

Il s'est donc propulsé de terre à une hauteur approximative de trois pieds et demi. Il mesurait, on s'en souvient, cinq pieds sept pouces. Ce qui lui demandait quand même une force prodigieuse dans les pieds et une souplesse remarquable dans les jambes.

Toutefois, à Saint-Urbain, un beau jour, il fit mieux que ça . . . Il appliqua la semelle de sa bottine droite au plafond et retomba sur ses deux pieds. Tout ceci se passait chez Hermel Tremblay dans le rang Saint-Jean-Baptiste et le plafond dont il est question, était situé entre huit et neuf pieds du sol, ou mieux encore, du plancher.

Sûrement que l'on peut rétorquer que des acrobates de cirque font mieux que ça . . . mais là n'est pas la question. Quel est le lien logique à faire entre ce saut de pieds et l'athlète qu'il était ? Le fait prouve indubitablement l'extrême rapidité de ses mouvements, un système réflexe en très bon état ainsi qu'une rare agilité.

Je l'ai vu s'accrocher les pieds en travaillant, et comme par réflexe instinctif, il a fait un saut que je situerais dans les quinze pieds éventuellement.

(Joseph-Élie DESBIENS, Alma, 1966)

Pour continuer le commentaire du récit de Monsieur Gravel, nous aimons bien le détail de la calotte oubliée et du pied-de-roi de son père qui était menuisier ; tout ceci, selon nous, accentue la sincérité du témoignage où rien ne semble avoir été oublié ou simplement inventé. Et quant aux emjambées de quinze pieds, elles sont sûrement possibles de la part de celui qui, sans élan, faisait un « pas » de douze pieds. Leur explication se résumerait à vanter ou à chanter à la fois la mobilité de ses chevilles, la force intrinsèque de ses pieds, la souplesse de ses jambes et enfin la vitalité de tout son système cardio-pulmonaire.

Sûrement que le pied, dans toute cette histoire y était pour beaucoup. Si la cinésiologie nous apprend que le pied est d'une apparence assez simple, son fonctionnement, en rapport avec les os de la jambe, est d'une complexité remarquable.

Et que penser, en terminant, de ce saut de vingt pieds entre deux enjambées de quinze pieds ? Un genre de « triple-saut » de cinquante pieds. En 1904, le record détenu, pour ce genre de saut, était d'environ 47 pieds. Et pour ce qui est de sa course du mille en deux minutes avant de prendre le bateau nous dirons comme la chanson de Raymond Lévesque :

encore heureux qu'il ait fait beau et que la Marie-Joseph soit un bon bateau . . .

Un saut de deux dollars

Le journal *Le Lingot* d'Arvida, dans son édition du 15 juin 1961, ne nous dit pas si Alexis a manqué le bateau de l'Anse-à-l'Eau . . . mais nous raconte un témoignage de belle valeur :

Je me souviendrai toujours d'un fait qui se produisit par une belle journée de juillet 1917 à Saint-Bruno, au Lac Saint-Jean. J'ai payé la somme de 2 dollars à Alexis Lapointe dit « le Trotteur » afin qu'il consente à donner à notre groupe de jeunes un aperçu de ses qualités de sauteur exceptionnel. Qu'on le croit ou non, il avait réussi un saut en longueur de 24 pieds, soit deux longueurs de trottoir de 12 pieds à cette époque, et il était âgé de 57 ans...

(Ben. BOIVIN, Arvida, 1961)

Vous connaissez le record olympique de 1920 dans cette épreuve ? La réponse est 23 pieds 4 pouces. Et le sauteur qui a réussi ce saut n'avait sûrement pas 57 ans. Aujourd'hui, le record est un peu effarant, 29 pieds 2 pouces 3/10... et c'est un Américain noir du nom de Beamon qui le détient depuis le mois d'octobre 1968.

Alexis a fort probablement atteint autour de 28 pieds mais nous ne croyons pas qu'il ait battu le record de Beamon qui est un véritable vol plané. Une telle allégation demande quand même quelques éléments de preuves ; lisons donc ce premier récit :

Alexis voulait absolument partir. Il sortait, se cassait une « fouine », puis montait comme à la nage dans cette neige épaisse. Comme s'il eût eu des ailes, il faisait des sauts de 28 pieds (nous avons mesuré), se fouettait avec sa hart, puis redescendait, il bondissait du milieu du chemin par dessus la neige sur la galerie, nous disant : « La neige ne me fait rien ; dans deux heures je serai à La Malbaie ». Quarante-cinq milles dans cinq pieds de neige ! Vous comprenez que nous nous sommes obstinés à le garder[41]*...*

(Abbé Léonce BOIVIN, Les Eboulements, 1941)

C'était pour lui un souvenir d'écolier qu'il n'avait pas oublié lorsqu'il était au Collège de Lévis et qu'il revenait chez lui pour les vacances de Noël.

Au mois de janvier 1967, nous recevions une longue lettre du curé de Saint-Bernard-sur-Mer de l'Ile-aux-Coudres concernant précisément ce récit auquel fait allusion Mgr Boivin :

Une autre fois, c'était en décembre, à l'occasion des Fêtes, les écoliers de Lévis, de Québec etc. descendaient par le Chemin des Caps en carriole de Saint-Joachim à la Baie-Saint-Paul, une distance de trente milles. A mi-chemin, à quinze milles, il y avait là une « barrière » de péage, qui marquait là, la division des comtés de Montmorency et de Charlevoix. Trois milles plus bas, à douze milles de la Baie-Saint-Paul, il y avait une auberge (de même qu'à la barrière) où les voyageurs faisaient halte pour dîner ou souper, et pour reposer et faire manger les chevaux. Il se trouva qu'un jour où les écoliers descendaient en vacance du Jour de l'An, Alexis « le Trotteur » se trouva à descendre, par ce chemin, à La Malbaie. En arrivant chez Gilbert Larouche (le propriétaire de l'auberge à douze milles de Baie-Saint-Paul) Alexis n'attendit pas que le cocher s'approche de l'auberge, il sauta de la carriole sur la galerie de chez Gilbert Larouche, une distance de vingt-deux pieds devant les yeux émerveillés des personnes présentes, dont les écoliers.

J'avais un de mes frères (Emile) qui était au Collège de Lévis, c'était en 1903-1904, il fut témoin avec nombre d'autres de cet exploit d'Alexis « le Trotteur ». Il ne manqua pas de le raconter chez nous peu de temps après les salutations et les embrassements de la famille, de la maman et de la grande sœur, tant il avait été émerveillé de cet exploit.

(Abbé J.-H. CIMON, Ile-aux-Coudres, 1967)

Après lui avoir demandé s'il s'agissait bien du même saut, dont faisait mention l'abbé Boivin dans son volume, la réponse ne se fit point attendre :

Au sujet de l'exploit d'Alexis « le Trotteur » en fin de décembre de l'année 1903-1904, dans les Caps, où, avant le chemin de fer, ce chemin était la seule voie qui reliait Baie-Saint-Paul (et les autres paroisses) à Saint-Joachim et de là (par le Quebec Railway) à Québec ; on a appelé ce chemin *de fer au début le « Québec-Montmorency-Charlevoix » ; ça a pris au delà de trente ans avant qu'il atteigne Charlevoix ; en l'année 1903, plus probablement où Alexis « le Trotteur » avait fait ses fameux sauts de vingt-huit pieds (moi, j'avais écrit sur ma lettre 22 pieds) vraiment, j'avais gardé l'impression ou plutôt le souvenir un peu confus que ce saut était de plus de 22 pieds, (mon souvenir un peu vague était de 26 pieds) mais de crainte d'être au-delà de la vérité, j'avais inscrit 22 pieds ! Le récit de Mgr Boivin, alors écolier à Lévis et té-*

moin oculaire où il parle d'un saut de 28 pieds même il ajoute entre parenthèses : « (nous avons mesuré) », est bien dans la ligne d'écoliers enthousiastes. (. . .)

(Abbé J.-H. CIMON, Ile-aux-Coudres, 1967)

Voilà quand même deux témoignages excellents qui se complètent assez bien. Peut-être qu'un jour un vieux lecteur, en lisant ces lignes, se rappellera, lui aussi, qu'il était là et que le fait est bien véridique. Comme la chose se passait autour de 1903, il s'agirait d'avoir environ quatre-vingts ans pour pouvoir s'en souvenir.

Et dire qu'en 1896, lors des premiers Jeux Olympiques restaurés par Coubertin, Alexis était âgé de trente-six ans, et le record du saut en longueur, en Grèce, était de 20 pieds 8 pouces !

Voilà des faits qui se passeraient tous de commentaires et qui suffisent, à notre avis, pour étayer la réputation de sauteur non ordinaire que s'est acquise Alexis Lapointe. Comment d'ailleurs eût-il pu être coureur de vitesse ou de résistance sans être pareillement sauteur ?

Il fallait un calculateur, ce fut un danseur qui l'obtint.

Beaumarchais, *Le Mariage de Figaro*

Le danseur

Nous nous sommes déjà entretenus, dans un chapitre précédent, du côté burlesque d'Alexis. Il savait fort bien amuser les gens, danser lui-même, et faire gigoter les autres en les amenant à prendre part aux cotillons les plus entraînants ! Mais pourquoi donc en reparler dans ce chapitre traitant des exploits de Lapointe. Se peut-il d'abord qu'il y ait eu exploit en dansant ? Peut-être bien. La course et le saut sont des sphères où les jambes ont un travail important à produire. Que dire alors de la danse dans cet ordre d'idées? Où réside donc « l'exploit » dans ce domaine ?

Quelqu'un qui se berce une heure ou deux, en lisant son journal, n'attire l'attention de personne. Celui toutefois, qui s'inscrit à un « bercethon » (marathon de bercement) et qui s'y berce quarante-neuf heures sans arrêt dépasse déjà la moyenne des berceurs « normaux ». L'exploit, selon Larousse, étant une *action d'éclat ou de bravoure,* peut sans doute être attribué à une foule d'actes humains aussi variés les uns que les autres. Se bercer pendant quarante-neuf heures, sans arrêt, touche de près à l'exploit.

Pour revenir à la danse et à notre danseur, le cas est similaire.

Il y a 53 ou 54 ans, (1913) à l'Hôtel Tremblay, (tenu par Joseph Tremblay dit « Tiflu ») à Roberval, Alexis « le Trotteur » donnait une exhibition de danse (gigue car il dansait seul). De 10 heures du soir à 5 heures du matin, Alexis a dansé sans aucune interruption et il ne paraissait pas « magané » à la fin de l'exécution. Nombre de personnes assistaient, parmi lesquelles Thomas Gagné, qui a raconté la chose le lendemain à son père et aux autres.

(Roland LAVOIE, Jonquière, 1966)

Danser pendant sept heures d'affilée « *sans interruption* » la gigue simple entre-t-il dans le domaine de l'extraordinaire ? Qui pourra le dire ? Nous savons que certains nageurs demeurent jusqu'à 15 heures et plus dans l'eau lors de marathons de nage professionnels [42]. Il est vrai, cependant, que le corps humain, dans l'eau, pèse tout au plus une dizaine de livres.

Considérant toutefois et admettant surtout qu'Alexis possédât involontairement un programme d'entraînement assez sévère, il est sûrement très probable que ses jambes, qui le soutenaient dans de très longues randonnées, aient pu aussi lui permettre de « giguer » de longues heures. Mais imaginons quand même quelle force jambière il lui fallait avoir pour résister à de tels efforts : une course pour se rendre à la soirée, quelques heures de gigues éperdues, quelques bonnes pirouettes, et en fin de soirée, le retour à la maison dans une course toute aussi effrénée.

Je l'ai vu danser comme pas un, ici à Saint-Cœur-de-Marie, alors que j'avais trente ans (1915).

(Gaudias GAUDREAULT, Saint-Cœur-de-Marie, 1967)

Je l'ai vu danser ici à Alma ; c'était toute une jeunesse cet Alexis.

(David SIMARD, Alma, 1967)

Il était capable de danser très longtemps et savait nous amuser à plein.

(Joseph TREMBLAY, Chicoutimi, 1968)

Je l'ai vu jouer de la musique à bouche pendant six heures che nous à Grande Baie.

(P.-Alphonse TREMBLAY, Bagotville, 1967)

Il lui arriva même de faire des paris avec des violoneux. Mieux encore, il réussit, au moins à trois reprises, à fatiguer deux musiciens de l'archet l'un après l'autre. Alexis dansait et l'autre jouait de son instrument et le pari consistait à voir lequel était le plus résistant des deux.

Certains musiciens ont souffert de crampes dans le bras, alors que d'autres nageaient dans leur sueur. Et pendant ce temps, les jambes d'Alexis ne se permettaient aucun répit. On eût souvent dit que des tisons lui brûlaient la pointe des pieds tellement il sautillait. Et à travers ces joutes diaboliques contre l'archet du père Thomas, il lui arrivait même souvent *de se faire péter le derrière à terre tout en se croisant les genoux* [43]. Les danseurs du chœur de l'Armée Rouge sont, d'ailleurs passés maîtres dans cet art qui leur est bien caractéristique.

Je l'ai vu nous amuser toute une veillée à Hébertville-Village chez Augustin Lavoie. Il avait joué de la musique à bouche et avait dansé en même temps toute la soirée. Ceci se passa autour de 1920.

(Pitre CÔTÉ, Chicoutimi-Nord, 1967)

J'ai dansé plusieurs fois sur sa musique dans les danses que l'on appelait des « quadrilles » ; il jouait très bien.

(Mme Louis-Philippe SIMARD, Bagotville, 1967)

Je l'ai vu danser ici même aujourd'hui (60, King-George) pendant au moins deux heures sans arrêt, il dansait alors la gigue simple.

(P.-Antoine LAPOINTE, Kénogami, 1967)

Je l'ai vu danser de 8h 30 à aller jusqu'à 1h 30 sans presque jamais s'arrêter. On dansait plusieurs fois sur ses morceaux.

(Gustave BOILY, Jonquière, 1967)

Le verre d'eau

Quand Beaumarchais associe, dans la pensée du début de ce chapitre, le danseur au calculateur, il n'a certes pas tort. Toutefois, Alexis poussait ce « calcul » à l'extrême et ajoutait même des éléments qui compliquaient de beaucoup ses sautillements.

Je l'ai vu moi-même souvent danser avec un verre d'eau sur la tête (. . .) et jamais je ne l'ai vu l'échapper.
(Henri MARTEL, Saint-Prime, 1967)

Les témoignages « du verre d'eau » se comptent par dizaine et d'ailleurs, le fait que ce genre d'exercice se pratique encore aujourd'hui nous le rend encore plus digne de foi.

Le fanal allumé

Le verre d'eau sur la tête devenant une chose trop facile pour lui, il voulut se surpasser. Il se trouvait ce soir-là chez Joseph Larouche « De la Marre » à la Baie-Saint-Paul [44]. Il réussit sans trop de répétitions, à se coucher à terre sur le dos, à placer un fanal à l'huile allumé sur son large front, à se lever sur un air de musique, et enfin à accomplir sa rituelle « guinche » qui avait l'heur à la fois de plaire et d'effrayer . . . Si seulement, disait-on, il échappait le fanal, l'huile enflammée, répandue sur ces planchers de bois, aurait vite fait d'y mettre le feu. Il risquait aussi lui-même de se brûler gravement le visage ou certaines autres parties du corps. Mais d'accident de ce genre, fort heureusement, il n'en eut jamais. Encore fallait-il qu'il possédât un certain pouvoir de concentration sans lequel il n'eût jamais réussi ce numéro de cirque.

Toujours à propos de danse, et selon les témoignages reçus, plusieurs femmes avouent avoir appris la danse avec notre centaure de Charlevoix !

Une dernière pirouette

Son truc favori était de lever droit la jambe en avant, de la ployer au genou, à rebours du sens ordinaire et de hausser ensuite le pied jusqu'à ce qu'il atteigne la main tendue pour le rencontrer, ou encore de fléchir les deux jambes en arrière, à la manière des jarrets d'un cheval et de s'asseoir lentement sur ses hanches à terre, puis de se relever sans l'aide des mains. Lorsqu'il avait besoin d'argent il avait recours à ces prouesses pour se le procurer en amusant les badauds [45].

Se peut-il qu'il fût aussi contorsionniste ? Et peut-on joindre, pareillement, cet aspect au saut de pieds qu'il faisait quand il appliquait la semelle de sa bottine au plafond et qu'ensuite il retombait sur ses pieds ? Peut-être que tout ceci n'est pas dénué de toute cohérence mais Barbeau ayant rapporté ce qu'il a entendu dire, n'en est pas pour autant un témoin oculaire ! Il est folkloriste, nous le savons, et les folkloristes aiment bien mettre un peu de viande souvent fictive autour des os qu'ils découvrent ! Nous en demeurerons là pour l'instant.

Course, saut, danse : un tout cohérent

Si certains sauts prodigieux d'Alexis s'expliquent facilement par la vitesse qu'il pouvait atteindre, qu'apporte donc de plus à notre étude cet aspect de danseur ?

Nous le voyons certes comme une sorte de complément explicatif à sa résistance organique et jambière. Mais avant tout, nous considérons cet aspect comme la première phase d'une tripartition fort simple d'ailleurs.

Danser ⟷ Courir ⟶ Sauter

Ses danses quotidiennes étaient pour lui une magnifique mise en train pour ses courses du lendemain et une gymnastique préliminaire idéale pour le moyen de locomotion qu'il avait choisi. Bref, une très belle préparation musculaire et organique. Ses courses elles-mêmes développaient chez lui une endurance pulmonaire et cardiaque lui permettant (de là la flèche inversée) à la fois des danses plus longues et des sauts où il se surpassait continuellement et enfin, muni de cette forme physique enviable, il n'était pas difficile pour lui, avec la souplesse que le destin lui avait octroyée, de faire mille pirouettes.

Et voilà le cycle qui recommençait sans cesse avec, nous en sommes sûrs, des temps de repos où il aimait se perdre dans la boucane de sa pipe faute de ne pouvoir lire le journal.

Je n'aime dans l'histoire que les anecdotes.

P. Mérimée

Anecdotes

S'il est vrai que la légende, dans certains cas, est plus vraie que l'histoire, ce chapitre, que nous dédions aux folkloristes, apportera sûrement sa part de vérité.

Plusieurs petits faits, glanés ici et là, de vive voix, manquent trop de précision pour l'analyse et en ont juste assez pour fournir au lecteur un quelconque délassement.

Omettre ces récits, rendrait ce document incomplet, et vouloir en faire une analyse déductive ou logique deviendrait harassant pour tout le monde. Nous les avons entendus tels quels, nous vous les livrons sans plus de décorum ! Nous ne croyons pas cependant que la tradition orale puisse suppléer l'histoire ; le caractère fabulateur des récits transmis de bouche en bouche est trop évident pour qu'il nous faille insister sur ce point. Nous avons cru bon aussi de vous les transmettre dans la langue où nous les avons reçus ; nous ne voudrions, pour rien au monde, détruire la chaleur de cette faconde ancestrale que nos pères possédaient. Hélas ! cette dernière disparaît à mesure que grandissent nos cimetières et les livres savants appellent cette extinction : « l'évolution de la race . . . »

Les voici donc ces anecdotes afin qu'elles se perpétuent et ne tombent point dans la sphère de l'oubli, rançon de notre siècle de vitesse.

Le château de la balustrade . . .

Dès son enfance, Alexis était opiniâtre et maniaque ; il se complaisait à tous ses caprices. Un dimanche, rangé à la balustrade parmi les gars de son âge, il regarda le bedeau s'approcher avec un gros pain et en donner des petits morceaux aux paroissiens. Chacun prenait sa part en faisant le signe de croix, pendant qu'Alexis attendait son tour avec impatience. Jos-le-Rougeau, son voisin, lui chuchota à l'oreille :

— C'est le pain bénit !

— Les autres n'en prennent pas assez gros ! fit Alexis, tout déçu.

— Si tu en veux un plus gros, repris le Rougeau — un pince-sans-rire — donne-lui un sou puis sers-toi à ton goût.

Le pain ne s'était pas aussitôt arrêté devant Alexis qu'il jeta un sou dans le panier et saisit toute la miche. Ebahi, le bedeau crut qu'il s'agissait là d'une plaisanterie. Mais il lui fallut bel et bien se tirailler avec Alexis, disant tout haut :

— Mon petit bougre ! donne-moi le « château » (c'est ainsi qu'on nommait le pain) !

Alexis, cherchant à le cacher derrière lui, rétorqua :

— Je l'ai payé, je le garde !

Jos-le-Rougeau, profitant de l'aubaine, lui arracha le château des mains, en rompit un bon morceau pour son propre profit, puis remit le reste au bedeau, qui s'éloigna en bougonnant.

Grinçant des dents, Alexis planta ses mains dans la chevelure du Rougeau et l'apostropha si fort que tout le monde, jusqu'au fond de l'église, sourit en l'entendant :

— Toi, acheva le Rougeau, mon petit Toine-Antoine-Pousse-Pioche-Folichon-Sacreur-Montrant-cul-Mouillé-dans-tes-Bottes !

A partir de ce jour, Toine-Antoine et le reste devint le sobriquet du Rougeau, un drôle [46].

JE SUIS POPPE, LE CHEVAL DU NORD

Avant qu'Alexis ait commencé à aller voir les filles, il voulut se rendre aux veillées avec ses aînés. Mais il le repoussèrent en se moquant de lui :

— Ta face est trop laide. Les filles te riraient au nez !

Un dimanche au soir, Bergeron et Guay attelaient la grise au « cabarouet » pour aller voir leurs blondes à Saint-Urbain, chez Alphonse Labbé, sans faire de cas du pauvre Alexis, qui, planté là, les regardait d'un air lamentable. Se voyant méprisé il déclara :

— Emmenez-moi ou non, c'est égal !

Puis il pensa : « J'ai le fouet de Poisvert. Avec son fouet, Poisvert faisait tout ce qu'il voulait. Si je me fouette, moi aussi, j'irai où je voudrai. »

Après le départ des farauds, il coupa une hart et se dit à lui-même :

— Ce soir, je suis Poppé, le cheval du Nord. Je vole en l'air et j'arriverai avant Bergeron chez Labbé.

Se prétendant Poppé, il se fouetta à tour de bras les jambes et le dos, piaffa des deux pieds, tourna trois fois en rond, hennit comme un étalon, sauta la clôture et partit aussi vite qu'une flèche à travers champs et côteaux, dans la direction de Saint-Urbain, à vingt-sept-milles.

Emulant le cheval légendaire, Alexis voyagea autrement plus vite que la grise de Bergeron et arriva le premier chez les Labbé, avant la soirée. Le père Labbé le voyant arriver à toute vitesse et faisant trois fois le tour de la maison avant de s'arrêter, se demanda quelle folie avait pris Alexis le Nigaud. Sans se faire prier, Alexis expliqua qu'il n'était plus enfant, mais l'incarnation du cheval du Nord, et qu'il voulait jouer un tour à Bergeron et à Guay. Pas plus tard qu'aujourd'hui ils se sont vantés de donner des jambettes à n'importe quelle fille à Saint-Urbain, en commençant par Pauline et Alexina. Insulté de cette vantardise, Labbé promit de se payer la tête des blancs-becs de La Malbaie aussitôt qu'ils arriveraient. Lorsque les farauds bien endimanchés sautèrent de leur « cabarouet », la scène était toute prête. Mais loin de se douter qu'Alexis les avait devancés, ils ne le virent pas accroupi dans la demi-obscurité, sous le long banc où ils s'assirent pour courtiser leurs filles.

Alexina et Pauline, ce soir-là, étaient plus espiègles que d'habitude. Un rien les faisait rire tandis que leurs parents se tenaient à l'écart, tout en épiant de loin les gars de La Malbaie. Sous peu, ils passèrent le sucre d'érable en toute convenance. Aussitôt que Bergeron crut que le bon moment était venu pour la déclaration d'amour à sa choisie Alexina, il se tut pendant que Guay de son côté parlait. De mémoire il répéta la formule fleurie qu'il avait apprise de ses aînés et il toussa un peu, avant de prendre une longue aspiration :

— Mamselle, si gentille et si belle, vos lèvres sont des cerises mûres, vos joues sont plus rondes que les pommes du verger du seigneur Nairm . . . Aie, aie !

Arrêté subitement, oubliant son discours galant, il resta pâmé. C'est que deux doigts forts venaient, par en dessous, de lui pincer la cuisse. Par vanité, il tenta de cacher son embarras. Tant bien que mal, il voulut continuer :

— . . . les pommes du verger du seigneur Nairm. Vos yeux, ma chère, brillent plus qu'une chandelle dans un fanal . . . Ouch ! Ayoi !

Une autre pincée dans la cuisse l'avait fait rebondir, et cette fois, Alexina se pâma de rire. Bergeron n'y comprenait rien, mais il tenait avant tout à éviter le ridicule. Il tenta donc se rendre jusqu'au bout de sa déclaration :

— Si votre cœur est aussi tendre que votre sourire, jolie Mamselle, permettez que j'entre dans votre jardin cueillir la rose sur votre joli rosier . . . Ayoi ! Misère à poil !

— Monsieur, monsieur ! protesta Alexina, en feignant la mauvaise humeur. Mes parents ne permettent pas qu'on entre dans mon jardin.

— Ayoi !

Sursautant, cette fois, Bergeron, changea de posture. Se plaçant de biais, il donna un maître coup de pied sous le banc, mais il s'y était pris trop tard. La place était déjà vide, Alexis s'était esquivé dans la chambre voisine.

— Et, acheva Alexina, je ne veux pas qu'un faraud de La Malbaie pose la main sur mes roses.

Les deux sœurs éclatèrent de rire pendant que Guay, lui ne pouvait comprendre de quelle mouche s'était fait piquer son ami Bergeron.

Guay, à son tour marmottait son boniment à Pauline sa préférée, quand la grand-mère entra dans la cuisine, un grand châle noir sur la tête lui cachant le visage et s'en alla vers la table, où elle éteignit une des deux chandelles allumées en disant :

— Mes petits gars, une chandelle, c'est bien assez pour vous autres !

Puis elle retourna à la cuisine, comme elle était venue, penchée sur sa canne, Gêné de cette rebuffade, Guay riait jaune, mais, comme pour tenir son bout, il reprit son aplomb. La main sur le cœur, il déclara :

— Mamselle, vous êtes belle comme le jour, blanche comme la neige . . .

L'arrêtant, Pauline cria elle aussi : « Ayoi ! mon Dieu ! » ne sachant si elle devait rire ou pleurer. La pincée qu'elle venait de recevoir de derrière la portière lui coupa l'haleine tout court. Aux autres maintenant de rire et Guay n'eut pas la chance de reprendre la déclaration d'amour, car la vieille rentra de nouveau, son châle recouvrant toujours son visage. Elle se rendit à pas lents vers la grande horloge des grands-pères, en ouvrit le portillon, remonta les pesées et fit sonner l'heure ; ce qui voulait dire :

— Les jeunes gens, bonne nuit !

Mais cette fois, au lieu de s'en retourner à la cuisine, elle tira une chaise à l'horloge, y monta assez légèrement pour une vieille comme elle et leva la main comme pour avancer la grande aiguille. S'arrêtant un moment, elle se gratta la cuisse. De la main elle releva un peu sa jupe, lentement, pouce par pouce, jusqu'à ce que la jambe soit exposée, une jambe grosse et musculeuse pour une vieille grand-mère, et quoi... toute velue. De longs poils bruns la recouvraient, comme une patte de cheval. La vieille leva doucement le pied et replia la jambe en avant. Puis, comme si elle eut eu une double jointure, elle renvoya la jambe en arrière jusqu'à ce que son talon touche l'épine dorsale.

Les gais lurons comprirent alors le tour qu'on leur jouait pour rire d'eux. Sautant aussitôt sur la vieille et jurant comme des bûcherons, ils culbutèrent la grand-mère, lui arrachèrent sa jupe, et lui déchirèrent le châle sur la tête. C'était Alexis le ratoureur — pas d'autre — qui venait de les pincer et de remonter l'horloge. Ils lui auraient donné une bonne volée si Labbé ne s'était pas éclaté de rire, ce qui ramena Bergeron à ses sens. Il lui fallait bien tout comme les hôtes en rire lui aussi, comme ils n'étaient pas chez eux ! Cependant Bergeron, en mettant Alexis à la porte et en lui donnant un bon coup de pied, lui promit entre les dents la meilleure rossée de sa vie. Il ne perdait rien pour attendre !

Alexis prêt à tout croire, bondit comme un chevreuil et, les jambes à son cou, il prit la tangente. Sur la route du retour vers La Malbaie, il traversa l'espace aussi légèrement que Poppé, sans avoir besoin d'une hart pour se fouetter les jarrets. Il dormait depuis longtemps chez eux dans son coin, lorsque Bergeron et Guay arrivèrent à La Malbaie, bien tard dans la nuit[47].

UNE GRAND-MERE TROP AGILE

BERGÉ! PRENDS-MOI VEC TOI JUSQU'À ST-URBAIN!
PAS QUESTION, ALEXIS! TA PRÉSENCE POURRAIT RUINER MA SOIRÉE AVEC LA BELLE PAULINE.

ALLONS, BELBOIS! DIS LUI DONC DE M'AMENER AVEC VOUS CHEZ MONSIEUR LABBÉ.
VRAIMENT? POUR FAIRE RIRE DE MOI LA SÉMILLANTE ADELINE?... ET PUIS, TU ES ENCORE UN BÉBÉ... RIEN À FAIRE!

MAIS VOYONS! JE UIS POURTANT LUS VIEUX UE VOUS!
ÇA NE FAIT RIEN. TU RESTES LÀ QUAND MÊME.
CE SOIR, NOUS ALLONS FAIRE LA "GRANDE DEMANDE" À NOS PETITES AMIES, ET CELA EXIGE UNE CERTAINE DISCRÉTION. PAS D'OREILLES ÉTRANGÈRES DANS LE DÉCOR.

AVEC VOUS OU MALGRÉ VOUS, J'IRAI QUAND MÊME. COMPRIS?
C'EST ÇA, C'EST ÇA. VA DONC TE COUCHER! ÇA CALME!

AHHHHH! ÇA CALME, HEIN? JE SENS QUE LE CHEVAL DU NORD VA SE METTRE À RUER.

HIIIIII! ENCORE UN PETIT GALOP ET J'Y SUIS! HIIIIII!
ST. URBAIN 27 MILLES

texte: C. BLASETTI - dessins: G. BOSELLI

DEUX HEURES PLUS TARD, À ST-URBAIN, CHEZ MONSIEUR LABBÉ.
QU'EST-CE QUE C'EST ENCORE QUE CETTE FOLIE, ALEXIS?
VOYONS, MONSIEUR LABBÉ! JE NE SUIS PLUS UN BÉBÉ!
ÇA, JE TE LE CONCÈDE BIEN, MAIS...

DANS UN INSTANT, BERGÉ ET BELBOIS VONT VENIR CHEZ VOUS POUR FAIRE DES "DEMANDES" À VOS FILLES PAULINE ET ADELINE.
AH LES DEUX VAURIENS!

ET ILS N'ONT PAS VOULU QUE JE VIENNE AVEC EUX.
JE LE CROIS... POUR CE QU'ILS VIENNENT Y FAIRE!

...ET ALORS, AVEC VOTRE PERMISSION, JE VOUDRAIS LEUR REMETTRE ÇA.
AVEC MA BÉNÉDICTION, ALEXIS. ET SURTOUT, NE LES MANQUE PAS!

CE SOIR, ON VA RIRE UN PEU TOUS LES DEUX!
ON NE RIS JAMAIS ASSEZ... SURTOUT DANS CES CAS-LÀ!

OH! MONSIEUR BERGÉ!
AH! MONSIEUR BELBOIS!
BON SOIR, MESDEMOISELLES!

ON NE VOUS DÉRANGE PAS?
MAIS VOYONS! ENTREZ DONC.

HEUM... HEUM... MADEMOISELLE PAULINE... VOUS... HEUM... HEUMM... BELLE ET SI GENTILLE... QUE... JE... JE...
PAS MAL POUR UN DÉBUT, MAIS UN PEU... HEUM ... HÉSITANT!

MADEMOISELLE ADELINE... HEUM... VOS YEUX... HEUM... BRILLENT COMME...
DEUX GROSSES CHANDELLES.
DEUX GROSSES CHANDELLES... COMME C'EST ORIGINAL!

SOUVENT, LE SOIR, JE PENSE À V... HOW!
C'EST MOI QUI VOUS FAIT CET EFFET-LÀ?
VOS CHEVEUX SONT COMME... OUCH!
VOUS VOUS SENTEZ BIEN, MONSIEUR BELBOIS?
NOUS DEVRIONS PEUT-ÊTRE ENTRER? QU'EN PENSEZ-VOUS?
EN EFFET, EN EFFET! ENTRONS!
OUI! LES INSECTES NOUS MANGENT CE SOIR!
ENCHAÎNONS LE DEUXIÈME ACTE!
UN AUTRE BISCUIT, MONSIEUR BELBOIS?
CE N'EST PAS DE REFUS! VOUS LES FAITES VRAIMENT BONS!
UN PETIT VERRE DE BLANC, MONSIEUR BERGÉ?
LÀ, VOUS PARLEZ!
AH MADEMOISELLE!... VOS MERVEILLEUX BISCUITS!...
!
... ET VOS EUX BRILLANTS COMME DES...
CHANDELLES... JE SAIS, JE SAIS!
JE VOUS PRÉSENTE NOTRE GRAND-MÈRE!
BONSOIR MADAME.

LEUR GRAND-MÈRE... HI, HI!

UNE SEULE LAMPE DEVRAIT VOUS SUFFIRE. QU'EN DITES-VOUS?
BIEN SÛR, BIEN SÛR. COMME VOUS ÊTES SYMPATHIQUE!

MADEMOISELLE PAULINE, PERMETTEZ À MON COEUR DE VOUS DIRE...
MADEMOISELLE ADÉLINE, QUE VOS OREILLES EN SUCRE DAIGNENT M'ENTENDRE...

!! !
BON, BON! C'EST LE TEMPS D'ALLER DORMIR. BONSOIR TOUT LE MONDE!

VOYEZ QUELLE HEURE IL EST.

QUELLE JAMBE POUR UNE GRAND-MÈRE!
C'EST LE TROTTEUR! JE LE RECONNAIS!

BANDIT!
TU VAS ME PAYER ÇA! UNE SOIRÉE RUINÉE!

OH! LA BELLE COURSE!
ADIEU, MES BEAUX PARLEURS!
FRANCHEMENT, JE NE ME RECONNAIS PLUS. J'AI VRAIMENT CONSERVÉ LA FORME!
FIN

Comment expliquer ce don anormal ?

La mère d'Alexis avait pris une course, un bon jour, avec son cheval, contre le cheval d'une autre personne ; les chevaux « dit-on » étaient de bons trotteurs. Elle a perdu la course et se serait écriée : «J'en aurai un trotteur qui vous passera. » Et ce fut Alexis car elle était enceinte de lui lors de cette course.

(Pierre DUBÉ, Bic, 1966)

Monsieur Lapointe, père, avait un cheval gris pommelé bleu, et d'une vitesse enviable. Monsieur et Madame Lapointe allaient souvent au village de La Malbaie avec leur « trotteur », comme ils l'appelaient.

Par un dimanche d'été, le couple revenait de la grand-messe. Un Américain en voiture légère arriva derrière eux ; comme les chemins étaient étroits, il fallait attendre l'occasion pour dépasser. Mme Lapointe, discrètement, commandait à son mari de faire trotter le gris le plus vite possible ; Monsieur Lapointe, pour sa part était un homme tranquille et sans orgueil. Tout à coup, l'Américain s'aventure à les dépasser ; voyant cela, Mme Lapointe, choquée, enlève les guides des mains de son mari et tire sur les cordeaux en voulant reprendre le devant.

Souvent l'Américain se tournait en riant comme pour défier Mme Lapointe, sachant qu'elle était amateur de chevaux trotteurs.

Rendu à l'entrée de leur maison, l'Américain leur fit un salut de la main avec un grand sourire.

A ce moment précis, Mme Lapointe qui acceptait mal la défaite, lui montrant le poing, lui cria : « J'en aurai un, champion trotteur que rien au monde ne dépassera. »

(Henri GAGNON, Chicoutimi, 1966)

Mme Lapointe, la mère d'Alexis, aimait beaucoup les chevaux. Un jour, elle vit le seigneur Duggan, entraîner son magnifique étalon noir ; elle demanda à son mari qui l'accompagnait s'il aimerait posséder un tel cheval. Il est évident qu'elle en avait grandement envie et le désirait ardemment ; or, elle était à ce moment-là, enceinte d'Alexis.

(Philippe GILBERT, Montréal, 1967)

Facile à mystifier

Mon grand-père aimait aussi à le mystifier. Dans les grandes veillées, il disait à Alexis : « Toi, tu sais chanter et courir ; moi je suis capable de changer le papier en plomb. Tout le monde va garder le silence pour m'aider dans mon opération. »

Puis il cachait un plomb dans un morceau de journal qu'il roulait en boule et déposait dans une cuiller. Il récitait des formules latines, puis il allumait une allumette et faisait brûler le papier. Il restait rien que le plomb dans la cuiller. Alors, il passait la cuiller à Alexis et lui disait : « Es-tu capable d'en faire autant ? »

Alexis avait les yeux ronds comme ça (le narrateur forme un rond avec le pouce et l'index). *Alexis essayait, mais, comme de raison, il n'était pas capable. Il se fâchait et cherchait qui aurait pu lui faire manquer le coup. Si quelqu'un souriait, il criait : « C'est toi Ernestine, ou Bernadette, ou Epiphane qui m'a fait manquer le coup. » Et il recommençait. Ça le choquait de ne pas être capable de le faire* [48].

(Théophile TREMBLAY, Montréal, 1950)

Son régime

Je lui demandai cette nuit-là ce qu'il prenait sur la route. « Rien, monsieur ; je pars avec une couple de cuillerée de Brandy dans ma poche. J'en prends une cuillerée à soupe à chaque cent milles. En arrivant, je me frotte les jambes avec de la cendre, et je suis prêt à repartir [49].

(Abbé Léonce BOIVIN, Les Eboulements, 1941)

La route de quarante arpents

Alexis, lui, sa place natale, c'est La Malbaie. Puis Charles Gilbert était porte à porte ; il n'avait que le chemin à traverser. Il y avait une route à La Malbaie qui avait quarante arpents de long. C'est là qu'Alexis allait s'exercer. Il prenait cinq ou six jeunesses de son âge, puis il les « drillait » comme lui, pour les faire trotter. Lui, Alexis, il partait sur la route de quarante arpents ; il faisait trois fois 40 arpents tandis qu'eux autres ne le faisaient qu'une fois. Il était jeune dans ce temps-là, il avait treize ans.

— *L'avez-vous vu courir comme ça ?*

— *Moi, non, je l'ai pas vu courir, mais je l'ai vu, comme ça là. Je l'ai vu chez René Gagnon.*

— *Quelle sorte de jambes avait-il ?*

— *Ah ! les jambes, lui, les genoux il les avait là, à six pouces.*

— *Il n'avait pas de cuisses ?*

— *Quand il était assis sur une chaise, de même tiens !* (Il fait le geste) *C'était pas un grand homme, il avait cinq pieds et sept, je suppose. Il n'avait rien que six pouces d'ici à aller là.* (Montrant les cuisses commencement et fin).

— *Il avait la jambe plus longue.*

— *Oui, Alexis faisait onze milles, douze pieds au pas. Après ça, il prenait son erre au bout de onze milles. Là il faisait dix-huit pieds au pas.*

— *Dix-huit pieds au pas ?*

— *Dix-huit pieds au pas, oui, mesuré ; un pas, un « élançée », dix-huit pieds à tous les pas. Ça lui prenait onze milles pour prendre son erre, puis après il trottait 50, 60, 80 milles, dix-huit pieds au pas. Je l'ai vu chez René Gagnon, se mettre le bout du pied sur un madrier de douze pieds, puis se placer le talon à l'autre bout sans « allaire » comme on fait un pas nous autres là. Ça fait, quand il avait pris son erre, tu sais qu'il filait hein ! Ah ! c'était un grand homme assez, et quand il trottait, il était long de même, pas plus gros qu'un chien de 50 livres. Avec Tommy Dufour, j'étais ici à Chicoutimi, puis on était de l'autre bord du pont, on était traversés le pont des chars, puis lui passait à la croisée du chemin, à belle épouvante. Je me revire de bord, j'ai dit à Tommy :*

— *Regarde donc un chien qui descend sur la ligne.*

Tommy se détourne, il dit :

— *C'est un chien.*

On était pas rendus à l'église, il nous avait passés. Ce chien-là qui descendait, c'était Alexis. Il arrive à l'église, puis il t'envoye trois quatre coups de pattes. Il avait des grandes narrines échancrées.

— *Il avait les narrines plus grandes que les autres ?*

— *Ah ! oui, ah ! oui, plus grandes que les autres.*

— *Il y en a qui disent que sa tête ressemblait à une tête de cheval ?*

— *Oui ! Alexis, vois-tu, avait la langue assez longue pour la rentrer dans les narrines des deux bords.*

— *Il n'hennissait pas ? non plus ?*

— *Ah ! oui, il hennissait, il n'y avait pas un maudit étalon pour hennir comme lui.*

— *Il avait un petit fouet ?*

— *Quand il s'exerçait comme ça là-bas, il prenait un fouet, puis il se fessait, puis quand il partait, ouô ! il se reculait lui-même, là hein ! envoye encore un autre coup là. Quand c'était le temps, il lâchait le dernier coup, il criait « go » ! Là il partait. Il faisait trois fois quarante arpents du temps que les autres le faisaient une fois* [50].

(Ernest GAGNÉ, Chicoutimi, 1956)

La gageure

Certains Américains avaient gagé qu'il n'irait pas de Québec à Montréal en dix-huit heures. Alexis ne voulut jamais accepter dix-huit heures. C'était humiliant pour lui. Il voulait gager, et on gageait quatre mille piastres — pour faire les cent quatre-vingts milles en douze heures. — Non, dix-huit heures. — Non douze heures, pas plus. Et il s'entraînait en cachette mais était suivi. Et, à la fin, les Américains refusèrent [51].

(Abbé Léonce BOIVIN, Les Eboulements, 1941)

Le pari

. . . Tous et chacun lui donnaient de l'argent pour le faire courir ; plusieurs faisaient des paris entre Alexis et leur cheval ; il partait en arrière, les laissait faire une bonne distance et là, en un rien de temps, il se décidait et passait le cheval et la voiture avec son maître et gagnait toujours son pari.

(Mme R.-A. MURRAY, Saint-Urbain, 1966)

Le facteur

C'est arrivé qu'on lui a envoyé chercher la malle au dépôt-camp qui se trouvait à quinze milles ; il faisait ce trajet en moins d'une heure, dit-on, aller et retour.

(Wilfrid BOURASSA, Victoriaville, 1966)

Le mors aux dents

Il invitait sa mère à embarquer mais elle refusait toujours. Un jour, elle se décide. Elle était dans la cinquantaine. Ils partent. En descendant une côte, Alexis prend le mors aux dents, comme un vrai cheval, renverse sa mère et continue jusqu'au village sans pouvoir s'arrêter. Au retour, il ramasse sa mère sans connaissance dans la côte [52].

(Théophile TREMBLAY, Montréal, 1950)

Dans nos montagnes

Mon grand-père me racontait qu'un jour, alors qu'il traversait au Saguenay, en voiture, par la route de sable (Saint-Urbain), Alexis le rattrapa ; mon grand-père lui adressant la parole lui dit : « Si nous n'étions pas dans une côte, je te demanderais de me montrer comment tu cours »... Il n'avait pas terminé sa phrase qu'Alexis partit comme un coup de vent et des roches, grosses comme le petit doigt, étaient projetées en arrière de lui. Ceci se passait tard dans l'après-midi.

(Philippe GILBERT, Montréal, 1967)

Devant l'église de Saint-Irénée

Une fois, comme les paroissiens sortaient de la grand-messe à l'église de Saint-Irénée, Alexis apparut au galop, bride en gueule, fouet à la main, en hennissant comme un fringuant étalon. Le cheval, en lui, semblait vouloir prendre l'épouvante, aussi le retenait-il, tête inclinée, avec les guides que tirait sa main gauche. Parvenu enfin à maîtriser ses instincts, il se calma juste assez longtemps pour ramasser les sous que lui jetait la foule amusée... Puis il se fouetta, se cabra, sauta par dessus la boîte du crieur — de dix pieds de hauteur — franchit d'un seul bond deux travées du trottoir — soit vingt pieds —, et partit à toute épouvante dans la direction de la Baie-Saint-Paul où paraît-il, il arriva pour les vêpres, dans l'après-midi. Là, les habitants de s'émerveiller :

— Croyez le ou ne le croyez pas, c'est le cheval volant du Saguenay [53] *!*

Sympathie pour Alexis

Un jour, on organisa une joute où il devait courir avec plusieurs chevaux des environs. Tout était prêt, quand un certain Monsieur Desbiens, « Bluet », lui-même, et ami de notre centaure, interdit à Alexis de courir avec des chevaux. Ce bon monsieur trouvait qu'Alexis ne gagnait rien à vouloir se faire passer pour un cheval ; il y avait surtout dans ce geste beaucoup de sympathie ou d'affection pour un de ses compatriotes [54].

Supériorité sur la bête

Un de mes frères l'avait invité, un jour, à monter dans sa voiture à partir de chez Théodule Simard à aller jusqu'à Saint-Fulgence, ce qui faisait une distance de huit milles environ. Croyez-moi, Alexis n'a jamais accepté de monter dans la voiture. Au contraire, il passait la voiture, se laissait passer, la repassait etc. Mon frère pourtant, avait poussé son cheval, qui était un trotteur en dedans de 3 minutes (pour le mille).

(Egide TREMBLAY, Rivière-du-Moulin, 1967)

La jument du curé

Les maquillons, qui avaient souvent maille à partir avec Alexis, le défiaient, aux courses de chevaux, mais ses jambes d'acier avaient toujours raison d'eux, souvent à la courte honte. Il courait le mille, sur la piste ou sur la glace, en deux minutes et trente secondes, soit plus vite que les meilleurs chevaux de La Malbaie et des environs.

Un dimanche d'hiver au matin, certains hommes à chevaux faisaient trotter leurs attelages sur la glace. Ils n'entendirent pas la cloche de l'église et arrivèrent à la grand-messe après l'Evangile. Le curé les réprimanda du haut de la chaire, et souhaita que, pour leur punition, leurs chevaux se cassent les pattes en « fauchant » et que le ventre leur gonfle. On prit son souhait pour un sort.

— Monsieur le curé ! interpella de l'arrière de l'église une voix enrouée, « sur la glace, impossible de pas trotter ! » Comme il reconnut la voix d'Alexis, le curé passa outre et continua son sermon. Les fidèles se contentèrent de sourire.

Quelques jours plus tard, Fanny, la jument du curé, commença à boîter, à se baisser la tête sous la mangeoire et le vétérinaire n'osait pas se prononcer sur son mal. Le prêtre, qui aimait sa bête, craignait de la perdre. Aussi appela-t-il Alexis pour le consulter, car le Trotteur s'y entendait mieux que tout autre. Alexis, qui n'était pas rancunier, se rendit à l'appel du curé et se présenta à l'étable, la tête basse, comme s'il eut boudé. Intrigué, le prêtre lui demanda :

— Alexis ! Y a-t-il quelque chose qui ne va pas, tu m'as l'air bien piteux ?

— Rien de rien, monsieur le curé, mais, vous voyez, le sort que vous avez jeté sur les chevaux trotteurs a rebroussé chemin ; il est retourné d'où il était venu.

— Mon pauvre ami, que veux-tu dire ?

— Dimanche dernier, vous avez souhaité que nos jambes se cassent et que le ventre nous gonfle. Aujourd'hui, c'est votre jument qui est malade.

Le curé, penchant la tête à son tour, répondit :

— A ta place, Alexis, je ne penserais plus à ce que j'ai dit dimanche. Si tu peux faire quelque chose, mets-toi à la besogne. Tu ne le regretteras pas.

Alexis, qui aimait les bêtes autant que le curé les aimait, entra dans l'étable, passa la main sur le dos de Fanny, puis sur son cou, sa tête, sous son ventre, sur sa queue, en montant et en descendant sur ses pattes. Et voilà que la jument releva la tête, la queue, se ravigota, regarda autour d'elle, montra ses dents comme le cheval gris de Denis quand il riait, piaffa sur le pavé et recommença à manger son avoine tout comme si le curé n'avait pas prêché contre les courses de chevaux sur la glace en face de l'église.

Sauf quelques petits démêlés, le curé et Alexis furent toujours bons amis, peut-être parce que le curé lui-même ne détestait pas les chevaux. Qui aimait les chevaux ne pouvait en vouloir à Alexis, le cheval par excellence de La Malbaie [55].

L'étalon de 1,200 dollars

J'ai entendu raconter par des gens qui l'avaient vu qu'Alexis a couru sur le petit lac de Sainte-Agnès avec un étalon que la ville avait acheté 1,200 dollars pour la repro-

duction, (et cet achat avait causé un scandale à cause du prix élevé). Alexis avait donc couru avec l'étalon à la longueur du lac aller et retour, ce qui faisait environ un mille ou un mille et demi.

(Horam GAGNON, Jonquière, 1967)

Cheval épouvanté . . .

Je faisais les fours pour cuire le pain et j'étais arrêté devant une maison quand mon cheval prit le mors aux dents. Alexis était là à me regarder faire. Je dis à Alexis d'essayer de rattraper mon cheval. Celui-ci courut derrière et me le ramena [56].

(Joseph SIMARD, ASHS)

Le seigneur Duggan

Le lendemain le seigneur Duggan, successeur de Nairme faisait trotter son beau cheval noir, le meilleur du comté, sur la route du moulin. Malgré le respect qu'il devait à son seigneur, Alexis n'y pu tenir ; ses sangs (sic) *se réchauffèrent. Aussi commença-t-il à hennir, à se cabrer. Il avait déjà battu un autre champion, celui de Forget à Saint-Irénée, mais n'avait encore jamais osé se mesurer au trotteur de Duggan. Cette fois, c'est plus fort que lui. Il saute la clôture du chemin et part après le seigneur qui, le voyant venir, décide de le tenir à bonne distance derrière lui. Alexis prend le temps de se casser une hart d'aulne rouge et de s'en donner une « fessée » sur les jambes. Aussitôt il se met à la poursuite du seigneur, qui file à fond de train. Il ne tarde pas à le rejoindre. Rendu à la voiture, il se met à parler haut de la température. Ne recevant pas de réponse, il se rend à la tête du cheval. Comme le coursier ne répond pas plus que son maître, Alexis le dépasse, traverse la route devant lui, puis se met à faire des culbutes, qui sont sur le point d'effrayer le cheval. Ahuri de se trouver ainsi à la merci d'un maniaque, le seigneur prend son fouet pour en toucher son coursier ; c'était bien la première fois que ça lui arrivait. La course furibonde se continue ainsi jusqu'au manoir, où le seigneur faillit accrocher la barrière. Là, Duggan avoua qu'Alexis avait battu son cheval. Et un cheval battu n'était pas assez bon pour lui. Il le vendit au plus tôt* [57].

Le bonhomme Quieway

Le bonhomme Quiéway (Hughy) Blair qui restait aux Trois-Rivières et que j'ai bien connu disait : « Une fois Alexis « le Trotteur » a couru en arrière de ma voiture. J'avais un cheval gris qui était un très bon trotteur. Je vois Alexis qui me suivait, je l'invite à embarquer, il refuse ; je pousse le cheval, il suit toujours ; par pitié, j'insiste pour qu'il embarque, il répond : « J'embarque pas, ça va me retarder, » et il prend le devant [58].

(Joseph. LAROUCHE, Chicoutimi, 1946)

Sauve toé ou ben j't'écrase ...

Quand je trottais, j'avais mon cheval, une fois, je l'ai rejoint, je lui crie : « Sauve toé ou ben je t'écrase ... » Là ça trottait, mais c'était pour le « fun ».

(Arthur DUFOUR, Clermont, 1966)

Alexis et Monsieur Price ...

« Un autre coup, chez les Price, dans le temps des Fêtes, ceux qui descendaient étaient des préférés et des gens mariés. Monsieur Price s'était informé au « foreman » s'il y en avait un qui descendait.

— Je crois qu'ici il n'y en a guère qui descendent. On a entendu dire qu'Alexis allait descendre.

— Ah ! bien ! Alexis, il a beau descendre, ça me fait rien. Monsieur Price a été se coucher au dernier camp d'en bas. Il y avait trois gros camps là. Ces camps étaient tous distancés de trois milles. Monsieur Price était couché au dernier camp. (Ça le jetait neuf milles plus bas que lui). Alexis, pour descendre, avait donc neuf milles à faire de plus que l'autre. Le lendemain, Alexis s'est levé pour aller déjeûner, ensuite il est parti en direction du dernier camp. Quand il a été entré là, où Monsieur Price avait couché ; il demanda :

— Monsieur Price, ça fait-il bien longtemps qu'il est parti ?

— Oui, ça fait à peu près une heure, lui a-t-on répondu.

— Ah ! bon, dit-il, je suis bon pour le rattraper pas trop loin.

Il a pris le chemin, là ça descendait. Quand il a été rendu au Cran Serré, il était rendu en arrière de Monsieur Price. A six milles du Saguenay. Alors, Monsieur Price s'est tourné de bord et a aperçu Alexis « le Trotteur » qui était en arrière de sa voiture. Il s'est levé puis a poigné son fouet. Il avait deux chevaux qui étaient attelés en tandem. Son fouet était assez long pour attraper celui qui était en avant. Alors, les chevaux ont pris le chemin puis ça descendait. Alexis de temps en temps se mettait les mains sur le derrière du traîneau de Monsieur Price. Quand ils ont pris le Saguenay, Monsieur Price ne l'a pas invité pour embarquer comme de raison. Alexis se laissait reculer un arpent, deux arpents puis il partait pour aller faire une grande tournée. Puis il s'en revenait passer en avant des chevaux de Monsieur Price. Là, il prenait un cheval par la bride, puis il trottait avec, comme ça. Rendu à l'Eternité, Monsieur Price a arrêté ses deux chevaux ; il a dit à Alexis :

— Comment ce que tu me demandes pour me laisser tranquille, me laisser monter ?

— Donnez-moi cinq piastres, Monsieur Price.

Monsieur Price a fourré la main dans sa poche, il lui a halé cinq piastres, puis il lui a données. Alexis a pas passé par en arrière. Il a sauté en avant des chevaux puis il a monté à Grande-Baie. Quand Monsieur Price est arrivé à Grande-Baie, Alexis avait dîné puis il était en train de fumer sa pipe. Le lendemain matin, on a été contraints de sortir les deux chevaux de Monsieur Price avec un autre cheval; ils s'étaient morfondus, et ils étaient maintenant raides sur les quatre pattes[59].

(Ernest GAGNÉ, Chicoutimi, 1956)

Quelles pistes

Je me souviens que le boss De Vanèse avait un beau cheval trotteur. Un bon jour, nous nous sommes rendus au lac Edouard pour une course sur la glace du lac. Mais quand le « boss » a vu ses pistes, il n'a pas voulu gager.

(Ernest BOUCHARD, Jonquière, 1968)

Le licou oublié

Un bon jour que papa Lapointe se rendait en compagnie d'Alexis au village voisin, à cinq ou six milles de distance, le chef de famille s'aperçut presqu'arrivé (!) au terme de son voyage qu'il avait oublié le licou de son cheval. « Ne vous en faites pas, se serait écrié Alexis, je vais aller le chercher. » Il sauta de voiture, hennit, se fouetta et partit au galop vers la maison ; il revint avant que son père fut arrivé à destination [60].

(Willie BARETTE, Amqui, 1941)

Le feu au . . .

Ma mère m'a raconté qu'après un feu, qui avait rasé une maison, on a envoyé Alexis chercher le curé au village voisin ; il aurait fait ce trajet en un temps record.

(Mme François GAUDREAULT, Roberval, 1967)

Le loup-garou

J'ai vu Alexis bien des fois. La première fois quand je demeurais à Saint-Charles-Borromée. C'était à la brûnante. On voit passer un homme dans le chemin à une vitesse vertigineuse. Les gens, n'y comprenant rien, commencèrent à supposer que ce pouvait être un loup-garou, se disant : « Est-ce possible qu'il existe des loups-garous ? » On apprit peu après que c'était Alexis « le Trotteur » [61].

(Alfred GAGNON, Chicoutimi, 1963)

A la brunante

Je l'ai souvent vu passer à la brunante, sur la Côte de Sable ; c'était là son habitude de courir à la brunante pour effrayer les gens.

(Albert DALLAIRE, Port-Alfred, 1967)

La seule fois que je l'ai vu, j'avais environ une dizaine d'années ; Je sortais alors de l'école du rang, un bon soir à la brunante ; je vois venir tout à coup cet homme qui courait avec une petite fouine. Il fit le tour de moi en faisant des petits steps, (probablement pour me faire peur) et partit à la belle épouvante . . .

(Henri BOULIANNE, Saint-Prime, 1967)

La peur des ours

Il m'a raconté lui-même que quand il traversait le parc de la Galette, il avait peur des ours. Un bon jour,

il en avait vu un qui buvait au bas d'une côte, « tu peux être sûr que j'ai fait un bout de chemin vite » m'a-t-il dit.
(Gustave GILBERT, Grande-Baie, 1967)

Les élections

A Mistassini, Alexis était chez les Pères. C'était en hiver ça. Dans ce temps-là, les élections étaient en hiver. Il avait droit de vote Alexis, ça fait qu'il avait téléphoné au pôle de Grande-Baie pour savoir à quelle heure le pôle fermait. Ils lui ont dit qu'il fermait à 4 heures. Il dit :

— Moi, je m'en vais aller voter aussi.

— Mais oui mais, ils ont dit, tu es encore là, tu viendras pas voter.

Il dit :

— Je viendrai bien voter.

Il a donc fait son ménage à Mistassini puis une fois qu'il a eu déjeûné, il était 7 heures. Puis avant de partir de la maison, il a téléphoné au Pôle qu'il partait pour descendre voter. Il était 7 heures du matin, puis il a rentré dans le pôle à quatre heures moins quart le soir.

— Il était parti à 7 heures du matin et il est arrivé à quatre heures moins quart le soir ?

— Oui, ça faisait une bonne « run ». De Chicoutimi à Mistassini (village), il y a 120 milles ; chez les Pères, il y a bien encore une douzaine de milles, je pense.

Et, de Chicoutimi à aller à la Grande-Baie, il y a encore 15 ou 16 milles. Ça lui faisait à peu près 150 milles dans une journée.

Il pouvait faire plus que ça. C'est pas tous les chevaux de route qui font cent milles par jour[62].

(Ernest GAGNÉ, Chicoutimi, 1956)

Départ rapide

Je me souviens que mon père avait voulu aller le mener à sept milles de chez nous avec son cheval, mais il n'avait pas voulu. Et je vous assure qu'il avait fait le bout de chemin vite, du moins à la vitesse qu'il est parti.

(Gustave BOILY, Jonquière, 1967)

Voyage à Québec

Le père Lapointe (François) que ses affaires appelaient souvent à Québec, décida un jour de s'y rendre et de laisser à la maison son fils Alexis. Celui-ci eut beau insister, rien n'y fit, le père demeura inflexible. Son père parti, Alexis eut l'idée de se rendre à Québec à pied. Comme à l'accoutumée, il hennit, piaffa, se fouetta et partit au trot. Il dépassa en route le bogué (sic) *paternel et arriva à Québec bien avant l'auteur de ses jours*[63]. (86 milles)

(Willie BARETTE, Amqui, 1941)

Alexis se moque du charretier

Je vous raconte ici une histoire que mon oncle m'a racontée. Ce dernier était charretier à Roberval et vous savez comme moi que les charretiers, dans le temps, étaient comme les conducteurs d'automobiles ; c'est à qui aurait la meilleure. Bien, croyez-moi ou non, il est parti de Roberval en même temps par une grosse journée de chaleur et les chemins n'étaient pas asphaltés encore.

Imaginez la surprise de mon oncle en arrivant à Albanel de voir Alexis assis dans le magasin général et avec un bel air souriant ; il attendait pour voir la figure de mon oncle . . . Le temps qu'ils ont pris pour faire le trajet, je ne peux pas vous le dire, mais c'est extraordinaire, c'est certain. (40 milles).

(Arthur CÔTÉ, Alma, 1967)

Refus de courir

Je sais que l'engagé du curé de La Malbaie l'avait amené à Québec pour le faire courir sur un rond de course, (de chevaux) mais rendu là, Alexis n'avait pas voulu courir ; je ne sais pas pour quelle raison exactement.

(Philippe GILBERT, Montréal, 1967)

Encore à Québec

Alexis naviguait. Son capitaine était allé voir trotter les chevaux de course à Québec. Une fois que les chevaux eurent fini de courir, quelqu'un est venu trouver le capitaine.

— Trouvez-vous qu'on a des chevaux qui courent bien ?

— Oui ! vous avez des chevaux qui courent bien. Mais j'ai un homme dans ma goélette qui court bien mieux que ça.

— Comment, qui court mieux que ça ?

Et la chose en resta là ! Bien que le capitaine eut soin de gager cent piastres avec l'homme en question qu'il avait un homme (Alexis) capable de dépasser ses chevaux.

Revenu sur son navire, le capitaine fit venir Alexis dans sa cabine et lui dit :

— On va vouloir te faire courir avec les chevaux avant la course officielle, mais tu refuseras.

Quand Alexis est arrivé à Québec, au rond de course, il leur a dit qu'il venait trotter avec les chevaux. Il n'était pas fin Alexis, pas fou, fou ... mais. Ils lui ont dit :

— Apparence que tu es un trotteur ?

— Oui, je trotte pas mal.

— Bien, ils ont dit, fait un tour pour voir comment tu cours, comment tu trottes.

Pas bien fin lui, hein ! il a été se planter sur le rond et il a viré ça. Ils ont dit :

— As-tu fait tout ce que tu as pu ?

— Ah ! il dit, non, je peux faire bien mieux que ça.

— Bien, ils ont dit, il n'y a pas un maudit trotteur qui est capable de virer comme ça, comme tu as viré là.

Le capitaine a perdu cent piastres, car on a jamais voulu le faire courir avec des chevaux [64].

(Ernest GAGNÉ, Chicoutimi, 1956)

Lentement mais sûrement

Quelqu'un chez nous avait dit qu'Alexis était parti de Québec et était monté à Baie-Saint-Paul en six heures ; et il paraît qu'il avait monté tranquillement.

(Méridé AUDET, Kénogami, 1967)

En passant par La Galette

Monsieur Cléophe Boily qui charroyait la malle entre Saint-Urbain et Chicoutimi traversait souvent le parc de « La Galette ». Un beau jour, conduisant sa voiture, il a voulu faire embarquer Alexis qui se trouvait probablement à faire le même trajet. Ce dernier lui aurait répondu : « Je n'embarque pas, cela va me retarder » ...

(Mme R.-A. MURRAY, Saint-Urbain, 1966)

Références du Chapitre IV

1) ASHS, dossier 655, pièce 10, paragraphe 4.

2) Jean DAUVEN, **l'Encyclopédie des Sports,** p. 23.

3) Mgr Victor TREMBLAY, **Les trente aînées de nos localités**, p. 237.

4) ASHS, dossier 655, pièce 16, p. 4.

5) Le « 3 milles », en 1903, se courait en 14 mn 17s 6/10.

6) ASHS, dossier 655, pièce 16, p. 3.

7) Marius BARBEAU, **Alexis le Trotteur,** dans **Le Canada français,** mai 1940, p. 889.

8) ASHS, dossier 655, pièce 8, no 4.

9) ASHS, dossier 655, pièce 16, p. 5.

10) ASHS, dossier 655, pièce 15, p. 2, no 12.

11) Marcel RIOUX, **Alexis-Trotteur,** dans **Mémoire de la Société généalogique canadienne-française**, janvier 1946, p. 21.

12) **Flyer :** cheval « volant » plus rapide qu'endurant. **Stayer :** cheval résistant, coureur de fond.

13) Thomas LABRIE, marchand général de Métabetchouan.

14) ASHS, dossier 655, pièce 5, no 1.

15) Abbé Léonce BOIVIN, **op. cit.,** p. 24.

16) ASHS, dossier 655, pièce 17, p. 1.

17) ASHS, dossier 655, pièce 14.

18) ASHS, dossier 655, pièce 16, p. 12.

19) IDEM

20) Détail fourni par Ernest BERGERON, 86 ans, de Grande-Baie.

21) ASHS, dossier 655, pièce 1, no 1.

22) Abbé Léonce BOIVIN, **Dans nos montagnes,** p. 21.

23) Marcel RIOUX, **op. cit.,** p. 23.

24) Lettre du Canadien National en date du 4 septembre 1968.

25) ASHS, dossier 655, pièce 16, p. 12.

26) Lettre du Canadien National en date du 11 septembre 1968.

27) Détail fourni par Charles-Eugène FORTIN, 78 ans, de Jonquière.

28) Cette compagnie existe encore aujourd'hui.

29) **Le Soleil,** Québec, lundi 21 octobre 1968, p. 10.

30) Marius BARBEAU, **The Kingdom of Saguenay**, The Macmillan Co of Canada, Saint-Martin House, Toronto, 1936, 167 pages.

31) Marius BARBEAU, **Le Saguenay Légendaire,** p. 100.

32) Mme Fortin réside dans la maison natale d'Alexis Lapointe, à Clermont.

33) C'est cet homme qui conduisait le « CAROLINA », lors de son naufrage le 19 août 1903. Une fois transformé le « CAROLINA » devint le « MURRAY BAY » et ce dernier s'appela quelques années plus tard le « CAP-DIAMANT ».

34) Damase POTVIN, **La Baie des HAHAS**, p. 88.

35) ASHS, dossier 655, pièce 16, p. 12.

36) Abbé Léonce BOIVIN, **op. cit.**, p. 23.

37) Georges HEBERT, **Le Sport contre l'Education Physique**, p. 79-80.

38) Collection Conrad LAFORTE, université Laval, Québec.

39) Détail fourni par Gustave GILBERT, 73 ans, de Grande-Baie.

40) Lettre de Mgr Victor TREMBLAY, en date du 28 décembre 1966.

41) Abbé Léonce BOIVIN, **op. cit.**, p. 23-24.

42) Ex. La Traversée du lac Saint-Jean à la nage.

43) Détail fourni par Gustave GILBERT, 72 ans, de Bagotville.

44) Grand-père de l'auteur de cet ouvrage.

45) Marius BARBEAU, **Le Saguenay Légendaire**, p. 98.

46) **Ibidem**, p. 91-93.

47) **Ibidem**, p. 93-98.

48) ASHS, dossier 655, pièce 11, p. 1.

49) Abbé Léonce BOIVIN, **op. cit.**, p. 25.

50) Collection Conrad LAFORTE, université Laval, Québec. Ce texte écrit demeure très près du texte parlé, enregistré sur bobine.

51) Abbé Léonce BOIVIN, **op. cit.**, p. 24.

52) ASHS, dossier 655, pièce 11, p. 1.

53) Marius BARBEAU, **Le Saguenay Légendaire**, p. 98-99.

54) Marcel RIOUX, **op. cit.**, p. 23.

55) Marius BARBEAU, **Le Saguenay Légendaire**, p. 100-102.

56) ASHS, Mémoire de vieux.

57) Marius BARBEAU, **Le Saguenay Légendaire**, p. 103-104.

58) ASHS, dossier 655, pièce 6, no 5.

59) Collection Conrad LAFORTE, université Laval, Québec.

60) Marcel RIOUX, **op. cit.**, p. 21.

61) ASHS, dossier 655, pièce 16, p. 12.

62) Collection Conrad LAFORTE, université Laval, Québec.

63) Marcel RIOUX, **op. cit.**, p. 21.

64) Collection Conrad LAFORTE, université Laval, Québec.

ALEXIS CONTRE BABA

texte: **BLASETTI** - dessins: **BOSELLI**

JE VOUS LE DIS... CE CHEVAL-LÀ COURT SUR DES BÉQUILLES!
MAIS IL M'INSULTE... ALORS ÇA... NON!
HUE... HUE...

COURAGE MON VIEUX... UN PETIT EFFORT AVANT DE MORDRE LA POUSSIÈRE.
CE N'EST PAS LA POUSSIÈRE QUE JE VAIS MORDRE!

MANQUÉ!
EN AVAAAAANT!
SNAP!

CE N'EST NI UN CHEVAL NI UN HOMME, C'EST UN TRAIN! FUUUUUUI!

WOE TROTTEUR... WOOOOOOOE!

OHOH... OHOH...

ALORS, CHEVAL DU NORD, ON S'ENGRAISSE? AH! AH! AH!
PLOFF!

ON DIEU! LE
OTTEUR TRUFFÉ!
QU'ELLE SENT BON LA FLEUR DE NOS CHEVAUX!
!

RIRA BIEN QUI RIRA LE DERNIER!

CIEL! QUELLE ODEUR!
PFFFFFF!
ET OUI! ÇA SENT LA ROSE DES CHAMPS!

AU TROISIÈME DE CES MESSIEURS!

MAMAN! QUEL FUMET!

IL ME SEMBLE QUE ÇA AUGMENTE! MOI, JE NE SUPPORTE PAS LES MAUVAISES ODEURS. ELLES ME FONT PERDRE PIED.

F! BANG! BOUM!..

ALLONS! UN PEU DE COURAGE!
DEBOUT ET VITE!... SANS QUOI ALEXIS VA GAGNER!

HUE! BABA!!!
PLUTÔT: "PUE BABA!"
CHICOUTIMI
UNE VICTOIRE DE PLUS!
BRAVO TROTTEUR!

ET ALORS? QUI EST LE MEILLEUR CHEVAL?
ÇA VA! ÇA VA!, TU AS GAGNÉ!

VOILÀ TES 5 DOLLARS... BABA M'A VRAIMENT DÉÇU!
!?

TRÈS BIEN! ALORS, LA PROCHAINE COURSE, C'EST TOI QUI LA COURRA!

ET QUE VAS-TU FAIRE DE TOUT CET ARGENT?
UN PETIT STEAK À TES COPAINS PEUT-ÊTRE?
OU ALORS UNE PETITE BIÈRE?

ABSOLUMENT PAS! C'EST VOUS, PEUT-ÊTRE, QUI ALLEZ M'ENLEVER TOUT CE FUMIER? ET PUIS, CE SOIR, JE SORS...
BARBE $ 0.25
CHEVEUX $ 0.75
BAIN $ 3.00

Chapitre V

Analyse anthropométrique

L'auteur du volume, en train de déterrer le squelette d'Alexis le Trotteur, le 12 novembre 1966, au cimetière de St-Étienne-de-la-Malbaie.

Photo: Viateur Larouche '67.

Exhumation du squelette

Le 7 septembre 1968, on pouvait lire dans *Le Soleil* à la page 33, le titre suivant :

DEUX PROFESSEURS VEULENT INSPECTER LA TOMBE DE WILLIAM SHAKESPEARE ET ÉLUCIDER UN MYSTÈRE VIEUX DE 352 ANS.

On sait que la menace d'anathème sur quiconque oserait toucher aux restes mortels de Shakespeare a protégé sa tombe depuis sa mort. Mais un historien et un professeur ont décidé d'en avoir le cœur net, et de faire se dissiper le mystère qui règne autour des manuscrits qui, selon eux, révéleraient la véritable identité du poète.

Ce cas offre certaines similitudes avec le nôtre. Mystère, identité, élucidation, manuscrits, sont en effet des points que nous reverrons à travers notre recherche. Cependant, la différence marquée entre les deux personnes, réside à la fois dans leur intelligence et dans leur mode de vie ; l'un courait autant que l'autre pouvait écrire !

Mais pourquoi donc avons-nous voulu exhumer le squelette d'Alexis ?

Pour en avoir le cœur net...

Après une lecture attentive de tous les témoignages conservés à la Société Historique du Saguenay, il semblait qu'Alexis n'était pas constitué normalement ! D'une façon assez générale, on lui prêtait de longues cuisses, des genoux très bas et enfin de très petites jambes !

Du genou au pied, à peine long comme la jambe d'un enfant [1].

Bref, il fallait scientifiquement vérifier si oui ou non, les jambes d'Alexis étaient plus chevalines qu'humaines ou vice versa. Notre première recherche fut d'essayer de dénicher une radiographie ou un dossier médical quelconque de notre homme, mais nous perdions notre temps, car avant 1924, les dossiers médicaux étaient aussi inexistants que les hôpitaux eux-mêmes !

Il est facile d'avancer que les cuisses d'Alexis étaient démesurément longues et d'appuyer cette sentence par une centaine de témoignages oculaires, mais rien n'aurait la valeur d'une preuve visuelle . . . Une seule solution évidente nous restait donc, l'exhumation du squelette d'Alexis Lapointe !

Si Molière a fait dire à Géronte :

Que diable allait-il faire dans cette galère [2] ?

nous nous demandons encore aujourd'hui, quel diable nous a poussé dans ce cimetière ? Mais qui aurait pu prédire exactement ce qui nous y attendait ?

Permissions nécessaires

Pendant que l'université d'Ottawa correspondait, de son côté, avec le ministère de la Justice, nous obtenions la permission écrite de la famille la plus rapprochée d'Alexis. Il s'agissait de deux neveux, Louis-Philippe et Henri Lapointe (fils légitimes de Louis, frère d'Alexis). Leur consentement (écrit) à l'exhumation de leur oncle Alexis pour des fins scientifiques est daté du 26 octobre 1966.

Premier voyage sur les lieux de l'enterrement

Pour une meilleure lecture et pour donner un peu plus de vivacité au texte, nous emploierons, pour ce récit vécu, la forme « JE » et « moi » en substitution au « NOUS ».

Le vendredi 28 octobre 1966, je quittai donc la capitale fédérale pour une première visite dans le pays natal d'Alexis, c'est-à-dire La Malbaie dans le comté de Charlevoix, au Québec.

A 23h 30 précisément, j'avais franchi les 425 milles qui séparent ces deux points. Arrivé à Clermont [3], *je me suis loué une petite chambre dans un hôtel et me suis fait un plan de la journée du samedi*[4].

Samedi le 29 octobre 1966

A 7 heures, j'avais toutes les raisons du monde de me lever . . . Ma première visite fut pour le cimetière de Clermont, que je trouvai assez récent car les plus vieilles épitaphes dataient de 1936. Et moi qui cherchais un mort de 1924, je commencai à me poser quelques questions.

Ma seconde visite fut réservée à ceux qui, par lettre, m'avaient permis de procéder à l'exhumation du squelette d'Alexis. L'accueil de ces neveux d'Alexis fut des plus chaleureux et j'eus l'impression d'entrer dans une famille que je connaissais depuis longtemps. L'hospitalité des gens de ce coin du pays n'est pas seulement proverbiale mais bien réelle. Henri et Louis Lapointe acceptaient donc volontiers que je travaille sur le squelette de leur oncle Alexis, mais il y avait un hic !

Où est enterré Alexis ?

Très embarrassés et même un peu gênés, il m'avouèrent bien franchement ne pas savoir où était enterré Alexis . . . Bien sûr, il avait été inhumé dans le cimetière de La Malbaie mais à quel endroit plus précisément ?

J'étais conscient, dès le début, que ma recherche n'était pas sans difficulté mais celle-là ne m'avait jamais effleuré l'esprit. Je n'en étais que plus dépourvu mais ne m'avouais pas vaincu pour autant !

La raison de cette ignorance partielle de la part des neveux d'Alexis, est fort simple. Etant décédé en hiver, Alexis fut déposé au charnier et ne fut enterré qu'au printemps ! Or, au moment de l'enterrement, la famille ne s'est pas rendue sur les lieux. C'est là d'ailleurs un travail routinier pour le fossoyeur. De surcroit, personne ne s'était occupé à faire l'achat d'une pierre tombale ou d'une croix pour identifier notre coureur ! Il sera donc, pour cette raison, enterré dans une fosse commune !

Au dire des Lapointe, certaines personnes qu'ils nomment, ont été sûrement au courant de l'affaire mais cesdites personnes sont aussi mortes qu'Alexis Lapointe lui-même, alors aucun espoir de ce côté-là !

Quel était donc le fossoyeur qui travaillait à ce moment-là ? Vivait-il encore ? A-t-on gardé un plan du cimetière ? Savait-on où tous les morts se trouvaient ?

J'apprends entre-temps que le cimetière que j'avais visité le matin, n'était pas celui où Alexis avait été enterré ! Et pour cause, il ne date que de 1931 [5].

Je me dirigeai donc vers la cure de La Malbaie où je pensais trouver certaines explications !

Une autre difficulté

Les premiers mots du Curé n'eurent rien de très prometteurs.

— *Vous n'avez pas reçu ma lettre ?* me demanda-t-il ?

— *Non,* lui répondis-je, un peu inquiet de savoir ce qu'elle contenait de si tragique . . .

— *C'est bien de valeur, car vous venez de faire un voyage pour rien,* continua Monsieur le Curé, *Alexis Lapointe n'a pas été enterré ici, à La Malbaie, mais à Alma, au Lac Saint-Jean . . .*

Un peu surpris de ses propos, je continuai à l'interroger et m'aperçus vite, hélas !, qu'il essayait de me dissuader de continuer ma recherche qui n'était, selon lui, qu'une histoire à dormir debout.

Mais avant qu'il ne jouât sa dernière carte, discrètement j'entrouvis ma serviette et déposai sur son bureau l'extrait de sépulture d'Alexis Lapointe qu'il avait (le Curé) lui-même signé le 25 novembre 1957 et qu'il avait remis à la Société Historique du Saguenay [6] . . .

Le document en question lui coupa l'idée de mal me renseigner et il me donna même le nom du fossoyeur actuel, Gérard Trudel, qui pourrait peut-être me rencarder, car c'était problablement son père ou son grand-père qui avait enterré Alexis. Il m'apprit aussi qu'il n'y avait aucun plan du cimetière qui avait été fait, à sa connaissance. Sur ce, il me souhaita bonne chance . . . se demandant bien comment j'allais m'y prendre ! Je me posais d'ailleurs exactement la même question !

Monsieur Trudel, le fossoyeur actuel, ne m'apprit rien qui vaille sauf peut-être que son père et son grand-père étant analphabètes, n'avaient jamais tenu de journal ou dessiné de plan quelconque qui auraient pu m'aider à trouver ce que je cherchais.

Visite au cimetière de La Malbaie

Lorsque je sortis de chez lui, la pluie s'était mise à tomber et de gros cumulus cachaient les montagnes et couvraient le ciel de Charlevoix. Je résolus quand même de grimper jusqu'au fameux cimetière situé sur le sommet d'une haute montagne qui surplombe une partie du Saint-Laurent ainsi que la ville de La Malbaie.

Même si personne ne semblait savoir où notre coureur avait été enterré, il n'est pas complètement impossible qu'Alexis ait eu une épitaphe, une croix ou une identification quelconque. Il fallait donc passer au crible toutes les pierres tombales une par une. Peut-être trouverais-je alors un indice quelconque qui me mettrait ensuite sur la piste du squelette que je cherchais.

Après quelques heures de cette promenade plutôt macabre, et sous une pluie qui semblait ne pas vouloir cesser, je m'arrêtai pour faire le point.

Le cimetière, assez désordonné chronologiquement, était toutefois bien entretenu. Cependant, l'ordre des pierres tombales restait introuvable. Certaines épitaphes de 1871 en côtoient d'autres de 1918, en plus, il y a les lots de famille qui poussent un peu partout comme des champignons dans un champ de marguerites !

Somme toute, je retrouvai un ou deux membres de la famille d'Alexis ainsi que certains parents qui furent, pour la plupart, inhumés dans le lot familial de François Bhérer dont le fils Thomas était marié avec une sœur d'Alexis, Joséphine-Athénaïs.

Justement, à propos de ce lot familial, Philippe Lapointe avait émis le doute qu'Alexis ait été enterré dans ce lot ; pourquoi alors ne pas avoir inscrit son nom avec les autres sur l'obélisque qui le surplombe ? Est-ce un simple oubli du graveur ? ou a-t-il vraiment été enterré ailleurs ?

La première idée de Philippe, cependant, était que le corps d'Alexis avait été placé tout près du lot de François Bhérer selon ce qu'il avait entendu dire.

Le bilan de la journée fut assez triste ; un seul indice utile que j'étais heureux de trouver, le cercueil en question était de métal et une vitre surplombait son couvercle ! Je savais au moins avec précision, à partir de cet instant, ce que je cherchais : un cercueil de métal encastré d'une vitre dans le couvercle !

Et je tire maintenant le récit de cette fin de journée de mes notes de voyage :

Nous sommes samedi soir, et il fait ici, à Clermont, un vent à rompre le cou des vaches ; on dirait vraiment que les montagnes sont en colère contre moi d'avoir voulu déterrer un des leurs, un confident probablement, car Alexis était un grand solitaire, « il vivait comme un indien me disait Aimé Lapointe [7] *et ne racontait rien à personne, encore moins à ses parents ou à sa propre famille »* [8].

Seconde expédition (du 4 au 6 novembre 1966)

Celle-ci n'avait qu'un seul but : celui de refaire, sur papier, le plan du cimetière actuel. Je consacrai donc une bonne dizaine d'heures à dessiner toutes les indications se trouvant sur le terrain. Je m'efforçai de reproduire assez fidèlement tous les emplacements, lots, pierres tombales, identifications, croix, charniers, etc. Pour ce qui est de l'échelle du plan, j'indiquai sur mon papier le nombre de pas entre chaque objet identifiable.

Pourquoi ce dessin ? Je projetais d'agrandir par la suite le plan et de l'étudier afin de retrouver la logique des fossoyeurs ou tout au moins de circonscrire leur méthode de travail.

Puzzle géant

Une fois, tout le plan du cimetière « monté » sur un des murs de ma chambre, je me trouvai devant un énorme casse-tête ! Mon but, ici, dans cette analyse du plan était, je le répète, de trouver la méthode de travail de celui qui l'avait enterré et partant l'endroit même de l'inhumation. J'effaçai donc, sur mon plan, toutes les identifications apparues après 1924. Une fois ce travail terminé, j'avais donc devant les yeux le plan du cimetière exactement comme il s'était présenté au fossoyeur, au printemps de 1924 !

Après cinq jours d'étude, à la loupe, de ce plan, les méthodes de travail des différents fossoyeurs devinrent évidentes par elles-mêmes. Il y en avait trois et c'est précisément la troisième qui m'intéressa.

Elle consistait, pour le fossoyeur, à placer les cercueils, qui possédaient des épitaphes, en une sorte de figure pouvant ressembler au cercle et d'y placer au centre les tombes sans identification. On appelait ce dernier lieu, une *fosse commune*. Après ces considérations (qui sont plus faciles à écrire qu'à déduire . . .) je trouvai assez rapidement la zone qui m'intéressait. Elle mesurait environ trente pieds de diamètre et contenait une bonne douzaine de pierres tombales datées du mois de novembre 1923 au mois de juin 1924 ! Alexis, étant mort le 12 janvier 1924, pourrait, par conséquent, très bien s'y trouver. Ces morts avaient dû être entreposés dans le charnier en même temps qu'Alexis et, fort probablement aussi, déposés en terre dans la même semaine. Il devenait pour moi de plus en plus logique qu'Alexis ait été enterré dans cette zone plutôt qu'ailleurs dans le cimetière.

Le 10 novembre, je terminai donc cette déduction théorique et décidai rapidement de passer à la pratique sur les lieux mêmes de l'enterrement.

Le temps m'obligeait à agir assez rapidement, car la neige allait bientôt tomber et la terre geler ! Et, de plus, il fallait sortir de terre ce squelette avant l'hiver pour pouvoir l'étudier pendant la saison froide et ainsi remettre mon travail au mois de mai [9].

Manière de le trouver

Il était très intéressant d'avoir trouvé une zone douteuse d'environ trente pieds de diamètre, mais encore fallait-il être un peu plus précis ! Je cherchai alors, un moyen quelconque de savoir (de la surface du sol) où se trouvait ce cercueil de métal et par conséquent le squelette que je cherchais ! Existait-il un compteur scientifique pouvant m'assurer de la présence d'un tel métal sous la terre ? Le ministère fédéral des Mines ne sut trop que faire devant une telle demande ; car le métal que l'on cherchait, ayant déjà été traité, n'émettrait plus de radioactivité qui aurait pu, par exemple, être détectée par un compteur de type *Geiger*.

Je savais pertinement qu'un compteur comme celui que je cherchais existait sûrement. Quand on pense aux instruments scientifiques qui permettent de détecter des sous-marins à mille pieds sous la mer, on ne peut croire qu'aucun instrument n'est capable de vibrer à la présence d'un morceau de métal à six pieds sous terre. Je trouvai une certaine « machine » qui détectait les tuyaux ou les fuites d'eau dans le sol ; un sourcier même m'offrit ses services, un radiesthésiste de Montréal fit même marcher son pendule... mais tout cela sans résultat !

Lumière...

Enfin, le temps avançait et il fallait faire vite. Il me vint une dernière idée, à la vue d'une antenne d'automobile ; je me demandai précisément si une baguette de métal, longue de cinq à six pieds et très fine ne ferait pas l'affaire. Après quarante-trois ans dans la terre, un cercueil de bois, (si bois il reste) ne doit pas être difficile à percer, alors qu'une carcasse métallique opposerait sûrement un peu plus de résistance. De cette façon, il me serait assez facile de trouver le cercueil que je cherchais sans avoir à creuser, au préalable, une seule pelletée de terre... C'était là une dernière chance à tenter et je considérais qu'il fallait la tenter.

Jour A... (troisième expédition)

Le 12 novembre, accompagné d'un de mes frères, professeur de sociologie à l'université de Montréal, nous nous rendons au cimetière de La Malbaie pour un dernier essai.

Munis de nos baguettes (achetées à Hull), nous « perçons » ici et là dans cette zone déterminée au préalable sur le plan. L'effet un peu spécial... que la baguette nous transmettait quand elle touchait le bois pourri, nous signifiait aussitôt que nous frappions à la mauvaise porte... c'est-à-dire à la mauvaise tombe ! Cependant, comme on nous avait dit que le cercueil d'Alexis était recouvert d'une vitre (qui était peut-être cassée), nous enfonçions nos tiges métalliques à la fois à travers les couvercles des cercueils ainsi qu'à travers le fond desdites bières. Et ce, non par sadisme, Dieu nous en préserve, mais bien pour se rassurer qu'il n'y avait là aucun métal !

Une résistance enfin

Vers 11h 30 nous percevons une certaine résistance ; après avoir enfoncé nos deux baguettes l'une à environ dix pouces de l'autre, elles s'arrêtèrent toutes deux au même endroit. Etait-ce enfin ce que nous cherchions depuis deux mois ? Sans se poser d'autres questions, les pelles entrèrent en action. Après une heure de ce travail forcené, encore une déception ! Sur chaque cercueil de l'époque, il y avait une plaque de métal d'environ douze pouces et sur laquelle était gravée l'inscription « *EN REPOS* »... Et nous avions, précisément frappé une de ces plaques ; le cercueil en question était de bois ce qui nous signifiait *de facto* notre erreur !

Très déçus et surtout fourbus car nous n'avions jamais pelleté si rapidement, nous remettons la terre à sa place et décidons d'aller prendre une bouchée pour refaire nos forces et pour nous permettre aussi de reviser notre plan de travail !

Un second essai

Vers 15 heures, avec quelques amis de La Malbaie, nous « remontons » au cimetière pour un second et dernier essai ; le jour allait bientôt tomber et en plus, le froid et la neige se mettaient de la partie !

Même procédé d'exécution et quelques minutes après avoir tâté le sol ici et là, nous percevons, à la toute extrémité de la fosse commune une certaine résistance à nos baguettes, mais cette fois-ci sur une distance approximative de cinq pieds. Certes, nous ne pouvions jurer s'il s'agissait de métal, mais chose sûre, nous relevons nos manches et nous nous remettons à l'ouvrage. Nos premières trouvailles sont des éclats de bois à une profondeur d'environ quatre pieds. Ils sont de différentes grandeurs ; de deux pouces à trois pieds... Nous trouvons aussi quatre poignées de tombe, un crucifix, et une plaque de cuivre. Pas un os !

Tout à coup, je déterrai un petit soulier de femme... Serait-ce encore là une erreur de notre part ? Mais, au fait, quelle était donc cette résistance que nous avions frappée ? Après un certain temps, j'aperçus, à ma gauche dans la fosse, une sorte de paroi métallique (voir dessin « A ») ressemblant grossièrement à la partie supérieure d'un contenant métallique enterré.

Après avoir découvert une autre paroi à ma droite penchée vers l'intérieur, je me rendis vite compte que j'étais debout dans le cercueil et que le couvercle n'existait plus.

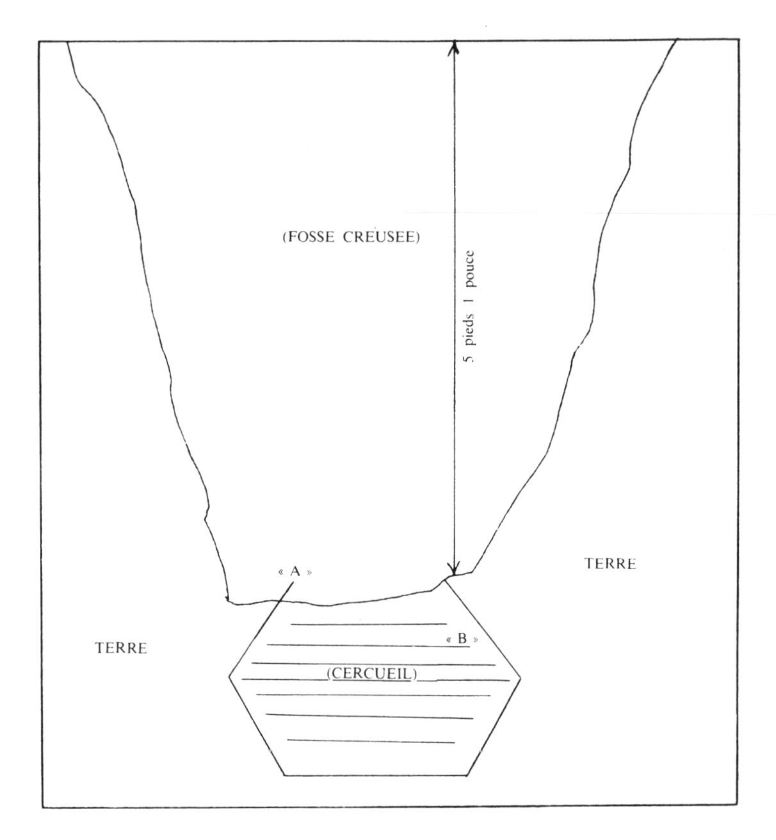

Après la découverte de plusieurs os, dont ceux d'une femme, nous avons déduit qu'il y avait eu antérieurement un cercueil (de bois) enterré au-dessus du cercueil de métal et qu'avec les années, les deux squelettes s'étaient retrouvés dans celui de dessous.

Entre-temps, nous avons eu la visite du Docteur Claude Jean, ainsi que d'un représentant de la Cité. Voici, en partie, le contenu d'une lettre envoyée par ce docteur au professeur Guy Métivier, directeur du projet :

J'ai vérifié que les autorisations nécessaires avaient été obtenues, que le terrain creusé, non identifié, était raisonnablement celui d'une ancienne fosse commune de cimetière que la tradition attribuait au cadavre recherché.

Je me suis tenu sur les lieux de 3h 15 à 4h 45 de l'après-midi du 12 novembre 1966, soit à partir du moment de la découverte du couvercle de tôle galvanisée jusqu'au remplissage de la fosse.

Durant cette période j'ai reçu de Monsieur Larouche des ferrures de cercueil, des morceaux de vitre scellant un cercueil, des ossements ayant appartenu à deux, peut-être trois morts ; de ces ossements, se distinguait une partie de squelette de consistance osseuse beaucoup plus ferme, de coloration plus brunâtre, de trame calcaire plus dense et plus massive. Les os que j'ai cru pouvoir attribuer à Alexis Lapointe sont un tibia, un péroné, un fémur, deux os iliaques, avec sacrum, quelques vertèbres lombaires, quelques côtes, un cubitus, un radius, un humérus, un omoplate, une clavicule, une mâchoir inférieure, un crâne ; ces os ont d'ailleurs été emportés dans une boîte par M. Larouche.

La Malbaie, 18 novembre 1966.

Dr Claude JEAN, M.D., D.H.P., CSPQ.
Directeur-médical.

Une lettre similaire a été envoyée par Monsieur Viateur Larouche, racontant toutes les péripéties du déterrement. Nous avons fait le travail d'une façon scientifique et surtout très sérieuse. Rien cependant n'a empêché un paisible citoyen de La Malbaie (qui n'avait rien vu de l'opération) de déposer une plainte au gouvernement provincial : selon lui, nous avions « pillé un cimetière ». Les enquêteurs de la Police Provinciale ne furent pas du même avis !

Sommaire

Toute cette recherche systématique du squelette a été basée principalement sur une déduction logique des choses et des faits tels qu'ils se sont probablement produits. Il y avait peut-être cent bonnes manières pour trouver ce squelette, mais cette méthode nous a semblé la plus sûre et la plus efficace.

Tant et si bien qu'une seule personne pourrait (peut-être) démentir notre théorie : le fossoyeur lui-même. Ce dernier, cependant, est mort, comme Alexis.

Nous démontrerons, à la fin de cette première partie, la manière que nous avons employée pour identifier le squelette que nous avons trouvé !

Alexis à l'université

Les ossements furent transportés par la suite au laboratoire de biocinétique de l'Ecole d'éducation physique et de récréation de l'université d'Ottawa. Certains professeurs ne voulaient pas en croire leurs yeux... et quelques confrères commençaient à se demander si je n'avais pas trop lu Jean Ray ou Edgar Poë !

Après une expertise assez sommaire des os que nous avions en notre possession, il était apparent qu'il en manquait ! On se souvient qu'au voyage du 12 novembre dernier, il avait été difficile de localiser l'endroit exact de l'inhumation. Ce n'est qu'assez tard, à la noirceur, que les ossements purent être sortis. A ce moment-là, les os devenaient très peu distincts à cause du mélange de gravier, de roches, et de terre qui s'y trouvait. Ajoutons à tout ce fatras, l'excitation et la fatigue du moment. Somme toute, il arriva d'en oublier quelques-uns. Il fallut donc prévoir un autre voyage pour aller quérir les os manquants.

Quatrième expédition

Le samedi 26 novembre (toujours de la même année), je me retrouve donc à l'ombre de l'énorme croix qui domine, d'une part, toute la région de La Malbaie et qui veille, d'autre part, sur les morts de ce magnifique coin du pays.

Etant seul, j'avais donné rendez-vous, la veille, à un propriétaire de tracteur (avec pelle) pour qu'il m'aidât à déterrer les restes possibles d'Alexis.

Mais la matinée se passa, et je ne vis aucun tracteur. J'appris par la suite que le contracteur avait pris peur devant un tel projet de déranger les morts. C'était pour lui, un viol de cimetière en bonne et due forme ! Je veux bien croire que :

dans nos paroisses canadiennes, même celles qui sont à peine formées, existe, persistant, opiniâtre le culte du respect et du souvenir des disparus [10],

mais le travail scientifique que je poursuivais, n'avait quand même rien d'un pillage de tombe ! Bref, après avoir perdu l'avant-midi, j'appelai Monsieur Philias Dufour, qui consentit à m'envoyer ce dont j'avais besoin. Mais telle ne fut pas ma surprise de voir arriver vers 1 heure, un très lourd fardier avec, à son bord, une pelle mécanique ! N'eût été le doigté dans la conduite de cette dernière, et c'en était fait du soi-disant pillage de cette terre sainte... Mais voilà, Monsieur Alain Tremblay, conducteur de la pelle, fit un travail splendide et remit le tout à sa place, voire même la tourbe. Disons pareillement que je réussis à trouver tout ce qui me manquait y compris les bretelles et les bottines de notre cher Alexis...

L'appareil qu'il nous aurait tant fallu...

A la mi-décembre, je trouvai, au ministère des Mines, un instrument scientifique assez précis du nom de *FISHER-M-SCOPE ;* celui-ci avait entre autres, la propriété de détecter le métal non radioactif sous terre.

Question de vérifier si notre trouvaille était la bonne, Je retournai pendant les vacances de Noël au cimetière de La Malbaie. Aucun métal ne fit sursauter l'aiguille sauf les restes, bien entendu, du cercueil que nous avions ré-enterré le 26 novembre. Raison de plus de croire que seul ce cercueil était bien métallique et qu'aucun autre de ce genre n'existait dans cette zone que nous avions préalablement déterminée par un procédé fort simple d'élimination.

Identification du squelette

Ce n'est pas tout de déterrer un squelette à un certain endroit qui nous semble logique, mais encore faut-il démontrer que ce dernier est véritablement celui que nous cherchions !

Treize indices nous révèlent l'identité du squelette exhumé ; un quatorzième cependant semble vouloir contredire cette identification. Analysons froidement chacun d'entre eux

1) *Lieu*

Tel que démontré antérieurement, le choix de cet emplacement mortuaire où nous l'avons déterré, n'a pas été fait au hasard, mais précisément après plusieurs heures d'analyse et de sondage. Il a fallu, pour ce faire, procéder par déductions afin de retracer la logique (possible) des fossoyeurs et leur méthode de travail respective.

Suivant la chronologie des enterrements, il était donc normal qu'il ait été enterré là où nous l'avons trouvé.

2e) *Métal trouvé*

Nous avions appris, avant l'exhumation du squelette, qu'Alexis avait été inhumé dans un cercueil métallique. Nous cherchions donc, entre autres, du métal. Or, nous avons trouvé une carcasse métallique complète ; le tout ressemblant un peu à une chaloupe abandonnée enfouie dans le sable du rivage.

N'ayant rapporté aucun morceau de ce métal, des témoins sérieux pourraient certifier en tout temps qu'il s'agissait bien de tôle épaisse galvanisée et non de bois dur.

3e) *Vitre cassée dans la tombe*

Quant le mort fut exposé, au mois de janvier 1924, plusieurs témoins ont rapporté que le cercueil était couvert, au niveau du visage, d'une vitre par où il était possible de voir le mort. La vitre étant une substance dont la désagrégation est très lente, il en resterait donc dans le cercueil enterré... Nous avons trouvé ces morceaux de vitre cassée ; une fois rassemblés, ils ont formé une figure carrée assez proche de la description qu'on nous en avait faite. Le tout avait sans doute été brisé par le cercueil de dessus ainsi que par son squelette qui, on le sait, avait transporté ses pénates dans le cercueil d'Alexis...

4e) *Le second squelette*

Comment expliquer la présence d'un autre squelette dans la tombe d'Alexis? Le 12 janvier 1924, on déposa au charnier du cimetière de La Malbaie le corps d'une jeune femme de trente-six ans dont nous tairons le nom. Entre le 12 et 15 janvier, personne d'autre ne fut amené au cimetière. Le 16 janvier, cependant, un mercredi, le corps d'Alexis fut transporté au cimetière. On le déposa au charnier comme c'était coutume pour cette période de l'année. Il est alors très possible que le fossoyeur l'ait placé (en attendant l'enterrement) sur le dernier cercueil arrivé, c'est-à-dire celui de la jeune femme mentionnée ci-dessus. Tout au moins, acceptons que les deux cercueils aient été voisins dans ce charnier qui n'a guère plus de cent cinquante pieds carrés de surface.

Le printemps arrivé, le fossoyeur a donc sorti le cercueil d'Alexis sûrement avant l'autre, car il était probablement posé dessus (ou à côté) ! Et, s'il a été logique, il l'a déposé au fond de la fosse. Ensuite il a sorti l'autre cercueil (celui de la femme) et l'a placé dans la fosse, sur celui d'Alexis ! Voilà une explication plausible de cette présence féminine dans le cercueil d'Alexis.

Mieux encore, cette femme que nous avons trouvée et identifiée et qui est morte quatre jours avant Alexis est une preuve partielle de l'identification d'Alexis. Car, si les deux cercueils étaient voisins dans le charnier, (et le contraire est impossible) il se peut fort bien qu'ils aient été voisins sous la terre.

5e) *Taille de l'homme trouvé*

La taille de cinq pieds et sept pouces rapportée par le Musée National concorde très bien avec tous les témoignages recueillis avant l'exhumation dudit squelette. On pourrait sûrement en citer plusieurs dizaines.

6e) *Age*

Alexis est mort à 63 ans et 7 mois ! Or, le squelette que nous avons trouvé, selon le Docteur Bohatirchuk était probablement dans sa septième décade. Par ailleurs, selon le Musée National, il avait au moins 50 ans et probablement plus de 60 ans. Si on fait une moyenne des trois données, on arrive autour de 60 ans. On peut donc dire que l'âge du squelette correspond sensiblement avec celui d'Alexis.

Si, toutefois, on voulait pousser l'étude plus loin, on se rendrait compte que du 3 décembre 1923 au 3 mars 1924, le régistre des sépultures mentionne six personnes qui sont mortes entre 59 ans et 73 ans ; (60 ans, 65, 68, 59, 63, 73). Si le squelette que nous avons n'est pas celui d'Alexis, il appartient sûrement à une de ces six personnes. Or, nous avons découvert, dans le cimetière, quatre épitaphes correspondant à quatre de ces individus. Il en restait donc deux à retrouver ; Alexis et Monsieur le Curé Marcellin Hudon qui, pour sa part, était mort le 19 décembre 1923 à l'âge de soixante-cinq ans. Son service avait eu lieu cependant le 22 décembre 1923.

L'abbé Hudon avait-il été déposé en terre ? Avait-il une épitaphe ? Avait-il été placé dans un cercueil de métal ? Et s'il y avait eu mélange des tombes à cause d'une mauvaise identification . . .

Pour en avoir le cœur net, il nous fallait détruire cette hypothèse et par conséquent nous mettre à la recherche du cercueil de l'abbé Hudon. Dans une lettre du 28 janvier 1967, Mgr Victor Tremblay nous apprenait que . . .

le curé Marcellin Hudon est décédé le 19 décembre 1923. D'après sa notice biographique faite par l'archiviste de l'évêché il a été inhumé dans l'église *de La Malbaie.*

De tout ceci, fallait-il conclure qu'il y avait eu impossibilité de mélanger les deux cercueils ? Certes non, car nous ne savions pas si le cercueil du curé avait été placé sous l'église tout de suite après la messe de sépulture ou s'il avait reposé au charnier jusqu'au printemps avec les autres.

Le 15 juillet 1967, dans le cimetière de La Malbaie, nous eûmes la réponse à ce que nous cherchions de la bouche même d'un fossoyeur qui y travaille depuis 25 ans.

En 1949, la vieille église de La Malbaie a brûlé complètement. Dans les décombres de l'incendie, on m'a fait venir pour ouvrir les voûtes cimentées où avaient été déposées les tombes de trois curés. Celles-ci, construites en bois étaient demeurées intactes grâce aux trois rangs de briques qui les couvraient. Nous avons pris les tombes et les avons transportées au cimetière pour les enterrer dans ce coin (l'endroit indiqué se trouve à trois cents pieds du lieu où nous avons, en novembre 1966, déterré le squelette) *sans épitaphe, et sans identification aucune. Je peux vous assurer que les cercueils placés sous l'église l'étaient tout de suite après la messe et n'étaient jamais transportés ici, dans le charnier, pendant l'hiver, avant d'être mis au caveau.*

Il nous reste une seule conclusion : c'est bel et bien Alexis Lapointe que nous avons déterré. Mais continuons quand même à examiner les autres indices.

7e) *Cage thoracique*

De nombreux témoins ont reconnu qu'Alexis était plutôt trapu et fort de la poitrine. L'analyse du Musée National a mentionné une cage thoracique supérieure et bien développée, en parlant du sujet que nous leur avions confié pour l'analyse.

8e) *Membres supérieurs*

Une caractéristique physique que plusieurs témoins avaient mentionnée nous assurait presque du caractère anormal de ses membres supérieurs, c'est-à-dire de ses bras. On nous disait même, qu'étant debout, le bout de ses doigts touchait à ses genoux. Le Musée National a déclaré, noir sur blanc, dans son rapport, que ses membres supérieurs étaient radicalement plus longs que la normale.

9e) *Force des fémurs*

Elle sera évaluée et démontrée scientifiquement dans la dernière partie de ce chapitre.

10e) *Bottines trouvées*

L'historien Jean-Pierre Wallot, attaché à la direction du Musée de l'Homme à Ottawa, a retracé pour nous l'historique des bottines trouvées lors de la dernière expédition au cimetière de La Malbaie.

Nous avons recueilli très peu d'informations au sujet des bottes. Les talons furent fabriqués par la « Panther Rubber Co », Sherbrooke, Qué., entre 1914-1920. Ils étaient exportés dans le monde entier.

Les semelles avec la marque de fabrique « Kangoroo » ne semblent pas être canadiennes, car nous avons examiné les filières des Archives des Patentes et Marques de Fabrique sans résultat. La « United Shœ Manufacturing Co » et la « United Machinery Co » ne pensent pas que ce soit une marque de fabrique canadienne.

Avant de rétrécir, les bottes pouvaient être des 6½ ou 7, indiquant que l'homme devait mesurer de 5'6" à 5'8" (moyenne pour ce genre de bottes). Les semelles sont neuves, sans usure. (. . .) Les bottes sont de qualité supérieure en fabrication et en cuir. La « United Machinery Co » les a examinées : selon elle, durant la première guerre, très peu de compagnies de chaussures au Canada fabriquaient des bottes aussi dispendieuses. Cela peut indiquer qu'elles ne furent ni fabriquées ni achetées au Canada.

Elles étaient des « Goodyear Welt » (semelles cousues) de grande qualité, portées par des hommes d'une certaine ai-

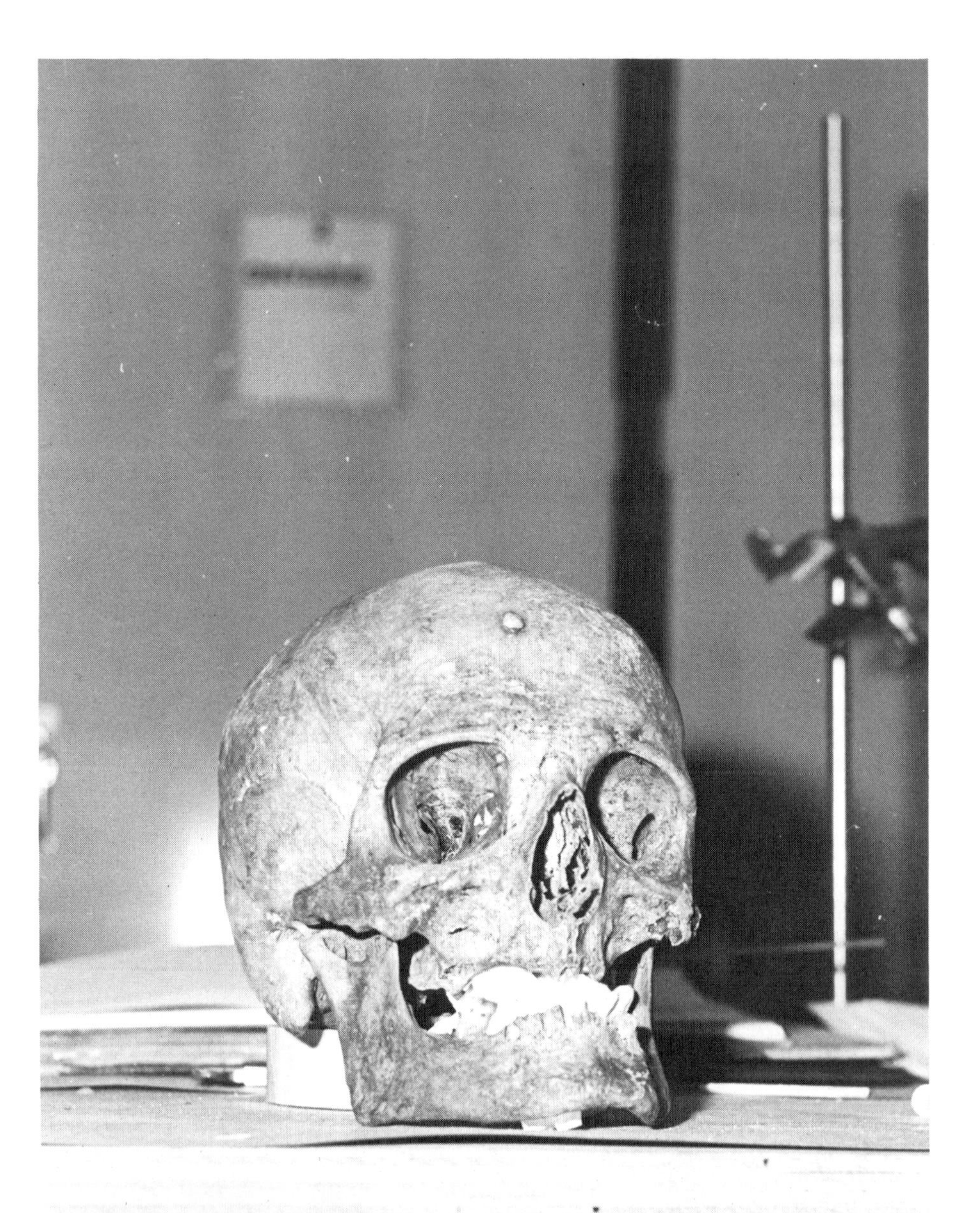

Crâne présumé d'Alexis où l'on remarque une sorte d'excroissance osseuse.

Photo: J.-C. Larouche '67.

sance. La « Palmer McLellan (United) Ltd » dit qu'ils ne fabriquèrent des « Goodyear Welt » qu'après 1918. Mais ils ne connaissent pas la marque de fabrique « Kangoroo » [11].

Nous voici donc en présence de talons qui furent fabriqués entre 1914 et 1920 et de semelles qui le furent après 1918 ! Cela ne répugne pas du tout, car notre mort est de 1924 !

11e) *Poignées de cercueil*

Les fabriquants de cercueils n'ont guère collaboré ; ceux qui ont répondu disent que de telles poignées furent en vente jusque et pendant les années 1930 [12].

Si cette sorte de cercueil ne fut pas vendue après 1930, elle a donc pu être vendue en 1924. Cela non plus ne répugne pas.

12e) *Excroissance osseuse*

Sur le crâne déterré, on remarque bien distinctement une sorte d'excroissance osseuse grosse comme un pois. Nous avons, par ailleurs, une photo d'Alexis sur laquelle ne paraît pas cette « verrue cranienne ». Il peut y avoir trois explications :

1ère) Cette excroissance osseuse selon le Musée National, date seulement de quelques années avant la mort de cet individu. Or, la photo montre un homme (Alexis) d'environ une cinquantaine d'années. Donc la photo en question a probablement été prise avant qu'Alexis n'ait cette verrue.

2e) La photo qui a été prise dans un studio (impossible à identifier) ne semble pas avoir été retouchée. Il se peut cependant qu'elle l'ait été.

3e) La troisième explication est bien simple consisterait à admettre que nous avons le mauvais crâne ! Mais trop d'indices positifs nous empêchent de le faire.

13e) *Cercueil coûteux sans épitaphe*

Tout le monde n'est pas sans savoir qu'un cercueil d'une telle valeur n'est jamais enterré dans une fosse commune et sans épitaphe. Car il est normal que quelqu'un qui se fait ensevelir dans un tel cercueil ait assez d'argent pour s'acheter un lot particulier ainsi qu'une pierre tombale. Mais, s'il s'agit d'Alexis, la chose est compréhensible et le fait même est révélateur. Car, nous savons que tous les frais funéraires, y compris la tombe, ont été payés par la compagnie Quebec Development. Sans doute, ont-ils (les responsables de la compagnie) oublié d'acheter une pierre tombale et la famille, dont il restait quatre garçons et deux filles, en fit autant !

14e) *Version médicale contradictoire*

Lisons bien attentivement le texte du médecin qui fit les constatations d'usage après l'accident mortel d'Alexis :

J'ai fait sur l'ordre du jury du coroner l'examen externe du corps d'Alexis Lapointe. Voici ce que j'ai constaté. Sur le front, il y a cinq blessures superficielles légères. Le bras gauche est complètement haché : 4 côtes de cassées du côté gauche, clavicule gauche cassée. Jambe gauche ; os de la cuisse écrasé en miettes, chair hachée. Les os de la jambe sont écrasés également. Jambe droite ; l'os de la cuisse n'a pas eu de mal. Les os de la jambe cassés. Tous les muscles sont hachés et coupés.

Toutes ces blessures étaient plus que suffisantes pour causer la mort et la mort a été causée par ces blessures [13].

Voilà sans doute le témoignage le plus contradictoire de toute notre recherche en vue d'établir l'identification du squelette. *SI* ce rapport est véridique, dans toutes ses parties, le squelette que nous avons déterré n'est pas celui d'Alexis Lapointe mort le 12 janvier 1924.

Etablissons un parallèle entre les données du médecin enquêteur, en 1924, et celles fournies par le Musée National, en 1967. Nous pourrons constater que trois points seulement sur dix sont vraiment contradictoires.

ENQUÊTE DU CORONER (1924)	RAPPORT DU MUSÉE NATIONAL (1967)
1) *Front :* Cinq blessures superficielles légères.	*Crâne:* Aucune trace apparente ; (blessures probablement épidermiques).
2) *Bras gauche:* Complètement haché. (Il ne mentionne pas si les os ont été cassés ou non.)	*Bras gauche :* Humérus et radius : intacts. Cubitus : désagrégé. Chair et muscles : disparus.
3) *Côtes :* Quatre côtes cassées du côté gauche.	*Côtes :* Plusieurs petits os, dont les côtes et les vertèbres, se sont complètement désagrégés avec le temps, et par conséquent ont été introuvables dans la tombe.
4) *Clavicules :* Celle de gauche est cassée.	*Clavicules :* Désagrégées.
5) *Cuisse gauche :* Os (de la cuisse) écrasé en miettes. Chair hachée.	*Cuisse gauche :* Fémur ou os de la cuisse : intact. Chair disparue.
6) *Jambe gauche :* Os écrasés également.	*Jambe gauche :* Tibia et péroné : intacts.
7) *Cuisse droite :* L'os de la cuisse n'a pas eu de mal.	*Cuisse droite :* Fémur : intact.
8) *Jambe droite :* Os cassés.	*Jambe droite :* Tibia : intact. Péroné : désagrégé.
9) *Muscles de la jambe droite :* Tous les muscles sont hachés et coupés.	*Muscles de la jambe droite :* Tous les muscles sont disparus.
10) *Mort :* Causée par ces blessures. (Il ne parle aucunement de fractures, mais bien de blessures . . .)	*Mort :* Aucun signe d'accident traumatique pouvant être relié à la mort de cette personne.

Résumé

Les points # 5, # 6, et # 8 viennent donc en contradiction. Les autres demeurent très possibles des deux côtés.

(1924)	(1967)
5) *Fémur gauche :* Ecrasé en miettes.	*Fémur gauche :* Intact.
6) *Tibia et péroné gauches :* Ecrasés.	*Tibia et péroné gauches :* Intacts.
8) *Tibia droit :* Cassé.	*Tibia droit :* Intact.

Qu'en penser ?

De deux choses l'une : son rapport est bon ou il est mauvais. S'il est bon, ce n'est pas Alexis que nous avons ; s'il est mauvais, il est possible que ce soit lui.

Le médecin enquêteur a-t-il vraiment pris la peine de fouiller dans cette prétendue viande en charpie pour y déceler les os cassés ? Certains médecins d'aujourd'hui, qui pratiquent, à l'occasion, le même métier, nous ont affirmé que ces sortes d'examens *post mortem* se faisaient très rapidement et surtout quand la cause de la mort était très apparente, à l'exemple de celle qui nous concerne.

Sans vouloir être subjectif, après une enquête assez approfondie, sur la personne du médecin qui fit le rapport et dont nous tairons le nom, il ressort que nous pouvons douter, avec preuves à l'appui, de l'intégrité professionnelle de ce personnage qui est mort, aujourd'hui. Donner le détail de ces preuves n'aiderait en rien notre cause et risquerait de fausser le but que nous poursuivons.

Le rapport de son *examen externe* du cadavre est faible, scientifiquement, et certains termes employés infirment le tout globalement.

Analyse et rapport du Musée National

Après une étude sommaire du Dr. F. Bahatirchuk [14], qui déterminait l'âge des os et quelques autres caractéristiques, nous décidâmes de faire analyser les os trouvés, par les spécialistes du Musée National.

Le travail a été confié au Dr. R. Hugues et à son assistant R. Cole de la Section d'anthropologie physique du Département d'archéologie.

Commentaires

Le 21 mars 1967, nous recevions le rapport complet du Musée National ; un véritable portrait squelettique *post mortem* de notre centaure ! Que tirer exactement de ce rapport et de ses innombrables chiffres et formules ? Nous apprend-il quelque chose d'intéressant ? Prouve-t-il certains énoncés précédents ? En substance, il serait bon d'en faire un bref sommaire schématique.

Sexe : Masculin.
Taille : Assez petite 5'7".
Os longs : Gros et profondément marqués par les attaches musculaires.
Côtes : Grosses et fortes.
Péroné gauche : Fracture ancienne.
Fémurs : proportionnellement plus longs qu'à l'ordinaire.
Physique : Robuste, bien bâti et athlétique.
Age : min. 55 ans ; max. 65 ans.
Ossature : Robuste et peu usitée.
Calcaneus : (Os du talon) gros et forts.
Os frontal : Excroissance osseuse du côté droit.
Indice du Fémur : 152.0 (moyenne : 110-119.0).

Buts poursuivis

Rétablissons le pourquoi exact de l'analyse de ces os par le Musée National.

1) Identification des restes.
2) Analyse de l'ossature.

L'identification des restes ayant été démontrée dans la première partie de ce chapitre, comment interpréter l'analyse de l'ossature ?

Le secret des os...

A notre point de vue, l'analyse s'est avérée très positive sinon révélatrice. Certes, il ne fallait pas s'attendre à y trouver, inscrite sur les os, la vitesse qu'il avait atteinte. Mais si nous sortons les données principales du rapport, nous voyons rapidement qu'elles viennent confirmer plusieurs points avancés par les témoins.

1) *Cage thoracique supérieure à la normale ;*

Quand on sait que cette cage contient, entre autres, le cœur et les poumons, il serait justifié d'avancer que ces organes possèdent sûrement un volume anormal, c'est-à-dire hypertrophié. Nous ferons dans le chapitre qui suit de plus amples déductions concernant sa capacité pulmonaire et cardiaque.

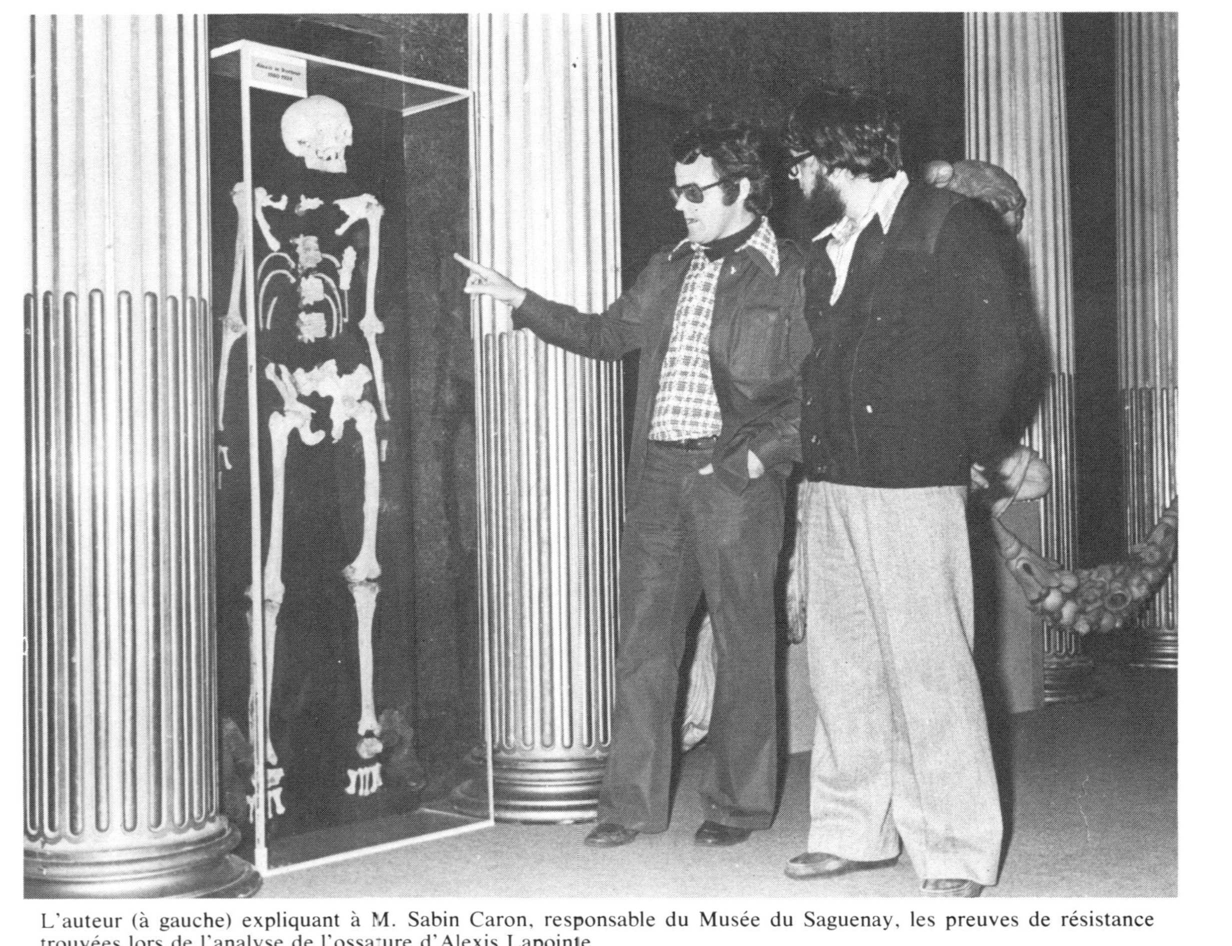

L'auteur (à gauche) expliquant à M. Sabin Caron, responsable du Musée du Saguenay, les preuves de résistance trouvées lors de l'analyse de l'ossature d'Alexis Lapointe.

Photo: P. Arseneau.

2) *Attaches musculaires supérieures ;*

Nous savons que ces attaches sont proportionnelles au volume et à la force du muscle qui y est attaché. Donc, plus les insertions ou les attaches sont importantes, plus le muscle a de possibilités d'être supérieur.

3) *Sur-développement des calcaneus ;*

Ces os qui forment le talon indiquent un pied fortement constitué voire même sur-développé. Il serait illogique de penser que ces pieds ont eu une activité normale. Et, le caractère anormal, dans ce cas, pourrait très bien être dû à des exercices répétés de marche, de course, de saut et de danse ; cela ne répugne pas du tout.

Bref

Voilà, en trois points, ce que les os nous ont révélé et ce soi-disant « secret » est plutôt en faveur d'Alexis. Il avait, à notre avis, une constitution physiologique, musculaire et osseuse lui permettant de très belles performances dans le domaine de la résistance physique.

Nous nous permettrons, dans les pages qui suivent quelques déductions organiques et musculaires qui découleront naturellement de cette analyse biométrique.

La biométrie n'est que le complément de l'examen clinique ; toutes les mesures prises, tous les coefficients que l'on tire ne peuvent évidemment donner qu'une idée approximative du « gabarit » et du « rendement » physique, mais elle fournit néanmoins des données très utiles pour étalonner les valeurs athlétiques et même pour orienter vers telle ou telle spécialité sportive [15].

Déductions scientifiques sur ses systèmes organique et musculaire

It is not too surprising to realize that man has always been driven by an inner desire to learn more about his own physical and psychological limits [16].

Avant-propos

Si un homme de science se mettait dans la tête de développer ce chapitre *in extenso,* il pourrait facilement faire un volume. En effet, les spéculations physiologiques et anatomiques, concernant notre sujet, possèdent sûrement la propriété de se multiplier à l'infini.

Si nous avons fureté dans tous les recoins de la vie d'un individu, si nous avons exhumé son squelette et si deux anthropologues se sont penchés, avec soin, sur ses ossements afin de mieux y découvrir le message qu'ils avaient à livrer, que nous est-il permis, maintenant, de déduire de toutes ces notes colligées et analysées ? Voilà ce que contient ce chapitre.

Arrivés à ce point de notre étude, nous croyons être en mesure d'avancer certaines déductions qui pourront, sans aucun doute, nous donner un meilleur portrait physiologique d'Alexis Lapointe.

La déduction étant toutefois la conséquence d'un raisonnement, nos assertions seront sans doute discutables, précisément pour cette raison. Chose sûre, cependant, elles reposeront à la fois sur une base scientifique consciencieuse et sur un sentiment profond qui feront que leur contraire serait difficile à imaginer.

La recherche en profondeur que nous avons poursuivie, depuis trois ans, sur les activités physiques d'Alexis, nous permet, sans ambages, de poser une prémisse qui sera la pierre angulaire de ce chapitre :

Il nous semble qu'Alexis a joui toute sa vie d'une excellente condition physique.

Deux points viennent appuyer cette constatation et feront d'elle un axiome. Premièrement, le pouvoir d'adaptation que son corps possédait pour un travail de force pendant une période prolongée et deuxièmement, sa capacité de travail qui, malgré son âge, n'avait à peu près pas diminué. En effet, à cinquante ans, notre « héros » pouvait encore exécuter des tâches gigantesques et continuer à épater les foules par sa vitesse peu commune ou encore par ses courses sur de longues distances.

Quelle est donc la « recette » magique qui permit à Alexis d'établir certaines performances qui sont, en fait, de véritables preuves d'un système cardio-respiratoire idéal ? Faut-il vraiment croire que la régularité et le nombre de ses exercices quotidiens, aient pu remplacer, à eux seuls, une méthode d'entraînement scientifique ? Y avait-il, au moins, cohérence entre toutes ses activités musculaires ?

DANSER ⇄ COURIR ⟶ SAUTER ⟶ PIROUETTER

Ses danses quotidiennes étaient pour lui une magnifique mise en train pour ses courses du lendemain et une gymnastique antérieure idéale pour le moyen de locomotion qu'il avait choisi. Bref, une très belle préparation musculaire. Ses courses elles-mêmes développaient une endurance pulmonaire et cardiaque lui permettant (de là la flèche inversée) à la fois des danses plus longues et des sauts d'une plus haute performance à chaque fois. Et enfin, muni de cette forme physique enviable, il n'était pas difficile pour lui, avec la souplesse que le destin lui avait octroyée, de faire mille pirouettes [17].

Voilà son programme d'entraînement que Georges Hébert aurait classé comme étant très « naturel » mais d'une nature quand même un peu bizarre.

Pouvoir d'adaptation de la machine humaine

Entre autres qualités, le corps humain possède celle de pouvoir s'adapter rapidement aux conditions environnantes. Il est reconnu depuis toujours que l'entraînement et le travail soutenu, dans quelque sphère que ce soit, mène à des performances étonnantes. Il en est ainsi des exercices du corps.

Par exemple, l'homme, en s'y accoutumant petit à petit, peut facilement s'adapter à vivre à haute altitude, dans des contrées arctiques ou tropicales, en station debout ou assise, et quoi qu'il fasse, son corps garde toujours la tendance à s'y habituer et par conséquent à augmenter son rendement.

Adaptation au repos

Au cours de notre vie, nous nous sommes tous rendu compte, à la suite d'hospitalisation ou encore d'inactivité prolongée, que notre capacité physique s'était détériorée à un point tel, qu'il nous était pratiquement impossible d'effectuer un travail, qui pourtant se faisait aisément avant cette période d'inaction.

Que se passe-t-il donc en nous, pendant cette période de repos ? De nombreux travaux expérimentaux ont été effectués pour élucider ce problème. Sommairement, il y a diminution de la masse musculaire, réduction de calcium dans les os, affaiblissement du volume cardiaque et sanguin, et enfin, détérioration du temps de réaction.

Il nous est alors permis de conclure que l'inactivité (hypokinétisme) amène indubitablement une certaine dégénérescence physique.

Adaptation au travail

Le contraire du repos, heureusement, subit le même processus, mais toutefois en sens inverse. Partout, à travers le monde, des chercheurs ont démontré scientifiquement que le travail améliore la capacité organique et physique. Et, il est même très facile d'exposer les grandes lignes de cette démonstration.

Prenons un individu et permettons-lui de faire une course à pied, assez modérée, une fois par jour et qui dure environ une dizaine de minutes. Les premières fois, on voit que son pouls grimpe jusqu'à 170 battements par minute, après l'exercice. Au bout de quelques mois d'entraînement, (toujours la même distance parcourue) on se rend compte que notre individu effectue le même travail qu'au début, mais avec une fréquence pulsative (après exercice) de 155 battements par minute.

Le pouls au repos, de notre homme est maintenant de 65 pulsations à la minute, alors qu'au début il était de 70 !

Et si l'on continuait ainsi l'entraînement, le pouls baisserait probablement à 140 après exercice, au lieu de 170 comme au début. Voilà aussi la supériorité humaine sur le moteur mécanique qui lui, pour sa part, ne sera jamais porté à s'améliorer par l'exercice, mais bien au contraire exigera toujours un peu plus d'ingrédients vitaux pour un même travail de force.

Alors, il est encore vrai de conclure que si l'inactivité produit une certaine dégénérescence physique, l'activité pour sa part, produit des effets opposés ; elle amène donc une amélioration de la capacité physique.

On peut définir l'entraînement comme l'ensemble des procédés tendant à amener un être humain au maximum de ses possibilités physiques ; il est donc raisonnable de préparer l'organisme d'abord à une activité générale, puis à l'adapter à une activité spéciale et enfin de déclencher la motivation nécessaire à la performance, si on aborde le domaine de la compétition. Pour reprendre les termes du mouvement volontaire il faudrait donc dans l'ordre : pouvoir, savoir, vouloir [18].

Méthode d'entraînement d'Alexis

D'une façon sûrement inconsciente, Alexis Lapointe, par des milliers de gestes longuement répétés, avait sans doute réalisé ce phénomène du maximum de rendement tout en fournissant un minimum d'efforts c'est-à-dire un travail musculaire et organique bien moindre. Effet normal, d'ailleurs, d'un entraînement continu.

De cette manière et après des années d'entraînement, son système s'était adapté naturellement et simplement à ce genre de travail qu'il s'était en quelque sorte joyeusement imposé.

Comment pouvons-nous être si catégoriques sur la méthode d'entraînement d'un homme, mort il y a un demi siècle. Il y a certains indices, nous aurait répondu Boigey [19] qui, *mathématiquement* ne peuvent nous tromper.

Voilà, en effet, certains points bien concrets qui ont pu être constatés *de visu* chez Alexis [20].

L'augmentation graduelle de sa cage thoracique, la fonte des excès graisseux, l'épaississement de ses muscles, les insertions musculaires laissées sur ses os inférieurs, la robustesse de sa constitution, peuvent être fortement dûs à la répétition quasi machinale d'exercices physiques souvent similaires. A moins que ce ne fussent d'autre part les facteurs héréditaires qui soient entrés uniquement en ligne de compte, ce qui demeure très peu probable.

Voilà à notre avis, une preuve bien concrète à la fois de son activité physique, la course, et d'une certaine méthode d'entraînement qui chevauche entre le *footing* et *l'interval-training*. Les découvertes les plus récentes d'ailleurs, selon Costill [21], semblent suggérer un besoin chez le coureur de faire la combinaison des deux méthodes : celle de l'entraînement fractionné et celle de la longue course modérée en terrain vague ou accidenté. Alexis pratiquait cette méthode combinée il y a cinquante ans.

L'étoffe d'un champion ?

Nous poserons comme réalité qu'Alexis a vraiment couru, qu'il s'est toujours gardé en bonne santé, et que son corps enfin, s'est adapté graduellement au travail imposé. Tout ceci semble suivre une certaine logique, mais peut-on en dire plus ?

Est-il vraiment possible d'arriver à démontrer physiologiquement et scientifiquement qu'Alexis ait pu avoir l'étoffe d'un champion ! Et cela, en écartant complètement les exploits relatés par les témoins oculaires.

A première vue, la tâche semble assez lourde, quasi insurmontable et surtout très risquée . . . Toutefois, après quelques centaines d'heures de réflexion et de recherche livresque, nous tenterons la construction de cette démonstration et nous procéderons pour ce faire, à la fois par la méthode comparative et déductive.

Personne n'est sans savoir les nombreux critères d'évaluation qui existent dans les divers secteurs de l'éducation physique. Déjà, de nombreux chercheurs publient, chaque année, un nombre considérable de données scientifiques nous permettant de faire certaines comparaisons entre les sujets analysés et les types morphologiques que nous traitons.

Regardons d'abord quelques caractéristiques anatomiques appartenant à des coureurs de longue distance.

Caractéristiques anatomiques

Dès 1899, Williams et Arnold rapportèrent dans *Philadelphia Medical Journal* [22] les premières mensurations physiques des coureurs de longue distance [23]. Ils furent alors décrits comme étant assez petits et maigres. Alexis était relativement petit (5'7") mais ne semblait pas maigre, selon les dires de ses contemporains et une photo de sa personne. Son poids variait entre 150 et 170 livres. Il est vrai cependant qu'il travaillait souvent à des travaux pénibles et durs qui lui donnaient un fort bon appétit.

Plus les distances augmentent, suggère Hirata [24], plus les coureurs deviennent petits.

Il est très intéressant de voir que la grandeur moyenne de tous les champions du Marathon de Boston de 1897 à 1965, est de 67.1 pouces ce qui veut dire 5'7.1"... Les grandeurs varient entre 61 pouces et 74 pouces.

Pour ce qui est du poids moyen de ces derniers, il est de 135.4 livres, et, les poids des coureurs jouent entre 108 et 173 livres.

Une autre caractéristique intéressante est la suivante rapportée par Boardman : les coureurs d'endurance sont caractérisés comme ayant des jambes plus longues et un tronc plus court proportionnellement à la grandeur totale d'un homme normal [25].

Le tronc d'Alexis était robuste mais court et ses jambes (par rapport à sa grandeur totale) dépassaient quelque peu la moyenne, comme le mentionne le rapport du Musée National. Behnke rapporte pour sa part que les coureurs de longue distance ont une déficience marquée en ce qui concerne le développement des muscles brachiaux, surtout si ce développement est comparé à celui de la poitrine et des jambes [26].

Ne dit-on pas qu'Alexis avait des *bras de femme* [27], une poitrine très costaude et des jambes fort bien développées. Est-ce un hasard ou un véritable effet de l'entraînement ?

Age idéal pour la course

On a placé les meilleures performances d'Alexis entre 1890 et 1900. Une table rassemblant les âges de tous les coureurs de distance des Jeux Olympiques de 1964 révèle une tendance assez apparente [28]. L'âge moyen pour les compétiteurs des 5,000 mètres, 10,000 mètres et du marathon est de 27.0, 27.7 et 28.3 ans respectivement. L'âge moyen de tous les champions du Marathon de Boston, de 1897 à 1965, est aussi de 27.1 ans ; les âges se situant entre 18 et 42 ans [29].

Voilà qui nous oblige presque à donner raison à ceux qui ont rapporté que les meilleurs courses d'Alexis avaient eu lieu entre 1890 et 1900. Il avait alors entre 30 et 40 ans. Possédant, comme nous avons vu, une méthode d'entraînement « naturelle », nous présumerons qu'il a atteint sa forme maximale un peu plus tard que la moyenne des coureurs de longue distance qui suivent à la lettre des régimes très sévères d'entraînement.

Qualités développées

Si nous acceptons le fait qu'Alexis ait vraiment couru et si, en plus, nous supposons qu'il ait réussi à atteindre certaines performances supérieures, il serait alors logique et élémentaire que ces prétendus records aient développé chez notre sujet des qualités physiologiques très apparentes.

La force musculaire

Tout exercice physique nécessite une certaine somme de force. Le travail musculaire répété développe sensiblement ladite force ; celle des jambes est donc, par exemple, le substratum de beaucoup d'exercices sportifs, dont la course à pied [30].

Ce syllogisme ne répugnant pas, Alexis a donc dû développer sa force des jambes, car la course développe un certain groupe musculaire et non l'ensemble. Cureton [31], concède d'ailleurs que les coureurs d'endurance ne sont pas ordinairement forts *(gross strenght),* mais sont normaux quand la force est déterminée en relation avec le poids de leur corps !

Bien entendu, la clef physiologique essentielle pour le succès dans la course sur longue distance est sans contredit un système cardio-respiratoire supérieur et bien entraîné [32]. C'est d'ailleurs pour cette raison que la plupart des chercheurs, dirigent leur recherche vers la course de fond, et mettent une certaine emphase sur le débit cardiaque, la grosseur du cœur, l'électrocardiogramme et les limites physiologiques de ces athlètes.

Avons-nous par ailleurs quelques preuves concrètes sur le développement des muscles inférieurs d'Alexis ? En plus des descriptions de certains témoins qui avaient été frappés par le développement musculaire, apparemment très saillant, des jambes de notre coureur, il faut ajouter ce passage de l'étude anthropomètrique réalisée par le Musée National :

Les efforts en vue d'établir le degré de robustesse des os ont été plus révélateurs. On peut obtenir une mesure de cette caractéristique en étudiant l'indice du fémur, le diamètre minimum au milieu étant exprimé comme fonction du diamètre maximum qui peut être observé à cet endroit. Ceci a donné le chiffre : 152.0, ce qui est exceptionnellement élevé, les échelles ordinairement mentionnées étant de 100-109.0 (faible), 110-119.0 (moyen), au-dessus de 120 (fort) ; les termes entre paranthèses se rapportant au développement du pilastre ou colonne formée par « la linea aspera » par rapport au diamètre latéral de l'os. Ces observations confirment la supposition qu'on avait antérieurement fondée sur l'observation d'un physique robuste, bien bâti et athlétique[33-34].

D'ailleurs en examinant l'os du fémur que nous avons déterré, nous nous rendons compte assez facilement de la supériorité de l'attache musculaire. Or, les Docteurs Calvet et Lacombe n'ont-ils pas avancé dans leur volume[35] que :

Les muscles très développés marquent leurs insertions sur l'os sous forme de dépressions ou de saillies plus nettes que les muscles peu exercés.

Voilà un point qui nous semble difficile à refuter.

P = F × V

D'une part, la puissance musculaire est un produit de la force par la vitesse. D'autre part, certains gestes d'Alexis, dont son piétinement dans la glaise pesante, pendant des heures, son acharnement à traîner, dans la neige, les arbres qu'il abattait, ses travaux de ferme de plus en plus durs, ses danses et ses pirouettes interminables, nous permettent de déduire qu'il aurait pu très bien développer cette qualité.

Modifications musculaires chez Alexis

Facteurs structuraux

1) Augmentation du poids du muscle.
2) Augmentation du volume musculaire (fibres).

3) Accroissement du sarcoplasme.
4) Epaississement du tissu conjonctif.
5) Augmentation du nombre de capillaires.

Coordination neuro-musculaire

Il est un fait reconnu depuis longtemps, que l'exercice améliore sensiblement la coordination neuro-musculaire. Celle-ci, une fois acquise, se trouvera très accentuée par l'entretien physique. On le voit par l'étude systématique du temps de réaction psycho-moteur qui est très diminué par la répétition des exercices spécialisés, selon le scientifique Fabre [36].

On pourrait croire qu'Alexis a développé sa coordination motrice ou musculaire *in extremis* ! Certains facteurs relatifs à l'entraînement qu'il poursuivait ont permis un développement accru de sa coordination musculaire.

Nous savons qu'en plus de la course, Alexis s'est donné en spectacle comme acrobate, danseur, contorsionniste, etc. C'est là d'ailleurs un signe remarquable d'un long entraînement quotidien. Sûrement qu'Alexis a dû prendre beaucoup de temps à apprendre tous ces gestes musculaires qui exigent indubitablement une dose certaine de concentration. Appliquer son pied au plafond, par exemple, et retomber debout sur ses deux pieds, n'est pas un geste de tout repos et il exige certainement plusieurs heures de répétition.

Nous ne croyons pas cependant qu'Alexis soit parvenu à cette force de concentration dont on parle. Par des répétitions innombrables du même geste, il a donné à certains muscles une sorte d'habitude de faire tel mouvement bien précis. Il se produit exactement le même phénomène quand nous apprenons un geste nouveau comme marcher, aller à bicyclette, nager, etc. Au début de l'apprentissage du geste en question, nous nous concentrons uniquement sur les composantes du mouvement à produire ; quelques temps après, nous le faisons sans même y penser.

Les constatations de Covaciu-Ulmeanu ne nous renseignent pas sur les modifications centrales provoquées par l'entraînement ; elles disent simplement qu'il y a diminution de l'excitabilité neuro-musculaire dans la fatigue et que l'entraînement retarde l'apparition de la fatigue tout en augmentant la capacité du travail [37].

Amélioration de l'endurance

L'endurance est une qualité qui permet à l'athlète de maintenir pendant un certain temps (qui peut être assez long) un effort d'une intensité moyenne. Voici quelques façons employées par les coureurs en général pour développer leur endurance.

Vers la fin des années 1800 et le commencement des années 1900, les coureurs Anglais dont George et Shrubb utilisaient l'entraînement fractionné et s'y adonnaient deux fois par jour [38]. Aujourd'hui, les méthodes ont été subdivisées et surtout adaptées aux besoins (mieux connus) différents mais communs des coureurs de fond. Que ce soit *l'interval-training* [39], la *Holmer fartlek* [40], l'*overdistance running* [41], ou la *Lydiard type running* [42], elles sont toutes directement proportionnelles au but poursuivi et à la condition physique de l'athlète.

Est-on vraiment conscients que la majorité des champions mondiaux de la course à pied, ne courent pas moins de 75 milles par semaine ? Un relevé [43] des cent vingt-cinq noms inscrits au *Western Hemisphere Marathon*, en 1962, révèle que 60% des coureurs s'entraînaient entre 45 et 52 semaines par année ; en plus, 45% des participants le faisaient deux fois par jour et pour terminer, 40% couraient plus de 100 milles par semaines !

Alexis, pour sa part, courait sûrement un minimum de 75 milles par semaine, en moyenne, et par ce fait, à l'instar des coureurs que nous venons de citer, a développé (et n'a pu faire autrement) normalement son endurance. On sait aussi qu'il le faisait sans distinction de saison et d'intempérie . . .

Cette endurance améliorée aura comme résultat direct, d'une part, une récupération organique améliorée, et, d'autre part, un système respiratoire beaucoup plus solide.

Meilleur temps de récupération

Tout en améliorant l'alimentation en oxygène des muscles et des tissus, l'entraînement permet une restauration beaucoup plus rapide de l'organisme après l'exercice même prolongé et épuisant [44]. Par là-même, Alexis a pu améliorer sa capacité de récupération. (Entrer dans une dette d'oxygène assez poussée).

Quand vous cessez de faire un exercice violent, votre corps ne retourne pas immédiatement à son état normal. Pour un bon moment vous respirez vite et profondément, votre cœur bat précipitamment et votre peau transpire. En fait, vous ne vous sentirez redevenu normal que lorsque vous aurez acquitté entièrement votre dette d'oxygène. La période durant laquelle cette dette se paye s'appelle la période de récupération [45].

Alexis a démontré maintes et maintes fois sa grande rapidité à récupérer après une longue course. Par exemple, quand il se rendait veiller, en courant, à 18 milles de chez lui, et qu'une fois arrivé, il prenait son harmonica pour s'accompagner et danser plusieurs heures d'affilée... Un autre exemple était le fait de pouvoir fumer sa pipe dès la fin de sa course. Est-il tellement facile de fumer quand notre pouls bat à 150 pulsations à la minute ? Il fallait donc par conséquent que ses pulsations redeviennent normales très rapidement.

Système respiratoire amélioré

Dire que le développement de son système respiratoire a été une conséquence normale de ses activités serait peut-être assez juste mais hélas ! très incomplet.

Nous savons, par ailleurs, que le développement de la capacité pulmonaire est le véritable but des exercices physiques, pour la machine animale [46].

Les poumons, c'est bien connu, sont l'âme du coureur ; leur intégrité et leur capacité constituent la base de tout exercice physique.

Plus la capacité pulmonaire sera considérable, plus elle offrira un champ vaste à l'hématose (échanges gazeux), plus la circulation sera facile. Or, la conséquence première de tout exercice physique étant l'accroissement de l'activité circulatoire (accroissement indispensable, pour chasser les déchets plus nombreux pendant le travail), ce n'est que dans des poumons capaces que le sang trouvera un champ assez vaste pour se purifier ; sinon, besoin de respirations plus fréquentes pour y suppléer [47].

Peut-on affirmer aujourd'hui qu'Alexis a réellement développé sa capacité pulmonaire ? Trois points, entre autres, nous portent à répondre par l'affirmative.

1) Il a pratiqué un exercice (la course) qui est propre à déterminer des inspirations profondes et par conséquent qui utilise tous les alvéoles pulmonaires propres à cedit développement.

2) Antérieurement, nous avons démontré sa grande capacité de récupération après l'effort, or, le développement de la capacité pulmonaire est le seul capable, tout en répondant aux besoins de la circulation, de permettre la respiration calme et régulière, nécessaire à la continuation d'un travail prolongé, et par la suite, à une récupération plus rapide.

3) Tous ses contemporains ont remarqué chez lui un thorax bien développé. Il ne s'agissait sûrement pas là du développement de la masse musculaire superficielle. Le développement réel du thorax est produit grâce à la mobilité de ses nombreuses pièces ; le poumon exerce de dedans en dehors une poussée sur les cotes qui basculent autour de l'axe fictif qui sous-tend leur arc[48] ! Pour ce qui est du poumon lui-même, il augmente sa capacité, non pas par un accroissement réel du tissu de l'organe, comme le muscle, par exemple, mais bien par l'utilisation de certaines de ses parties qui n'entrent généralement pas en jeu dans la respiration habituelle.

Sommairement et scientifiquement voilà ce qui s'est produit dans l'organisme d'Alexis lors de ses courses :

1) Elimination de l'acide lactique et pyruvique dans le système grâce à une ventilation pulmonaire améliorée et à une meilleure utilisation de l'oxygène.

2) Ventilation pulmonaire mieux réglée lors du travail musculaire.

3) Augmentation des échanges gazeux au niveau tissulaire et ainsi plus grande différence artério-veineuse.

4) Plus grande irrigation du sang transporté (25 à 35 litres au lieu de 5 litres).

5) Augmentation des litres d'air inspirés par minute (de 5 l/mn à 100-150 l/mn).

Amélioration de sa résistance

La résistance, contrairement à l'endurance, est cette qualité qui permet de faire un travail de très forte intensité sur une courte distance.

Se peut-il qu'Alexis ait été à la fois un coureur d'endurance et de résistance ? Impossible ! diront certains auteurs. Zatopek pourtant, en est un exemple vivant. Pourquoi pas Alexis Lapointe alors ?

Chose certaine, il a couru de très courtes distances à la *vitesse du vent*... Qu'il s'agisse de mentionner seulement sa course avec une automobile sur une distance de quelques arpents ou encore ses courses d'un demi-mille avec les chevaux ; ses « bauches » dans le champ, avec les animaux, étaient de véritables sprints. Et, plus il en faisait, moins la fatigue était apparente. Combien de gens nous ont rapporté qu'Alexis n'a jamais semblé fatigué après ses courses ! Sans aucun doute, est-ce là un détail révélateur de son amélioration physique continuelle.

Le cœur d'Alexis

Si seulement, nous le répétons, un médecin avait pris le pouls d'Alexis pendant sa vie, toutes nos déductions prendraient une toute autre valeur.

Mais il n'en est pas ainsi et il faut se contenter des données d'interprétation tirées des témoignages reçus et d'essayer d'établir certaines comparaisons et déductions.

Quelle sorte de cœur avait-il donc ? Que devient en réalité le cœur d'un coureur de longue distance ?

La pratique régulière de l'entraînement à des intervalles très réguliers, modifie le comportement de l'appareil circulatoire et aboutit à une entité que l'on peut appeler le véritable cœur sportif ! Celui-ci est lent, volumineux et sthénique [49]. Glenn Cunningham rapporte qu'un assez grand nombre de coureurs de grande classe ont un cœur qui bat à moins de 40 pulsations par minute [50]. Un marathonien célèbre présentait de façon courante 32 pulsations par minute. Nous avons émis l'hypothèse à un autre endroit dans ce travail, qu'Alexis s'est fort problablement approché de cette limite cardiaque au repos : 40 pulsations par minute. Cette fréquence est d'ailleurs celle du cheval au repos...

L'étude électrocardiographique de quarante-six athlètes d'endurance a démontré qu'une large proportion de ces derniers présentait une hypertrophie cardiaque. Des recherches similaires portant sur l'hypertrophie ventriculaire ont été vérifiées aux rayons-X, et démontrent une certaine ombre cardiaque supérieure aux cœurs normaux. Paavo Nurmi, sept fois champion olympique, avait un cœur trois fois plus gros que la normale [51]. Deutsch pareillement a examiné des milliers de sportifs à Vienne et trente-deux athlètes à l'Olympiades d'Amsterdam ; il est le défenseur de l'augmentation de l'ombre cardiaque chez les sportifs professionnels. Le résultat de l'examen radioscopique des trente-deux athlètes, montre une augmentation du diamètre transverse au cœur de 2.1 cm, en moyenne [52]. Enfin, Hersxheimer a démontré avec beaucoup de netteté que la pratique continue du sport entraîne une hypertrophie du cœur ; le rapport poids du corps augmente et ce rapport varie avec les différentes variétés de sports [53].

Alexis ayant quand même pratiqué toute sa vie un exercice physique souvent prolongé est sûrement mort avec un cœur hypertrophié, c'est-à-dire plus gros que la normale. Toutefois, il est possible que la structure anatomique de son cœur ait été un facteur héréditaire, comme chez De Mar [54], qui l'a rendu spécialement apte aux épreuves sportives exigeant un effort cardiaque spécial. Et, si ce n'est pas le cas, c'est donc un effet de l'entraînement !

Steinhaus rappelle que Harvey, en 1628, avait noté que le cœur des sujets très musclés est plus gros. Impossible donc d'inventer quoi que ce soit, car tout a été dit . . .

Conclusion

Conclure un tel chapitre, c'est vraiment vouloir se compromettre . . . mais se compromettre heureusement, a toujours été un médaille à deux faces !

Qu'Alexis ait développé ou amélioré une foule de qualités physiques telles, la résistance, la coordination, la force musculaire et beaucoup d'autres, nous pensons l'avoir démontré. Si nous avons réussi, cela nous rend sûrs d'un point : Alexis a pratiqué d'une façon continuelle certains exercices physiques.

Qu'il ait possédé plusieurs caractéristiques anatomiques des coureurs de longue distance et qu'il ait réussi ses meilleures performances, au dire de ses contemporains, à l'âge (environ) où tous les coureurs (champions) atteignent leur maximum, nous portent à croire qu'il a développé aussi ses qualités physiques d'une façon presque maximale.

Ajoutons, à tout cela, la cohérence parfaite entre ses activités de loisirs, (danses, courses, sauts) et celle de son travail (construction des fours à pain)[55]. Ses activités vitales ont donc été selon nous, les composantes (involontaires) d'une méthode d'entraînement digne d'être comparée à beaucoup d'autres.

A la suite de tout cela nous serions portés à affirmer qu'Alexis a physiologiquement possédé et développé, pendant sa vie, à peu près toutes les caractéristiques ou qualités physiques propres à un champion coureur de fond.

Références du Chapitre V

1) Abbé Léonce BOIVIN, **Dans nos Montagnes**, p. 24.

2) **Les Fourberies de Scapin.**

3) Ville située à quatre milles de La Malbaie.

4) Tiré des notes personnelles de voyage de l'auteur de cette recherche.

5) La Malbaie fut séparée des Eboulements en 1797, et Clermont, pour sa part, se sépara de La Malbaie en 1931.

6) ASHS, dossier 655, pièce 13.

7) Fils de François, qui était frère d'Alexis.

8) Notes de voyage, 29 octobre 1966, p. 4.

9) Date limite pour la remise des travaux de recherche. Toutefois, après une demande aux autorités, je fus autorisé à prendre encore un an ou deux pour terminer le travail complètement.

10) Damase POTVIN, **La Baie des Hahas**, p. 33-34.

11) Lettre à Jean-Pierre Wallot, datée du 26 septembre 1967, et adressée au Dr Guy Métivier, directeur du projet.

12) IDEM.

13) Tiré de l'enquête du coroner, Alma, 1924.

14) Ce docteur est professeur d'anatomie à la Faculté de médecine de l'université d'Ottawa. Sa lettre est datée du 5 décembre 1966 et est également adressée au Dr Guy Métivier.

15) Robert ANDRIVET **et al.**, **Physiologie du Sport**, p. 82.

16) David L. COSTILL, **What Research Tells the Coach about Distance Running**, p. vi, (préface).

17) Jean-Claude LAROUCHE, **Alexis Lapointe dit « le Trotteur » ; l'athlète**, dans « **Saguenayensia** », vol. 11, no 1, p. 5.

18) R. ANDRIVET, **et al.**, **Physiologie du sport**. p. 7.

19) Son livre : **L'entraînement** (édit. Masson, 1942) est fort utile pour la consultation concernant les travaux sur l'exercice physique.

20) Cf. rapport du Musée National.

21) David L. COSTIL, **op. cit.**, p. 24.

22) Vol. 3, p. 1233.

23) David L. COSTIL, **op. cit.**, p. 1.

24) K. HIRATA, **Physique and Age of Tokyo Olympic Champions**, dans « **J. Sp. Med. & Phys. Fit.** », 6:207-22, 1966.

25) R. BOARDMAN, **World's Champions Run to Types**, dans « **J. Hlth. & Phys. Educ.** », 4:32 **et seq.**, 1933.

26) A. R. BEHNKE, J. ROYCE, **Body Size, Shape, and Composition of Several Types of Athletes**, dans « **J. Spo. Med. & Phys. Fit.** », 6: 75-88, 1966.

27) Ce qui signifiait des bras très peu musclés.

28) K. HIRATA. **op. cit.**, 6:207-22, 1966.

29) J. NASON, **The story of The Boston Marathon**, 1966.

30) L. ROBLOT, **Principes d'anatomie et de physiologie**, p. 334.

31) T. K. CURETON, **Physical Fitness of Champion Athletes**, 1951.

32) David L. COSTILL, **op. cit.**, p. 3.

33) Dr. R. HUGUES, R. COLE, **Notes on Human Remains Received for Study from University of Ottawa**, p. 3.

34) La traduction du texte (anglais) est de Mlle Louise Lacombe, Ottawa.

35) L. ROBLOT, **op. cit.**, p. 333 ; (L'édition de 1963 a été entièrement refondue par les Docteurs Calvet et Lacombe en 1960).

36) R. FABRE, G. ROUGIER, **Physiologie médicale**, p. 1027.

37) Ch. KAYSER, **Physiologie du travail et du sport**, p. 124.

38) A. A. SHRUBB, **Training for Athletics**, p. 46-53.

39) Entraînement qui consiste en une alternance de séquences d'activité d'une intensité calculée, compensées par des temps de repos minutés.

40) Cette méthode est définie comme **speed play** : course libre faite sur une distance indéfinie et dans un temps indéterminé, avec des temps de course beaucoup plus rapides que d'autres, dépendant des dispositions de l'athlète.

41) Celle-ci comporte un entraînement sur des distances plus grandes que celles des compétitions actuelles et peut contenir des courses ininterrompues entre six et dix milles et plus.

42) Cette dernière méthode emploie des courses très longues entre dix et trente milles à une allure modérée précisément ajustée aux capacités du coureur.

43) N. C. LUMIAN, V. F. KRUMDICK, **Physiological, Psychological, Aspects of Marathon Training for Distance Runners**, dans « **Athl. Journ.** », 45:68, 1965.

44) Ch. KAESER, **op. cit.**, p. 101-127.

45) A. C. BURTON, **Exercice et repos**, dans **La science pour tous**, (Grolier) p. 145-146.

46) L. ROBLOT, **op. cit.**, p. 406.

47) IDEM.

48) **Ibidem**, p. 407.

49) R. ANDRIVET, **et al.**, **op. cit.**, p. 32.

50) G. CUNNINGHAM, **The Relationship of Selected Cardiovascular and Strenght Measures to Physical Fitness of Outstanding Athletes**, 1938.

51) R. BOARDMAN, **op. cit.**, 4:32 **et seq.**, 1933.

52) Ch. KAYSER, **op. cit.**, p. 113.

53) **Ibidem**, p. 114.

54) Coureur olympique très résistant.

55) Ce travail l'obligeait à « pilasser » de longues heures sa glaise, dans une auge appropriée, et il le faisait en dansant dans ce mélange d'eau et de terre qui servait par la suite de matériau principal pour la construction du four.

LA SOUTANE DU CURE

ALEXIS LAPOINTE, DIT LE TROTTEUR, A FAIT TOUS LES MÉTIERS: GARÇON DE FERME, MANOEUVRE, LIVREUR, COMMIS, BÂTISSEUR DE FOURS À PAIN, ETC... ENTRE DEUX EMPLOIS, IL SE RÉVÈLE AMUSEUR, CONTEUR D'HISTOIRES, VIRTUOSE DE L'HARMONICA ET DE LA BOMBARDE, GRAND DANSEUR ET SURTOUT, EXCELLENT COUREUR... UN VRAI CHEVAL. L'ÉPISODE QUE VOICI REMONTE AU TEMPS DE SA JEUNESSE.

ET POUR MADAME BLANCHE, DEUX BAGUETTES...
... DEUX BAGUETTES.

ÉCOUTE UN PEU, LIVREUR DE MON COEUR! IL FAUT LIVRER SON PAIN À MADEMOISELLE EULALIE, LA SOEUR DU CURÉ... TU SAIS BIEN... TOUT EN HAUT DE LA CÔTE!
BIEN COMPRIS, PATRON!

PRENDS DONC LA BICYCLETTE! TU IRAS PLUS VITE!
NON, MONSIEUR MAURICE. LE CHEVAL DU NORD NE SE SERT QUE DE SES JAMBES!

CHEVAL DU NORD MON OEIL! BAH!

!
PAIN FRAIS!... PAIN FRAIS!...

texte: C. BLASETTI - dessins: G. BOSE

VOTRE PAIN, MADAME BLANCHE. IL SORT TOUT JUSTE DU FOUR!
MERCI BIEN, ALEXIS!

EULALIE! VEUX-TU ME PRÉPARER UNE AUTRE SOUTANE POUR LE BAPTÊME DE TOUT À L'HEURE?.. JE DESCENDS AU VILLAGE M'ACHETER DU TABAC!
METS-LA SUR LA TABLE! JE LA REPASSERAI TOUT DE SUITE!

BONJOUR, MONSIEUR LE CURÉ!
BONJOUR, JEUNE HOMME... BONJOUR!

VOTRE PAIN, MADEMOISELLE EULALIE! SI FRAIS QU'IL EST ENCORE CHAUD!
POSEZ-LE LÀ, S'IL VOUS PLAÎT!

OH! OH!... LA SOUTANE DU CURÉ!

JOUONS UN TOUR À MADEMOISELLE EULALIE!
!

CIEL!
ASSEYEZ-VOUS!

MES BIEN CHERS FRÈRES! CE MATIN, À LA MESSE DE CINQ HEURES, J'AI COMPTÉ DEUX PERSONNES DANS L'ASSISTANCE: LA VEUVE TOURNESOL QUI A QUATRE-VINGT-TROIS ANS, ET SÉVÉRIN LAJOIE QUI, EN TANT QUE BEDEAU, SE DOIT D'ÊTRE LÀ...

SEIGNEUR ! ON DIRAIT LE SERMON DU CURÉ À LA MESSE DE MIDI !

ALLONS-BON ! J'AI OUBLIÉ MON ARGENT !

ÇA NE FAIT RIEN ! JE SUIS TOUJOURS CAPABLE DE MARCHER !

QUE FONT MES BONS PAROISSIENS AU LIEU D'ASSISTER À LA MESSE DE 5 HEURES ? JE VAIS VOUS LE DIRE MOI !... **ILS S'ENTORTILLENT DANS LEURS DRAPS !**

ON SAIT BIEN ! LE LIT EST PLUS DOUX ! ET LA PÉNITENCE ?... ET LE SACRIFICE ?.. PENSEZ-VOUS TROUVER LE CIEL DANS VOTRE LIT ?... EH BIEN, DORMEZ, PUISQUE...
AH ! AH ! AH !

EULALIE ! JE NE TROUVE PLUS MON PORTE-FEUILLE !
!
OH !... MALHEUR !

QU'EST-CE QUI SE PASSE ? QUE FAIT-IL DANS MA SOUTANE ?
?
RIEN DU TOUT !... J'EN SORS TOUT DE SUITE !

VIENS ICI, CHENAPAN !
NE VOUS DÉRANGEZ PAS ! **SALUT !**

JE T'AI RECONNU ! JE M'EN VAIS DIRE DEUX MOTS À MAURICE, MOI !
CRAK !

!

QUELLE MISÈRE ! NE SOUTANE RESQUE NEUVE ! H, MAIS ÇA NE E PASSERA PAS COMME ÇA !

ET TOI ? POURQUOI L'AS-TU LAISSÉ FAIRE ?
L'HABITUDE, JE SUPPOSE ! C'ÉTAIT TELLEMENT COMME TOI !

COMMENT ?
OH, PARDON !

DÉJÀ DE RETOUR ! OÙ EST TON PANIER ?
MON... AH, OUI !... À LA CURE ! ALLEZ DONC LE CHERCHER VOUS-MÊME ! ADIEU, MONSIEUR MAURICE !

BOULAN
PAIN
EH ! OÙ COURS-TU COMME ÇA ?
JE CHANGE DE PAROISSE ! MON CIEL EST À CE PRIX !...
?
FIN

Chapitre VI

Conclusion

Comment conclure vraiment une telle étude ? Après chacun des chapitres, nous avons tiré les principales lignes de force concernant les points traités dans notre recherche. Comme nous avons fouillé la vie d'un homme, dans ses plus petits recoins, contentons-nous ici d'en faire le résumé en tant qu'homme et en tant qu'athlète.

Et un peu à la manière de Lafontaine, nous tenterons de tirer *la morale de cette histoire,* c'est-à-dire la leçon pratique de cette biographie.

L'Homme

Simplicité, ruse, naïveté, sensibilité sont toutes des cordes que nous avons trouvées à l'arc de cet individu dont l'originalité provenait surtout du fait qu'il avait gardé un esprit enfantin toute sa vie ! Amuseur public, musicien à ses heures, et coureur devant l'éternel, il ne demeura jamais plus d'une saison au même endroit. Populaire comme pas un, et par surcroit grand voyageur, on ne lui connaît nul ennemi et nombreux sont ceux, dans la région du Saguenay et ailleurs, qui lui offrirent pain et logis une nuit, un jour, ou une semaine ! Ces derniers le faisaient à la fois avec un sentiment d'admiration et de sympathie pour celui qui avait la réputation d'être, d'une part, le meilleur trotteur du canton et d'autre part, un peu simple d'esprit, sans être dangereux pour autant.

Amoureux sans complexe de tout ce qui portait jupe et cheveux longs, il demeura quand même célibataire toute sa vie. Une vie pendant laquelle il se trouva un métier bien à sa mesure et qui lui permettait de rester nomade : il maçonnait des fours à pain. Il le fit même, dit-on, avec un doigté assez spécial et très personnel. Artiste et bohème à sa manière, il fut ce que l'on peut appeler un « bon vivant » qui a laissé dans l'esprit des gens du nord, un souvenir que des générations se répéteront encore.

L'Athlète

Né avec une prédisposition organique et anatomique pour cet exercice bien spécial qu'est la course, Alexis, un peu à son insu, développa *in extremis* cette capacité de tenir le coup pendant de longues distances !

Même si ses « bauches » ont été défigurées par les gens et les années, elles gardent un fond de vérité appréciable. Alexis Lapointe a bel et bien couru et le chapitre de ses exploits le prouve amplement. Mieux encore, son ossature nous a appris beaucoup. Tout au moins suffisamment pour avancer qu'il avait fort possiblement l'étoffe d'un champion. Ses courses, ses sauts, ses danses et sa manière de vivre lui permirent d'atteindre un maximum de conditionnement physique et c'est justement le degré de cohérence entre ses exercices corporels qui firent de lui un véritable athlète.

Certaines déductions physiologiques et anatomiques nous ont permis de croire qu'il possédait intrinsèquement tout ce qu'il faut pour égaler tout au moins, dans son temps, les records de certains coureurs olympiques d'aujourd'hui.

Bref, nous avons essayé bien humblement de découvrir l'athlète où le poète avait découvert la poésie et où les conteurs populaires ne pouvaient guère aspirer à trouver autre chose que le merveilleux !

Leçon de vie ou de santé?

On peut rire ou se moquer des milles pirouettes d'Alexis ; on peut même trouver ridicule qu'il ait couru toute sa vie, mais chose certaine, on ne peut s'empêcher, au fond, d'envier secrètement sa condition physique !

Il aurait été étonnant de voir jusqu'à quel âge Alexis aurait vécu si ce fatal accident ne lui avait pas enlevé la vie. Car il possédait la recette idéale pour vivre en très bonne condition physique et surtout très longtemps !

Cette leçon de « santé », que la biographie d'Alexis nous a fait retrouver, est-elle vraiment adaptable aujourd'hui en 1971 à l'homme moyen ? Sûrement ; une seule condition cependant : LA VOLONTE DE LE FAIRE.

A tout âge...

Le Docteur Kenneth Cooper, dans son livre *Aerobics* [1], donne une très bonne méthode à suivre pour rester en pleine forme à tout âge [2]. Pour lui, et bien d'autres, il est clair et net que le meilleur de tous les exercices est encore la course à pied. Malheureusement, c'est peut-être l'exercice le moins pratiqué. Exige-t-il tant d'efforts que nous ne puissions vaincre ou est-ce simplement le temps qui nous manque ? A moins que ce ne soit la motivation qui nous fasse défaut ?

En parlant de motivation, nous vous ferons grâce d'un long et savant exposé sur la machine humaine et son besoin vital d'exercices. Cependant, permettez-nous quelques considérations sur le sujet, quitte à vous laisser entière liberté par la suite.

Le jeu des pulsations cardiaques

Vous n'êtes pas sans savoir que le muscle le plus important est encore et toujours le cœur. Or, le cœur est une machine remarquable mais curieusement construite :

C'est quand on exige de lui le moindre effort qu'il bat le plus vite et qu'il marche le moins bien [3].

Voilà pourquoi aussi le cœur entraîné bat (au repos) à 60 pulsations à la minute alors que celui qui manque d'exercice ou d'entraînement bat autour de 80 puls./mn.

Regardons, si vous voulez, l'économie approximative de pulsations qu'il y aurait, par exemple, entre le cœur d'un marathonien qui court dix minutes par jour et celui d'un gérant de banque obèse qui n'a jamais pratiqué aucun sport.

Temps	*Coeur entr.*	*Coeur non-entr.*	*Différence*
par minute	60 puls.	80 puls.	20 puls.
par heure	3600	4800	1200
par jour	86,400	115,200	28,800
par semaine	604,800	806,400	201,600
par mois	2,419,200	3,225,600	806,400
par an	29,030,400	38,707,200	9,676,800
par décennie	290,304,000	387,072,000	96,768,000

Voilà donc une économie de 10,000,000 de pulsations par année pour celui qui s'entraîne quelques minutes chaque jour par quelques foulées de course ou autrement. Il aura allongé sa vie de quelques années, et il aura de plus développé les points suivants :

* Les poumons s'habituent à traiter une plus grande quantité d'air au prix d'un moindre effort.

* Le cœur se fortifie ; il pompe un plus grand volume de sang à chaque pulsation, ce qui diminue le rythme cardiaque.

* Le nombre et la dimension des vaisseaux sanguins qui irriguent les tissus augmentent de même que le volume total du sang, dans le corps ; cette augmentation peut atteindre 25% chez certains individus.

* La tonicité des muscles et des vaisseaux sanguins s'améliore et la tension a souvent tendance à diminuer.

* L'un des résultats les plus remarquables, c'est l'effet de vascularisation : de nouveaux vaisseaux sanguins apparaissent dans les tissus musculaires, ouvrant de nouvelles voies d'accès à la circulation. Ce phénomène est un facteur prépondérant pour le bon fonctionnement du cœur. Lorsque le tissu cardiaque est abondamment irrigué, les risques d'accident cardiaque sont considérablement réduits [4].

Comment doser notre exercice ?

La première question qui se pose à notre esprit si, demain, nous décidons de faire un peu de course, c'est la dose nécessaire qu'il faudra pour que l'exercice ne soit pas non plus néfaste à notre santé. Un article paru dans *Sélection du Reader's Digest* [5], nous donne d'une façon très pratique la méthode pour y arriver sans danger. Nous ne pouvons ici que suggérer fortement d'en prendre connaissance et ensuite de juger si le jeu en vaut la chandelle.

Certains répondront peut-être, qu'il n'y a pas seulement la course à pied qui peut garder en forme. Ceux-là ont raison et il serait bon de regarder ensemble ce qui pourrait être par exemple l'équivalent d'un mille de course dans les huit minutes, six fois par semaine.

SPORT	*dist.*	*temps*	*# fois/sem.*
COURSE	1 mille	8 mn	6
NAGE	600 vg	10-15 mn	6
CYCLISME	5 milles	15-20 mn	6
MARCHE	3 milles	36-43 mn	5
BALLE AU MUR		40 mn	5
BASKET-BALL		40 mn	5
SQUASH		40 mn	5
GOLF	18 trous		10
SAUT A LA CORDE		5 mn	20
PATINAGE		15 mn	30
SKI		30 mn	10
TENNIS	2 sets		10
VOLLEY-BALL		30 mn	15
FOOTBALL		30 mn	10

Si nous avons négligé notre cœur depuis un certain temps, c'est le moment d'y penser sérieusement, suggère le Docteur Cooper.

Avant de marcher sur la lune . . .

. . . les astronautes américains auront couru sur la terre. Si l'exemple d'Alexis n'est pas suffisant pour vous convaincre de vous mettre à l'exercice physique dès demain, laissez-nous vous en suggérer quelques autres.

Curtis Mitchell décrivait dernièrement dans le magazine américain bien connu *Family Weekly* [6], les principales méthodes d'entraînement physiques des astronautes américains.

Il est même surprenant de constater qu'aucun exercice ne leur est imposé. Le Docteur Charles A. Berry qui dirige le service des recherches et d'applications médicales du Centre des véhicules spaciaux habités de Houston, a expliqué :

Nous autres, médecins, nous nous contentons de leur fournir un ensemble d'idées directrices. Nous ne leur imposons pas de faire tous les jours 20 tractions ou de courir deux milles ; non, ils sont libres de faire ce qu'ils veulent, comme ça leur chante [7].

Et c'est ainsi que Walter Schira, qui a déjà au moins trois voyages dans l'espace, pratique volontiers la course à petites foulées, le tennis et la balle au mur. James Lovell, codétenteur du record mondial d'endurance dans l'espace, fait tous les jours de la course à pied.

Neil Armstrong, commandant du premier rendez-vous orbital, trotte en petites foulées régulières pour se rendre d'un lieu de réunions à un autre et grimpe les escaliers quatre à quatre. Ces hommes pourtant ne sont ni des athlètes ni des sportifs qui se préparent aux Jeux Olympiques ; ils ressemblent fort à des chefs d'entreprise et passent des journées à prendre des décisions, à rester assis de longues heures à leur bureau ou en réunion à étudier des dossiers etc.

Le sergent Joe Carino qui dirige leur entraînement depuis bientôt dix ans expliquait à sa manière la motivation que ces hommes avaient de s'entraîner quotidiennement :

Tout est dans la motivation, dit-il, et la motivation, de nos jours, ce n'est pas la peine de la chercher bien loin : il suffit d'ouvrir le journal; c'est plein d'histoires de gens paralysés par une attaque ou tués par un infarctus. Et ça, on peut l'éviter grâce à l'exercice [8].

Tout le monde aujourd'hui accepte ce principe mais combien le mettent vraiment en pratique ? Pourtant, l'exercice physique est le préventif le moins coûteux et le plus complet pour garder la machine humaine en forme.

Portée contemporaine

Le Canadien français ne semble vraiment pas être conscient qu'il peut faire quelques pas de course même après cinquante ans ! Il monte les escaliers en se tenant le cœur et en pensant à tous les autres qui succombent à des infarctus ou à des crises cardiaques ! Son premier tiroir de bureau est toujours rempli de pilules de toutes sortes et enfin son médecin personnel fait de bonnes affaires.

Il pense sincèrement que l'exercice physique, un tant soit peu violent, peut le tuer alors qu'en réalité, c'est le contraire et précisément c'est le manque d'exercice physique qui en vient à bout !

La plus belle récompense que nous pourrions recevoir ne serait pas nécessairement de vendre 50,000 exemplaires de ce volume mais bien de constater qu'il a aidé à promouvoir chez les gens de tout âge cet exercice par excellence qu'est la course à pied ! Si nous avons déterré et analysé un individu, c'était d'abord pour le connaître, probablement pour l'admirer et aussi pour l'imiter mais surtout le faire imiter ! Si les jeunes se mettent dans la tête d'admirer Alexis, ils l'imiteront très rapidement ! Des clubs de courses à pied naîtront ici et là, des pères de famille qui auront été convaincus de la valeur intrinsèque de la course à pied, entraîneront eux-mêmes leurs enfants dans cette « course » vers la santé et le bien être physique !

Et s'il fallait qu'en plus la publicité s'en mêle, il en serait fait du destin québécois de la course à pied. N'avons-nous pas en effet les patins « Maurice Richard », les gourets « Jean Béliveau », les raquettes « Jack Kramer », les piscines « Jacques Amyot » ? Pourquoi pas maintenant les survêtements ou les souliers de course « Alexis » ? Et ce n'est pas rêver en couleurs que de dire « pourquoi pas ? ». Nous connaissons tous, la force de frappe de la publicité. Il est grand temps que l'on se serve de ce mot magique pour la promulgation de certains principes de base dans le domaine de l'exercice physique. A notre détriment, nous renvoyons trop souvent hélas ! l'exercice quotidien au lendemain, au surlendemain et très souvent même aux calendes grecques.

Pourtant

Alexis, à soixante-trois ans, courait encore ! Jean-Baptiste Béland court encore et il a soixante-six ans. Comment se fait-il que nous ne puissions les imiter, tout au moins dans la course ?

Plusieurs Américains ont compris cette leçon avant nous et il n'est pas rare de voir dans certaines petites villes de banlieue, tôt le matin, certaines personnes s'entraîner en pratiquant une légère trotte en petites foulées. Il y a même certaines familles entières qui pratiquent la course quotidiennement.

Ici, au Québec, nous n'osons pas . . . car qu'est-ce que le voisin va en dire ? Et peu importe si ce respect humain (mal placé) raccourcit notre vie de quelques années ou nous rend centenaire à soixante ans, le principal hélas !, c'est que le voisin ne pense pas mal de nous !

Y aurait-il vraiment une leçon à tirer du « théâtre » de Béland ou encore de la prétendue « fable » d'Alexis ?

Oublions leur côté burlesque, leur harnais, leur sulky, ou leur hart, et que reste-t-il ? Deux hommes qui ont couru (passablement) tout en divertissant les gens et en se gardant en très bonne forme. Achetons-nous de bons souliers de course, un survêtement et imitons-les, le plus rapidement possible ; non pas dans le but, cependant, de divertir les gens mais bien de nous tenir en bonne forme physique ! Rien de mieux, il va sans dire, pour couper court à une chicane de ménage ! Vous vous en voudrez problablement de ne pas y avoir pensé avant...

Et pour terminer

La course à pied est sans conteste le meilleur exercice physique que l'homme puisse se permettre de pratiquer, sauf, bien entendu pour ceux qui posséderaient une contre-indication de leur médecin. Il est rapide, sûr et peu coûteux ! Certes, exigera-t-il un certain effort de volonté, une certaine dose de renoncement mais les résultats physiques viennent vite nous faire oublier cette volition. Mieux encore, cet exercice deviendra assez rapidement un besoin biologique pour celui qui le pratique d'une façon assez régulière ! Et s'il nous aide à se surpasser un peu plus chaque jour, il en sera souvent ainsi à notre travail professionnel !

Enfin, pratiquons la course volontairement et d'une façon consciente, et nous pourrons percevoir rapidement les multiples changements que cet exercice physique nous apportera, et cela gratuitement !

Références du Chapitre VI

1) Dr. Kenneth H. COOPER, Nevin BROWN, **Aerobics,** Evans & Co, Inc., New York, 1968.

2) Un condensé du livre du Dr. Cooper a été produit dans **Sélection du Reader's Digest**, mars 1968, p. 57-66.

3) **Vous pouvez être en pleine forme à tout âge,** dans **Sélection du Reader's Digest,** mars 1968, p. 65.

4) Dr. Kenneth COOPER, **op. cit.,** (**Sélection** du mois de mars 1968, p. 59 et 66).

5) IDEM.

6) Curtis MITCHELL, **Restez en forme avec les astronautes,** Condensé de "Family Weekly", **Sélection du Reader's Digest,** Janvier 1969, p. 67-72.

7) Curtis MITCHELL, **op. cit.,** p. 68.

8) **Ibidem,** p. 69.

ALEXIS LE TROTTEUR

GARE AU CHIEN!

OICI UN HOMME AUX PRISES AVEC UN DÉLICAT PROBLÈME ...
HÉRIE .'.. DÉCIDE-OI.' CELA FAIT EUX HEURES QUE U CHERCHES LE ON ENDROIT!
CETTE FOIS, ÇA-Y-EST. PLANTE LE CLOU.'

...QUI N'EST PAS PRÊT D'ÊTRE RÉSOLU...
SBAM!
OUAAH!

MÊME LES CHIENS ONT LEURS PROBLÈMES...
OUAAH! OOOO

... PETITS OU GROS PROBLÈMES... RAPIDES PROBLÈMES, QUELQUEFOIS!
WOUAAFF!
GARE AU CHIEN!

GNIAM... GNIAM...

ALLONS, GÉDÉON.' ON NE RECONNAÎT PLUS SES AMIS.?
OUARF! OUARF!

texte: BLASETTI - dessins: BOSELLI

AMI OU ENNEMI, IL FAUT BIEN SE DISTRAIRE UN PEU.!
GRRR

HÉLAS! AUJOURD'HUI, C'EST UN PROBLÈME VRAIMENT CHEVALIN QUI SE PRÉSENTE À GÉDÉON.
ARF! ARGF!
BEN VOYONS GÉDÉON! QU'EST-CE QUI TE PREND?

WOUAR! GRR!...
CETTE FOIS, CE PETIT CHIEN VEUT VRAIMENT JOUER AU MÉCHANT!

KISS!... KISSS! MONTRE TES JOLIES DENTS!
GRRR..
PAS EN FORME AUJOURD'HUI, GÉDÉON!
SNAP!...
ZUT! RATÉ!

ET HOP LÀÀÀÀ!

!
BEN LÀ?...

?

!?

LES PASSAGERS
DU CARROUSEL... EN
VOITURE !

ALORS, GÉDÉON ?..
ENCORE UN PETIT
TOUR ?
HIC!

GÉDÉON !
LA COLÈRE TE
VA BIEN !
AAARGH!

KAÏ!..KAÏ!...

OOOOFF!... OUCH!... HIC!...

ET C'EST AINSI QUE LE JOUR SUIVANT...
...ET COMME JE TE LE DISAIS, GÉDÉON EST TELLEMENT FÉROCE QUE J'AI DÛ CONSTRUIRE UNE CLÔTURE...

...DOUX COMME UN AGNEAU AVEC NOUS... MAIS TERRIBLE AVEC LES ÉTRANGERS!
GRRR...
EN EFFET, IL ME FAIT PEUR.!

ET N'EST PAS AMI QUI VEUT AVEC MON GÉDÉON! LE TRO TEUR S'Y EST ESSAYÉ, MAIS...

...TIENS! EN PARLANT DU LOUP!... ON VA RIRE. GÉDÉON VA LUI FAIRE UNE DE CES PEURS!...

MONSIEUR MARTIN... MONSIEUR PIERRE...MES HOMMAGES! ET LE BONJOUR À VOUS, MONSIEUR GÉDÉON!
KAÏ! KAÏ

MAIS?.. IL NE LE DÉVORE DONC PAS!...
?
BEN!...

...QUE VOUS AVEZ CONSTRUIT UNE CLÔTURE, DISIEZ-VOUS?
ET OUI! IL SUFFIT D'UN JOUR POUR RUINER UNE RÉPUTATION!

Chapitre VII

Rétrospective littéraire

Travaux similaires

Avant de commencer toute recherche, il serait toujours préférable, pour quiconque, de relire les quatre règles de la méthode proposées par Descartes au XVIIe siècle. Elles nous donnent une idée si claire de l'ordre à suivre, et des choses à faire...

qu'il n'y en peut avoir de si éloignées auxquelles enfin on ne parvienne, ni de si cachées qu'on ne découvre.

Ces «*choses*» dont Descartes parlait, seront pour nous, tous les détails de la vie d'un homme que l'on s'est donné pour tâche de découvrir sous son vrai jour.

On dit quelque part que...

la légende est un conte où l'action merveilleuse se situe avec exactitude; les personnages sont précis et définis. Les actions se rattachent à des faits historiques connus et tout paraît s'être déroulé positivement. Mais souvent l'histoire est déformée par l'imagination populaire [1].

En ce qui regarde notre recherche, l'action se situe entre 1860 et 1924; le personnage s'appelle Alexis Lapointe dit «le Trotteur»; des témoins nous ont raconté des faits historiques... mais, (car il y a toujours un mais) l'histoire a très bien pu être déformée par l'imagination populaire!

Vouloir traiter scientifiquement un sujet devenu légendaire constitue une entreprise complexe! Voilà aussi ce qui a dû arrêter la marche de certains auteurs car les recherches du même genre sont quasi introuvables sinon inexistantes.

Bien entendu, on retrouve, en plusieurs endroits, des passages, des pages, des textes, et même des articles qui traitent de certains hommes qui attirèrent l'attention, soit par leur force physique ou leur agilité. Mais une étude en profondeur, comme se veut la nôtre, sur la vie et les exploits d'un coureur, n'a jamais, à notre connaissance, été tentée!

Sommes-nous pour autant des innovateurs? Nous n'aurons pas la fatuité de l'affirmer car, demain, on pourrait nous contredire en trouvant un travail similaire et datant par surcroit de centaines d'années!

Travaux pouvant s'en rapprocher

Si personne n'a écrit de volumes sur la vie de coureurs devenus légendaires par la suite, plusieurs ouvrages sur la vie des hommes forts on vu le jour. Ces travaux peuvent, d'une certaine façon, s'apparenter à notre recherche! Ils mettent en scène des gens qui furent extraordinaires dans des sphères physiques bien précises; voilà leur point de similitude avec notre étude.

Cependant, ces travaux sur les hommes forts, quoique très bien écrits, diffèrent sensiblement de notre travail si l'on regarde la méthode et la forme employées.

Beaucoup d'accumulations, peu d'analyses.

Dans les quelques volumes «visités»..., on se rend vite compte que les auteurs ont essayé d'accumuler le plus de récits possible sans trop les analyser, de peur probablement de leur faire perdre leur charme souvent mythique! Aucune trace non plus des témoins oculaires; on dirait même parfois, une sorte de roman écrit au fil de la plume tellement les transitions se font naturelles et d'une façon continue.

Cependant, après cinquante ans, n'ayant pas eu la chance de connaître ces auteurs ni surtout d'évaluer leur intégrité, il est fort difficile de croire intégralement tout ce qu'ils disent. En effet, quelle est la part des auteurs eux-mêmes, pour les besoins du texte, quelle est celle de la tradition orale, quelle est enfin la part des témoins oculaires? Le tout se trouve, en quelque sorte, mélangé avec le résultat que nous demeurons sceptiques devant le texte entier. Un bel exemple pour le prouver est le livre de C. de La Roche, relatant les exploits fantastiques de Victor Delamarre, l'homme fort de Lac Bouchette.

Notre méthode, qui consiste à parsemer le texte de récits oculaires est évidemment, pour certains, plus ardue; notre texte est plus difficile à lire, car les récits brisent en quelque sorte l'homogénéité du texte lui-même.

Toutefois, l'avantage de cette méthode est, sans contredit, de rendre le cadre plus vrai, le fond demeurant plus sincère, et le souci de ne rien inventer étant plus apparent. Nous avons cru que de laisser la parole à plus de deux cents individus, donnerait au texte une «force de frappe» supérieure! Quel que soit le doigté de l'auteur ou sa manière personnelle d'écrire, son style n'en sera que renforcé et mieux soutenu.

Quelquefois, il serait injuste de le passer sous silence, comme chez Massicotte[2] par exemple, on sent vraiment le souci de l'exactitude des faits relatés et du compte rendu tel qu'il a été entendu. Selon nous, toutefois, il demeure certain que les noms des témoins donnent confiance au lecteur et permettent même aux plus sceptiques une vérification contemporaine du contenu des témoignages.

Quelques travaux à consulter

Sans avoir fait un échantillonnage complet de toutes les œuvres à lire dans ce domaine, nous aimerions soumettre à votre attention quelques ouvrages de référence, qui, à l'occasion pourraient occuper quelques heures de loisir!

Voilà donc ces quelques titres par ordre chronologique:

1) MONTPETIT, A.N., *Nos Hommes Forts*, Québec, Typographie de C. Darveau, 1884, Tome I, 199 pages.

Un livre qui approche son centenaire et dont le style est en général différent de celui du XXe siècle. Là encore, il y a accumulations de récits concernant certains hommes forts ou extraordinaires tels Napoléon Mathurin, Grenache, L'Homme Canon, Petrus Labelle etc.

2) MASSICOTTE, E. Z., *Athlètes canadiens-français*, Montréal, Librairie Beauchemin Ltée, 1909, 276 pages.

Un recueil des exploits de force, d'endurance, d'agilité, des athlètes et des sportifs de notre race, depuis le XVIIIe siècle. Très bon ouvrage, bien documenté et sérieux.

3) DE LA ROCHE, C., *Victor Delamarre, le roi de l'haltère*, Québec, Imprimerie Ernest Tremblay, 1928, (© 1924), 292 pages.

C. de la Roche est le pseudonyme du fondateur de l'ermitage Saint-Antoine de Lac Bouchette. L'abbé Elzéar Delamarre, étant lui-même l'oncle de Victor, le texte devient un peu plus subjectif et enclin par conséquent à rehausser le patrimoine familial. Très bonnes photographies du «roi de l'haltère». Intéressantes illustrations.

4) GODIN, Gérald, *Des Héros costauds*, dans «*Le Magasine Maclean*», Montréal, juillet 1965, p. 24-32.

Un très bon aperçu, bien documenté des Cyr, Montferrand, Décarie, Beaupré, de Madame Cloutier et de Delamarre.

5) BLAIS, J. Maurice, MD, *Édouard Beaupré, 1881-1904*, dans «*Canadian Medical Association Journal*», June 24, 1967, vol. 96, p. 1647.

Enfin, un article d'ordre vraiment scientifique et écrit de main de maître! Voilà aussi un très bon résumé essentiel de la vie du géant Beaupré. Une belle étude de l'ossature du géant lequel était d'ailleurs conservé à l'université de Montréal.

6) BELL, Don, *Louis Cyr, the nonpareil*, dans la revue «*Montréal '68*, janvier, p. 18.

Voilà un court article en anglais et en français (le titre français est: *L'hercule canadien)*. Nous avons cru bon indiquer plutôt l'article anglais car le français est moins complet. Sobre et bien documenté.

En terminant

Voilà une liste bien partielle, il va sans dire, mais elle montre aussi combien nous sommes pauvres dans ce domaine de la recherche anthropologique.

Espérons tout au moins qu'elle aura aiguisé votre envie soit de consulter ces ouvrages, soit d'en trouver d'autres.

Et maintenant, passons en revue tout ce qui s'est écrit, jusqu'à ce jour, sur Alexis Lapointe, sauf, bien entendu, les articles de journaux qui se sont sensiblement copiés les uns les autres.

Littérature au sujet d'Alexis

On se demande souvent si d'autres auteurs ont parlé d'Alexis! En voici une courte liste avec l'année où ils ont publié quelque chose sur Alexis.

	AUTEUR	*ANNÉE*
1)	Marius BARBEAU	1936
2)	Marius BARBEAU	1940
3)	Abbé Léonce BOIVIN	1941
4)	Mgr F.-A. SAVARD	1943
5)	Marcel RIOUX	1946
6)	Roch VALIN	1947
7)	Léon TRÉPANIER	1960
8)	Marius BARBEAU	1967
9)	Jean-Claude LAROUCHE	1967
10)	Jean-Claude LAROUCHE	1969
11)	Jean-Claude LAROUCHE	1971

Bien entendu, nous excluons ici tous les articles de journaux qui sont assez nombreux mais qui ont tendance à se ressembler.

Voici donc une courte critique littéraire de chacun d'eux qui a pour but immédiat de voir les aspects différents sous lesquels les auteurs ont parlé d'Alexis.

1) BARBEAU, Marius, *The Kingdom of Saguenay*, Toronto, MacMillan Co. of Canada, 1936, 167 pages.

Barbeau est donc le premier homme à écrire pour le lecteur via l'édition au sujet d'Alexis Lapointe. Même si ses lignes ne peuvent toujours être prises au sérieux, il demeure plus que probable que certains de ses récits ont été racontés par des gens de bonne foi et qu'il y a là un fond de vérité considérable. Certes, toute la question réside dans l'interprétation des événements.

Il y aura autant de versions de l'histoire qu'il y a d'individus...

Barbeau est un folkloriste né et quand il apprit, en 1966, qu'on voulait analyser Alexis d'une façon scientifique et athlétique, il fut même un peu déçu[3].

Les récits anecdotiques et légendaires qu'il a tricotés concernant notre centaure sont agréables à lire, il va sans dire; toutefois Barbeau avoue lui-même avoir rapporté les dires des gens en plaçant, de temps en temps, de sa propre plume, les transitions, les virgules, en un mot, certaines bribes d'imagination.

Le Docteur Barbeau était, quand nous lui avons rendu visite, âgé de quatre-vingt-trois ans et d'une lucidité remarquable. Muni d'une assez bonne mémoire, il se rappelle aisément cette tournée qu'il fit à bicyclette dans Charlevoix, en 1935; il fit, par la même occasion, le tour du Saguenay et du lac Saint-Jean.

Quand il visita ces régions, en quête d'histoires et de légendes canadiennes-françaises, on ne manqua pas de l'entretenir du fameux Alexis Lapointe dit «le Trotteur». En effet, ce dernier n'était mort que depuis onze ans et ses courses folles, ses drôleries, ses acrobaties et ses gags enfantins étaient encore frais à la mémoire des vieilles gens du pays.

Il nous raconta qu'il rencontrait ces bons habitants un peu au hasard des grandes routes; ils étaient même souvent dans leurs pâturages en train de cultiver leur terre ou de faire les foins. Sur les lieux mêmes, Monsieur Barbeau prit des notes de tout ce qui lui était raconté.

Sûrement que dans le personnage d'Alexis il trouva un magnifique sujet à polir et à utiliser surtout:

Yes he was man and horse under the same skin[4].

2) BARBEAU, Dr Marius, *Alexis le Trotteur*, dans «*Le Canada français*», Québec, Publ. de l'université Laval, mai 1940, vol. XXVII, n° 9, p. (881)-891.

Voilà, à peu de mots près, la traduction française de plusieurs passages du volume précédent *The Kingdom of Saguenay*. Ici, cependant, la faiblesse de Barbeau réside dans le fait qu'il met en scène deux individus qui ne se connaissaient même pas; il s'agit de Boily «le Ramancheur» et d'Alexis «le Trotteur»[5].

Alors, causons d'Alexis le Trotteur! Une fois de plus il tentera de vous amuser avec ses bouffonneries et ses prouesses[6].

Barbeau aime raconter des histoires et placer ici et là des transitions qui rendent le texte plus léger, plus intéressant mais qui, à la fois, l'éloignent du vrai, sous le couvert volontaire d'une imagination fertile.

...il venait de découvrir ce qui importe davantage, qu'il pouvait franchir de grandes distances, comme Poppé, sans se lasser. Pour lui cette révélation allait changer sa vie, puisque croyait-il, cette faculté de la vitesse lui venait du cheval sorcier lui-même. Lui et Poppé, à partir de ce jour ne firent plus qu'un, et les gens commencèrent à l'appeler Alexis le Trotteur[7].

Alexis a-t-il vraiment été si conscient de la métamorphose de sa personnalité? Nous en doutons. Voyons quand même le portrait que trace Barbeau de notre centaure:

Il était vraiment le seul de son espèce, ni homme ni cheval, mais les deux à la fois sous la même peau porté à mordre, à ruer, à piaffer, à hennir et à galoper. Ses muscles d'acier, ses jambes velues, son torse couvert de poils roux, son haleine et son odeur de cheval, en faisaient un coursier plutôt qu'un homme[8].

Mais Barbeau avoue bien franchement:

Comme Bunyan, Alexis est devenu la prédilection des raconteurs qui, chacun, répètent en les enjolivant des histoires frisant l'absurdité[9].

Il va même jusqu'à le faire mourir à soixante-cinq ans, en prenant une bauche, à la gare de Chicoutimi, contre un train qui partait pour Québec, alors qu'en réalité il est mort à Alma, à soixante-trois ans, en voulant passer devant le train...

3) BOIVIN, Abbé Léonce, *Dans nos montagnes*, Les Éboulements, Imprimerie Laflamme Ltée, mars 1941, 254 pages.

Cinq ans après le volume de Barbeau, Monsieur le Curé de l'Assomption-des-Éboulements, l'abbé Léonce Boivin, publie une sorte de recueil rempli de souvenirs d'enfance et de visions d'adulte.

Ce livre est historique mais n'est pas une histoire. (...) J'ai écrit à la course, parce qu'en écrivant je suivais des étapes de ma vie d'enfance. (...) Vous ne lirez là que le récit d'une vision, incomplète, je le sais, de tout ce que le Créateur a voulu faire de beau, de grand, de sublime chez nous[10].

Disons que ce curé de campagne est l'auteur de plusieurs ouvrages dont *Hérésies et schismes, Le Combat Social au théâtre de l'esprit, (2 tomes)*, *Catéchisme social*, etc. C'est aussi un docteur en théologie, et licencié en droit canonique.

À la page vingt-et-un de son livre, il raconte une aventure qu'il a vécue avec ses confrères alors qu'il était étudiant à Lévis (1903-1904) ; il profite de cette même occasion pour parler d'Alexis Lapointe qui s'était trouvé, par hasard, leur compagnon de route.

Il avait passé la descente, depuis Sainte-Anne, à sauter à côté de la voiture, à agacer les grands chiens de la Côte[11], *et il faisait du trente-deux milles à l'heure : pas de farce, pas d'exagération, je vous le certifie, pour l'avoir vu*[12].

Ce *trente-deux mille à l'heure* est vraiment surprenant ! D'où vient-il ? Comment mesurer, avec une telle précision, une vitesse semblable, alors qu'ils ne possédaient dans ce voyage que des sleighs, et des chevaux ? S'est-il servi de sa montre et des distances entre les pagées de clôture (15 pieds) pour un certain calcul mental ? Il est vrai que Mgr Boivin avait écrit antérieurement un livre sur les mathématiques à savoir : *Méthode d'Arithmétique*. Ce qui donne à l'auteur de ce livre une certaine facilité pour cette science.

Si toutefois, ce nombre « 32 mil/h » est précis, il fait une grave erreur en disant à la page 26, qu'Alexis est mort à soixante-seize ans alors qu'il en avait soixante-trois. A-t-il simplement inventé les deux chiffres ? Qui nous le dira ?

4) SAVARD, Félix-Antoine, *L'Abatis*, Montréal, Fides, 1943, 159 pages.

Pour parler de la prose de Mgr Savard, nous devrions, soit nous travestir en poète, soit nous taire, soit encore le laisser parler.

Mgr Savard a aimé les paysans et a su avec un doigté savant et tout à fait spécial chanter leur propre poésie.

Ainsi m'est apparu, transfiguré peut-être par l'amour que je lui porte, le paysan canadien-français dans l'exercice naturel de sa contemplation, dans l'acte de sa poésie, dans l'état humble et profond de sa conformité [13].

Comme l'étude littéraire de ce texte de *l'Abatis*, consacré à Alexis et à sa manière de faire les fours, a déjà été faite de main de maître, contentons-nous de citer une partie de cette analyse de Roch Valin et notre texte sera, pour sa part, complet.

Un jour que, parcourant son cher légendaire charlevésien, l'abbé Savard, relisait, pour la centième fois peut-être, l'histoire merveilleuse d'Alexis le Trotteur, l'idée lui vint d'élever un modeste monument poétique à la mémoire de ce personnage extraordinaire qui força, dès son vivant, les portes de la légende. C'est à ce soin pieux que nous devons Le Centaure Alexis.

Ce conte épique, singulièrement bien réussi, est une des plus belles pages de L'ABATIS. *Aussi offre-t-il une riche matière à l'explication littéraire. C'est à la fois une excellente leçon de style et un magnifique témoignage en faveur des ressources littéraires — encore trop peu exploitées — de notre folklore. Au surplus, l'analyse du* CENTAURE ALEXIS *permet au professeur d'atteindre, à peu de frais, l'un des buts les plus difficilement accessibles de l'explication de textes : faire assister les élèves à la genèse d'une œuvre* [14].

Et pour clore cette courte analyse, laissons encore la parole à Valin, qui termine merveilleusement bien :

Il nous suffit qu'un poète ait découvert la poésie, là où les conteurs populaires ne pouvaient guère être sensibles qu'au merveilleux [15].

5) RIOUX, Marcel, *Alexis-TROTTEUR*, dans «*Mémoire de la Société généalogique canadienne-française*», janvier 1946, p. 21-23.

Si Monsieur Rioux est éminent professeur de sociologie à l'université de Montréal, il est aussi le gendre de Marius Barbeau...

Demeurant assez neutre dans ses commentaires, il hésite à se prononcer personnellement sur le personnage luimême. À certains endroits, il semble même rire sous cape:

> *...plusieurs personnes,* écrit-il, *parmi les plus âgées se souviennent encore d'avoir vu un individu mi-cheval, mihomme qui courait aussi vite que le vent. La légende s'en est emparé; si tous en parlent personne ne peut rien préciser à son sujet*[16].

Monsieur Rioux rapporte dans son article les commentaires d'une seule personne; il s'agit en l'occurence d'un monsieur Wellie Barrette d'Amqui, dans la Vallée de la Matapédia. Son article eût sans doute été plus riche s'il avait rapporté les témoignages de plusieurs personnes ayant connu Alexis.

Au fond, quand il écrit:

> *...je résolus d'en avoir le cœur net*[17],

il se contente, à notre avis, de très peu pour se faire définitivement une bonne idée du personnage[18].

> *Personnage historique ou être légendaire, fils du Saguenay ou de la Matapédia, voilà les questions que je me posais au sujet d'Alexis-Trotteur sans trouver de solution*[19].

Une faiblesse de l'article: l'auteur rapporte uniquement des anecdotes que M. Barrette a entendu conter. Peut-être a-t-il été témoin oculaire de quelques-unes d'entre elles, mais ce détail important n'est pas indiqué dans le texte.

Certains traits que Rioux tire d'Alexis sont cependant très vrais. Citons son aspect physique, la normalité segmentaire de ses jambes, son intelligence enfantine, sa sobriété, son amour un peu « spécial » pour les filles, son instabilité etc.

Il aurait laissé le souvenir d'un être extraordinaire dont la légende s'est emparé et qui vivra toujours dans la mémoire des Laurentiens[20].

Rioux demeure très prudent ici, en admettant qu'Alexis ait été un être extraordinaire. Rioux n'est donc pas convaincu, il se garde bien de l'affirmer historiquement et pour cause, car Alexis a trop trempé dans la légende et ce serait dangereux d'en tirer des conclusions nettes et catégoriques après un simple travail d'une dizaine d'heures. Notre ami Rioux aurait peut-être pu quand même rester plus vague et dire ce qu'il écrivait le 18 septembre 1968 à propos d'informations publiées au sujet du contenu du rapport sur l'enseignement des arts au Québec:

Il y a des choses vraies, des choses moins vraies et des choses fausses[21].

6) VALIN, Roch, *Le centaure Alexis*, dans «*l'Enseignement secondaire au Canada*», Québec, vol. XXVI, n° 8, mai 1947, p. (312)-318.

Voilà une très belle étude littéraire de Valin. Comme on nous a toujours dit que faire la critique d'une critique était parfois impoli, qu'il nous suffise de dire que ce texte est une petite perle écrite et qu'il faut le lire. Voici un exemple du jugement qu'il porte sur Savard:

Usant de son droit de poète, l'écrivain fait subir à la légende une double idéalisation. Des images fragmentaires que chacune des anecdotes présente de son héros, il fait d'abord surgir, en les superposant, une vision idéale, où se découpe avec un relief saisissant la silhouette épique d'Alexis. Puis, de proche en proche, l'idéalisation gagne le fond même de la légende. Comme l'abeille qui descend dans le labyrinthe obscur des corolles pour chercher les sucs dont elle compose son miel, le poète va fouiller les recoins ignorés de la tradition populaire pour en extraire la plus fine fleur de légende[22].

Bravo à Valin, merci à Savard!

7) TRÉPANIER, Léon, *On veut savoir,* Montréal, Imprimerie de la Patrie, décembre 1960, 192 pages.

Vous connaissez déjà sans doute la forme des livres de Trépanier, (collection *On veut savoir*), où il y a de nombreuses questions et réponses; on peut lire par exemple dans l'un d'eux la question suivante:

Q. — J'aimerais entendre parler du fameux Alexis le Coureur (!) *qui aurait existé autrefois dans le Lac Saint-Jean et qui, paraît-il, courait plus vite qu'un cheval. Ce personnage est-il légendaire ou a-t-il vécu?*

Voilà la fameuse question que tout le monde s'est toujours posé concernant Alexis «le Trotteur». Même nous...

Léon Trépanier répond à la question d'une façon un peu évasive; il se contente de résumer assez fidèlement ce que Marcel Rioux avait écrit en 1946. Il cite les ouvrages de Barbeau et de Savard et répond à la question en se servant du témoignage de Wellie Barrette que Rioux avait rencontré à Amqui.

Il ne fait aucun commentaire concernant ce témoignage et laisse au lecteur le soin de faire lui-même la part des choses, sans toutefois l'aider personnellement.

Une erreur à signaler ici, il fait naître Alexis dans le Saguenay en voulant corriger l'autre qui disait qu'Alexis était natif de la Matapédia; à notre tour, nous dirons qu'Alexis est bien né dans Charlevoix à Clermont et cela, d'une façon sûre.

8) BARBEAU, Marius, *Le Saguenay Légendaire*, Montréal, Librairie Beauchemin Ltée, 1967, 145 pages.

Voici le dernier volume de Barbeau qu'il a consacré au Royaume du Saguenay. C'est là une répétition sélectionnée de textes antérieurs tirés des ouvrages suivants:

a) Barbeau, Marius, *Saguenay*, dans «*Canadian Geographical Journal*», June 1938, p. 285-291.

b) Barbeau, Marius, *The Kingdom of Saguenay*, Toronto, The Macmillan Co. of Canada, St-Martin House, 1936, 167 pages.

c) Barbeau, Marius, *The Tree of Dreams*, Toronto, Oxford University Press, 1955, 12 pages.

Une critique du passage consacré (p. 88-106) serait la même que celle faite antérieurement pour son volume *The Kingdom of Saguenay*, et pour son article dans *Le Canada Français*, en 1940.

Barbeau a « découvert » Alexis, et c'est là précisément que nous lui devons quelques révérences. Il a traité ce « sujet » à sa manière, et quoi que nous en disions, elle a sa valeur, et il demeurera toujours le « découvreur » (littéraire) du personnage d'Alexis Lapointe.

9) LAROUCHE, Jean-Claude, *Alexis Lapointe dit « le Trotteur »*, dans la revue « *Saguenayensia* » Publ. de la Société Historique du Saguenay, Chicoutimi, Vol. 8, n° 6, nov.-déc. 1967, p. 135-140.

L'article ayant été écrit le 21 novembre 1967, les recherches étaient donc en cours. L'article se voulait une simple esquisse biographique de l'homme que fut Alexis Lapointe.

Il s'est glissé dans cet article, à la page 135, paragraphe premier, (NAISSANCE) une erreur assez importante qu'il est bon de rectifier ; nous pouvons lire :

Second fils d'une bonne famille terrienne qui devait en compter quinze,

nous aurions dû lire à la place :

Huitième fils d'une bonne famille terrienne qui devait en compter quatorze...

Il y a aussi une seconde erreur dans le bas de vignette de la page 136 ; en effet, ce n'est pas là la maison natale d'Alexis Lapointe mais plutôt celle où il a vécu à partir de 1882. Il avait, à ce moment-là, vingt-deux ans. Cette maison, que l'on voit sur la photo, est située sur le lot 632 à Clermont, et est aujourd'hui (1977) propriété d'Henri Lapointe, neveu d'Alexis.

Nous croyons que l'article donne une assez bonne vue d'ensemble de la vie d'Alexis et de son tempérament comme homme.

10) LAROUCHE, Jean-Claude, *Alexis Lapointe dit «le Trotteur»; l'athlète*, dans la revue «*Saguenayensia*», Publ. de la Société Historique du Saguenay, Chicoutimi, vol. 11, n° 1, janv.-fév. 1969, p. 2-5.

Ayant brossé dans un article antérieur les principales étapes de la vie d'Alexis comme HOMME, nous l'analyserons aujourd'hui en tant que digne représentant de la flamme athlétique [23].

Voilà l'humble but de cet article qui a probablement gêné certains athlètes...

Cependant, une petite erreur s'est encore glissée en page 2, au second paragraphe; Alexis, n'étant pas le deuxième enfant de la famille mais bien le huitième.

Et en terminant, (nous n'aimons pas les auto-critiques) *nous avons essayé bien humblement, au cours de ce bref article, de découvrir l'athlète où le poète avait découvert la poésie et où les conteurs populaires ne pouvaient guère aspirer à trouver autre chose que le merveilleux* [24].

11) LAROUCHE, Jean-Claude, *Alexis le Trotteur*, Montréal, Éditions du jour, 1971, 297 pages.

Voilà en quelque sorte la première édition du livre que vous lisez présentement. Il comportait un chapitre supplémentaire sur le beauceron Jean-Baptiste Béland, qui, sur certains points, est comparable à Alexis. Par ailleurs, ce livre avait en moins, l'historique de la course (chap. II actuel) et la revue de littérature (chap. VII actuel).

Ernest Pallascio-Morin en avait dit, à sa parution: *Les rédacteurs sportifs se devaient de prendre les devants et d'être les premiers, dans leur chronique, à parler du livre de Jean-Claude Larouche lequel vient de redonner à Alexis (le Trotteur) Lapointe une dimension plus réelle, moins légendaire encore que véritable et pleine de panache* [25].

Une chanson sur Alexis

Pour finir ce chapitre sur une note musicale, je laisserai la plume (et la guitare) à un ami Jean-Yves Belley, qui, pour sa part, et à sa façon, a chanté Alexis...

ALEXIS LE TROTTEUR

— paroles & musique: J.-Y. Belley
— écriture musicale: Luc Carré

1 — Se casse une fouine
Se fouette avec
Serre ses bottines
Court au grand « fret »
Le v'là parti, le grand centaure
Sur les chemins de la Côte Nord
Gagner sa vie
À faire des fours
Faire la p'tite vie
De troubadours
Courir contre les meilleurs chevaux
Battre des records
C'est pas nouveau

Refrain: Alexis le Trotteur (bis)

2 — Y'aimait les femmes
Y'en était fou
Y avait ses « fans »
Un peu partout
Jouait des airs d'Harmonica
Dansait des nuits
Ça l'barrait pas
Faut dire qu'y était pas trop chanceux
Ça l'empêchait pas d'être heureux
Un p'tit sourire, un p'tit clin d'œil
Le v'là parti la larme à l'œil

3 — On l'a vu courir entre deux veaux
On l'a vu hennir comme des chevaux
On l'a vu sauter les clôtures
On l'a vu qui faisait son dur
Faire des écarts de 24 pieds
Se taper « l'cul » pour rigoler
Toucher l'plafond avec ses pieds
S'passer la langue end'sous du nez

4 — N'allez pas croire que c'est des histoires
Que j'vous raconte « icit » à soir
Des centaines de gens l'ont connu
C'est peut être « Larouche » qu'y en parle le plus
Comme bien des gens dans mon comté
J'ai commencé à m'entraîner
Y'paraît qu'la course ça travaille
À vous en défaire les entrailles

5 — On est pas trop sûr de sa mort
A-t-il couru d'vant les gros chars
Ou quelqu'un l'aurait-il poussé
On sait pas trop s'qui s'est passé
En souvenir de ce centaure
Toujours prêt à changer de bord
J'aimerais que pour ce dernier
Ensemble nous puissions chanter
Refrain: Alexis le Trotteur (bis)
(finale lente et religieuse)

FINALE:

Alexis...nous te racontons bien ici
Alexis...nous te connaissons bien ici
Alexis...nous te savons bien ici
Alexis...il faut que je m'arrête ici
Alexis...il faut que ça finisse ici

Références chapitre VII

1) Jean-Pierre BAYARD, *Histoires des légendes,* p. 10.
2) Dans son livre *Athlètes canadiens-français.* Voir biblio.
3) Impressions personnelles d'une visite chez lui, le 22 novembre 1966.

1) Jean-Pierre BAYARD, *Histoires des légendes,* p. 10.
2) Dans son livre *Athlètes canadiens-français.* Voir biblio.
3) Impressions personnelles d'une visite chez lui, le 22 novembre 1966.
4) ASHS, dossier 655, pièce 9, p. 5.
5) L'article s'intitule cependant: *Alexis Le Trotteur.*
6) Texte analysé, p. 882.
7) Texte analysé, p. 887.
8) IDEM.
9) Texte analysé, p. 888.
10) Tiré de l'avant-propos du texte analysé, p. 1.
11) On appelait, aussi, les «chiens de la Côte», les habitants de la Côte de Beaupré qui travaillaient pendant l'été et qui, l'hiver, n'ayant rien à faire, intentaient des procès pour tout et pour rien. Rien n'indique cependant, de quels «chiens» il s'agit dans le texte de l'abbé Boivin...
12) Texte analysé, p. 21.
13) Texte analysé, p. 155.
14) Roch VALIN, *Le Centaure Alexis,* dans «*L'Enseignement secondaire au Canada*», Québec, vol. XXVI, n° 8, mai 1947, p. 312.

15) *Ibidem*, p. 314.

16) Texte analysé, p. 20.

17) IDEM.

18) Peut-être aussi cherchait-il quelqu'un qui lui parlerait uniquement en bien d'Alexis.

19) Texte analysé, p. 20.

20) Texte analysé, p. 23.

21) Journal *Le Soleil*, jeudi, 19 septembre 1968, p. 1.

22) Texte analysé, p. 313.

23) Texte analysé, p. 2.

24) Texte analysé, p. 5.

25) Photo-Journal, 8 mars 1971.

LE SUR-CHEVAL

CETTE HISTOIRE, DE MÊME QUE SES ACTEURS, EST AUTHENTIQUE QUANT AU FOND. L'ARRANGEMENT ET LA PRÉSENTATION SONT CEPENDANT FICTIFS.
12 NOVEMBRE 1966, À LA NUIT TOMBANTE, DANS LA RÉGION DU SAGUENAY, AU NORD DE LA VILLE DE QUÉBEC....

LE PÈRE ÉGIDE S'EN RETOURNAIT CHEZ LUI APRÈS AVOIR LIVRÉ SON LAIT À LA FROMAGERIE...

VEC LUI, SON PETIT-FILS HENRI, QUI L'AC-MPAGNE CHAQUE FOIS QU'IL N'A PAS ROP À FAIRE AILLEURS.

EH, GRAND-PÈRE, REGARDE LÀ-BAS!

SALUT, THÉOPHILE!..

AH! AH! EN VOILÀ UNE BONNE! ON DANSE, DITES-VOUS! AH! AH!

NON, PÈRE ÉGIDE, ON EXHUME LE CORPS D'UN CERTAIN ALEXIS LAPOINTE, DIT "LE TROTTEUR": UN PAUVRE BONHOMME ÉCRASÉ PAR UN TRAIN EN JANVIER 1924.

C.BLASETTI dessins: G.BOSELLI

ALEXIS LE TROTTEUR? MAIS JE L'AI RENCONTRÉ À ST-URBAIN EN 1922. ALEXIS! SI JE M'EN SOUVIENS! QUI NE S'EN SOUVIENT?

QUEL HOMME! POUR UN RIEN, IL SE METTAIT À COURIR. OU BIEN IL SORTAIT L'HARMONICA OU IL DANSAIT... PENDANT DES HEURES! ET IL ÉTAIT BON TRAVAILLANT, POUR SÛR!

EN 1922, IL AVAIT DÉPASSÉ LA SOIXANTAINE. POURTANT, IL COURAIT ENCORE COMME UN CHEVAL ET IL DANSAIT AUSSI BIEN QU'UNE JEUNESSE! UN BON HOMME, QUOI! EH, BIEN, BONSOIR, THÉOPHILE!
BONSOIR, PÈRE ÉGIDE, ET ALLEZ-Y DOUCEMENT AVEC VOTRE TACOT. AH! AH!

GLEN
GLEN
QUEL ZOUAVE! IL EN A FAIT DE BIEN BONNES.
RACONTE-M'EN DONC UNE!

C'ÉTAIT VERS LES...1880... CELLE-LÀ C'EST MON PÈRE QUI ME L'A RACONTÉE ET IL N'INVENTAIT JAMAIS RIEN.

CAPITAINE RIVERIN, ON APPORTE LES VIVRES!
BIEN, EMBARQUEZ-LES!
CAP DIAMANT
POINTE-AU-PIC

PLUS UN MOT ET MARCHE! TU ES ENCORE TROP JEUNE POUR BIEN PROFITER D'UN VOYAGE À CHICOUTIMI!
MAIS PAPA, J'AI VINGT ANS!...

MÊME SI TU EN AVAIS 90, CE SERAIT PAREIL! NE DISCUTE PAS!
AÏE! COMME TU VOUDRAS, PAPA!...JE NE DISCUTE PAS...AÏE!

CE VIEUX CAPITAINE RIVERIN!
MONSIEUR LAPOINTE! ÇA VA BIEN?

PAS MAL, MAIS LE FILS RÉCALCITRE TOUJOURS UN PEU! ALEXIS S'EST MIS EN TÊTE DE M'ACCOMPAGNER À CHICOUTIMI. QU'EST-CE QUE IL PEUT BIEN PENSER Y TROUVER D'EXTRAORDINAIRE!...
OH! CES JEUNESSES!

AIS MA DÉCISION ST PRISE, UNE FOIS OUR TOUTES: IL ESTE À TERRE! EDESCEND-MOI TTE PASSE-ELLE AU PLUS ITE ET RE-URNE À LA AISON!
AH! AH! MAIS VOUS, ÊTES UN VÉRITABLE BONHOMME-SEPT-HEURES, MONSIEUR LAPOINTE!

RIS TOUJOURS! J'Y VAIS, MOI, À CHICOUTIMI, ET COMMENT QUE J'Y VAIS!

TOUOUOUT!
AU REVOIR, ALEXIS. VITE À LA MAISON!
AU REVOIR, PAPA!

BON VOYAGE! ET SI TU PENSES RRIVER PLUS VITE UE TON "BÉBÉ" DE S À BORD DE ETTE RIDICULE PÉTROLETTE À AUBES...

ALEXIS RETOURNE À LA MAISON, COMME SON PÈRE L'AVAIT EXIGÉ DE LUI...

...POUR N'Y DEMEURER QUE PEU DE TEMPS. UN PETIT RÉCHAUFFEMENT DES MUSCLES...

!

...QUELQUES PIAFFEMENTS, COMME UN VÉRITABLE CHEVAL, ET IL REPASSE AUSSITÔT LA PORTE...

CHICOUTIMI 90 MILLES

...ET S'ENFONCE AU GALOP DANS LA FORÊT EN DIRECTION DU NORD.

SUR LE "CAP DIAMANT", MONSIEUR LAPOINTE TUE LE TEMPS EN JOUANT AUX CARTES AVEC LE CAPITAINE...

...PENDANT QU'ALEXIS COURT TOUJOURS DANS LA FORÊT.

QUELLE HEURE EST-IL, MONSIEUR LAPOINTE?
MINUIT, CAPITAINE!... L'HEURE D'ALLER SE COUCHER!

POUR SA PART, ALEXIS NE PENSE ABSOLUMENT PAS À DORMIR!

À L'AUBE...

ALEXIS COURT TOUJOURS À LA MÊME VITESSE, FRAIS COMME S'IL VENAIT TOUT JUSTE DE QUITTER LA MAISON!
ERNESTINE! VIENS VOIR ÇA!

?!

CHICOUTIMI, MONSIEUR LAPOINTE... ET JUSTE À L'HEURE!
BRAVO!

À CETTE HEURE-CI, TOUT LE MONDE DORT...

...SAUF CE JEUNE HOMME, LÀ, SUR LE QUAI!

EH, MATELOT, ATTRAPE CETTE AMARRE!...
!

MAIS... NOM DE NOM, C'EST MON ALEXIS!

QU'EST-CE QUE TU FAIS LÀ! ON N'EST TOUT DE MÊME PAS REVENU À POINTE-AU-PIC SANS S'EN RENDRE COMPTE!
AS-TU FAIS BON VOYAGE, PAPA? SALUT, CAPITAINE!

ÇA ALORS! COMMENT AS-TU FAIT, TOI?
ALORS, VOUS ME LA LANCEZ OU NON CETTE AMARRE?
ATTRAPE, TROTTEUR!

TROTTEUR? TROTTEUR? POURQUOI TROTTEUR?
TOUT LE MONDE SAIT AU SAGUENAY QU'ALEXIS COURT PLUS VITE QU'UN CHEVAL AU GALOP! COMMENT SE FAIT-IL QUE SEUL SON PÈRE L'IGNORE?

VEUX-TU M'EXPLIQUER COMMENT TU AS FAIT POUR ÊTRE ICI AVANT LE BATEAU?
C'EST BIEN SIMPLE, PAPA! J'AI COURU TOUTE LA NUIT, VOILÀ!... ET JE SUIS VENU À CHICOUTIMI!

J'AI BIEN ENVIE DE TE FLANQUER...
TAIS-TOI, PAPA!...

ON NE FRAPPE PAS UN BON COURSIER.

ET VOILÀ... ET CE N'EST LÀ QU'UN DES EXPLOITS D'ALEXIS LAPOINTE DIT LE TROTTEUR: L'HOMME LE PLUS RAPIDE ET LE PLUS RÉSISTANT DU CANADA, DU MONDE ENTIER, PEUT-ÊTRE!
INCROYABLE, GRAND-PÈRE! EN CONNAIS-TU UNE AUTRE?

TOUT DE SUITE? PAS QUESTION! SI ON S'ATTARDE ENCORE, TA MÈRE VA NOUS PRIVER DU DESSERT... UNE AUTRE FOIS...
FIN

Bibliographie

SCIENCE ET PHYSIOLOGIE DU SPORT

ANDRIVET, Robert, CHIGNON, J.-C., LECLERC, J., **Physiologie du sport, Paris,** Presses Universitaires de France, collection **Que sais-je ?,** (no 133), 1965, 126 pages.

BARRY, William, (voir METIVIER, Dr Guy).

BEHNKE, A.R., ROYCE, J., **Body Size, Shape and Composition of Several Types of Athletes,** dans **J. Sports Med. & Phys. Fitness,** 6 :75-88, 1966.

BOARDMAN, R., **World's Champions Run to Types,** dans **J. Hlth & Phys. Educ., 4** :32 **et seq.,** 1933.

BRYANT, J. Cratty, **Movement Behavior and Motor Learning,** Philadelphia, Lea & Febiger, 1964, 332 pages.

BROWN, Nevin, (voir COOPER, Dr. Kenneth H.)

BURTOM, A.C., **Exercice et repos,** dans **La science pour tous,** Montréal, Grolier, vol. 2, 1967, p. 141-146.

CHAILLEY-BERT, P., PLAS, F., **Physiologie des activités physiques,** Paris, Ed. Baillière, 1962, 381 pages.

CHIGNON, J.-C., (voir ANDRIVET, Robert).

COLE, R., (voir HUGUES, Dr. R.).

COOPER, Dr. Kenneth H., BROWN, Nevin, **Aerobics**, New York, Evans & Co, 1968. (On peut en lire un condensé dans **Sélection du Reader's Digest,** mars 1968, p. 57-66).

CORHUMEL, J., (voir FICHEFET, C.).

COSTILL, David L., **What Research Tells the Coach about Distance Running,** Washington, D.C. AAHPER, 1968, vi, 49 pages.

CUNNINGHAM, G., **The Relationship of Selected Cardiovascular and Strenght Measures to Physical Fitness of Outstanding Athletes,** Unpublished doctoral dissertation, New York, New York University, 1938.

CURETON, T.K., **Physical Fitness of Champion Athletes,** Urbana, University of Illinois Press, 1951.

DAUVEN, Jean, **Encyclopédie des sports,** Paris, Larousse, 1961, 623 pages.

FABRE, R., ROUGIER, G., **Physiologie médicale,** Paris, Librairie Maloine S.A. 1961, 1079 pages.

FAUROBERT, Louis, **Sportifs de tous les temps,** Paris, Les Editions Ouvrières, 1952.

FICHEFET, C., CORHUMEL, J., **Les jeux olympiques,** Verviers, Belgique, Editions Gérard & Cie, 1964, 224 pages.

GROVES, T.D., (voir METIVIER, Dr Guy).

HEBERT, Georges, **Le sport contre l'éducation physique,** Paris, Vuivert, 1946.

HIRATA, K., **Physique and Age of Tokyo Olympic Champions,** dans **J. Sports Med. & Phys. Fitness,** 6:207-22, 1966.

HUGUES, Dr. R., COLE, R., **Notes on Human Remain Received for Study from the University of Ottawa,** Unpublished documentation ; Phys. Anthropoly Sect., Archelogy Div., National Museum of Canada, March 21, 1967, 5 pages.

KAYSER, Ch., **Physiologie du travail et du sport,** Paris, Hermann & Cie, Editeurs, 1947, 264 pages.

KRUMDICK, V.F., (voir LUMIAN, N.C.).

LECLERCQ, J., (voir ANDRIVET, Robert).

LE FLOC'HMOAN, J., **La genèse des sports,** Paris, Payot, 1962, 184 pages.

LUMIAN, N.C., KRUMDICK, V.F., **Physiological, Phychological Aspects of Marathon Training for Distance Running,** dans **Athletic Journal,** 48:68, 1965.

MASSICOTTE, E.Z., **Athlètes Canadiens-Français,** Montréal, Librairie Beauchemin, 1909, 276 pages.

METIVIER, Dr. Guy, BARRY, William, GROVES, T.D., **Physical Exercise and Ageing, a Case Study,** Ottawa, School of Phys. Educ., University of Ottawa, 1968, 39 pages.

MITCHELL, Curtis, **Restez en forme avec les astronautes,** dans **Sélection du Reader's Digest,** janvier 1969, p. 67-72.

MONTHERLANT, Henry de, **Les Olympiques,** Paris, Gallimard, 1954, 192 pages.

NASON, J., (editor) **The Story of the Boston Marathon,** Boston, dans **The Boston Globe,** 1966.

PLAS, F., (voir CHAILLEY-BERT, P.)

ROBLOT, L., **Principes d'anatomie et de physiologie,** Paris, Edit. Poinat, 1963, 447 pages. (Edition entièrement refondue par les docteurs Calvet et Lacombe en 1960).

ROUGIER, G., (voir FABRE, R.)

ROYCE, J., (voir BEHNKE, A.R.)

SHRUBB, A.A., **Training for Athletics,** London, Health and Strength Ltd, 1904.

HISTOIRE

ACHARD, Eugène, **Le royaume du Saguenay,** Montréal, Librairie Générale Canadienne, 1942, 207 pages.

BARBEAU, Marius, **Alexis Le Trotteur,** dans **Le Canada Français,** Québec, vol. XXVII, no 9, mai 1940, p. 881-891.

BARBEAU, Marius, **The Kingdom of Saguenay,** Toronto, The Macmillan Co of Canada, Saint-Martin House, 1936, 167 pages.

BARBEAU, Marius, **Le Saguenay Légendaire**, Montréal, Edit. Beauchemin, 1967, 147 pages.

BAYARD, Jean-Pierre, **Histoire des Légendes,** Paris, Presses Universitaires de France, collection **Que sais-je ?,** (no 670) 1961, (c 1955), 126 pages.

BELANGER, Léonidas, **Monseigneur Victor Tremblay,** dans la revue **Saguenayensia,** Chicoutimi, vol. 9, no 4, (juil.-août) 1967, p. 74-78.

BELL, Don, **Louis Cyr, the nonpareil,** dans la revue **Montréal '68,** janvier 1968, vol. 5, no 1, p. 18-19.

BLAIS, J.-Maurice, MD, **Edouard Beaupré, 1881-1904,** dans **Canad. Med. Ass. J.,** June, 24, 1967, vol. 96, p. 1647-1653.

BOIVIN, abbé Léonce, **Dans nos montagnes,** Les Eboulements, Imprimerie Laflamme, mars 1941, 254 pages.

DE LAROCHE, C., **Victor Delamarre, le roi de l'haltère,** Québec, Imprimerie Ernest Tremblay, 1928 (c 1924), 292 pages.

DUBE, Marcel, **Il vécut et mourut au pas de course,** dans **Perspectives,** no 4, 25 janvier 1964, p. 16-18, 20-21.

GODIN, Gérald, **Des héros costauds,** dans **Le Magazine Maclean,** juillet 1965, p. 24-32.

LAROUCHE, Jean-Claude, **Alexis Lapointe dit "le Trotteur",** dans la revue **Saguenayensia,** Chicoutimi, vol. 9, no 6, (nov.-déc.) 1967, p. 135-140.

LAROUCHE, Jean-Claude, **Alexis Lapointe dit "le trotteur" ; l'athlète** dans la revue **Saguenayensia,** Chicoutimi, vol. 11, no 1, (janv.-fév.) 1969, p. 2-5.

LAROUCHE, Jean-Claude, **Au sujet d'Alexis "le Trotteur",** dans la revue **Saguenayensia,** Chicoutimi, vol. 11, no 2, (mars-avril) 1969, p. 40.

MEDERIC, Paul, **Le père d'un peuple,** Chicoutimi, Publ. de la Soc. Hist. du Saguenay, no 17, 1957, 226 pages.

MONTPETIT, A.N., **Nos hommes forts,** Québec, Typographie de C. Darveau, 1884, tome I, 199 pages.

POTVIN, Damase, **La Baie des Hahas !,** Edit. de la Chambre de Commerce de la Baie des Habas, 1957, 447 pages.

POTVIN, Damase, **La rivière-à-Mars,** Montréal, Les Edit. du Totem, 1934, 222 pages.

RIOUX, Marcel, **"Alexis-Trotteur",** dans **Mémoire de la Société généalogique canadienne-française,** Québec, janvier 1946, p. 20-24.

RIOUX, Marcel, **Description de la culture de l'Ile Verte,** Musée National Du Canada, Ottawa, Bulletin no 133, (no 35, de la série anthropologique), 1965, 98 pages.

SAVARD, Mgr Félix-Antoine, **L'Abatis,** Montréal, Fides, 1943, 158 pages.

TREMBLAY, Mgr Victor, **Alma au Lac Saint-Jean,** Chicoutimi, Publ. de la Soc. Hist. du Saguenay, no 18, 1967, 512 pages.

TREMBLAY, Mgr Victor, **Les trente aînées de nos localités,** Chicoutimi, Publ. de la Soc. Hist. du Saguenay, no 19, 1968, 261 pages.

TREPANIER, Léon, **On veut savoir,** Montréal, Imprimerie de la Patrie, 1960, 192 pages.

VALIN, Roch, **Le centaure Alexis,** dans **L'Enseignement secondaire au Canada,** Québec, vol. XXVI, no 8, mai 1947, p. 312-318.

METHODOLOGIE DE LA RECHERCHE

BERGERON, Viateur, COUTU, Jean-Charles, **Méthode de recherches juridiques,** dans **Revue de l'Université d'Ottawa,** no 30 (1960), p. 365-384.

BIGELOW, Karl W., (voir COLE, Arthur).

CAMPBELL, William G., **A Form Book for Thesis-Writing . . .,** Boston, Houghton Mifflin, Co, (1939) iv, 123 pages.

CARRIERE, Gaston, o.m.i., **Initiation au travail scientifique,** Edit. de l'Université d'Ottawa, Ottawa, 1965, 140 pages.

CHAVIGNY, Paul, **Organisation du travail intellectuel,** Paris, Delagrave, 1936, 156 pages. (éd. refondue).

COLE, Arthur, BIGELOW, Karl W., **A Manual of Thesis-Writing for Graduates and Undergraduates . . .,** New York, John Wiley & Sons , London, Chapman & Hall, 1935, ix, 51 pages.

COUTU, Jean-Charles, (voir BERGERON, Viateur).

DASSONVILLE, Michel-Auguste, **Initiation à la recherche littéraire . . .,** Québec, Presses Universitaires Laval, 1961, iv, 142 f.

GARRAGHAN, Gilbert, s.j., **A Guide to Historical Method,** New York, Fordham University Press, 1946, xv, 482 pages.

JOLIVET, Régis, **Traité de philosophie I (Logique-Cosmologie),** Lyon-Paris, Emmanuel Vitte, 1965, 491 pages.

KOURGANOFF, Vladimir, **La recherche scientifique,** Paris, Presses Universitaires de France, 1961, 128 pages.

LANGLOIS, Charles-V., SEIGNOBOS, Charles, **Introduction aux études historiques,** Paris, Hachette, (2ème édit.) 1898, XVIII, 308 pages.

SEIGNOBOS, Charles, (voir LANGLOIS, Charles-V.).

BIBLIOGRAPHIE GENERALE

JACOB, Paul, **Jean-Baptiste Béland, Homme Spectacle,** Québec, Université Laval, septembre 1968, 29 pages. (Documentation non publiée).

SCHILLER, Ronald, **L'Atlantide dans la mer Egée,** dans **Sélection du Reader's Digest,** février 1968, p. 170-178.

Table des matières

Achevé d'imprimer à Montmagny
par les travailleurs des ateliers Marquis Ltée
en janvier 1987